魯迅與胡適

『立人』與『立憲』

房向東——著

魯迅
LU XUN

自序

魯迅與胡適，是一枚硬幣的兩面，二者的組合，奠定了中國新文化的基礎；他們是一個標誌，他們所代表的「五四」新文化運動，標誌著為極權統治服務的一元的農業文化的終結，標誌著多元的工業文化的開始。如果說，但丁是「封建的中世紀的終結和現代資本主義紀元的開端」的標誌性人物的話，魯迅與胡適則是中國一元的傳統文明的終結和多元的現代文明的開端這一特定歷史時刻的一座歷史座標。

「五四」時期，魯迅與胡適在反對封建宗法制度、反對極權政治，在教育問題、家庭倫理、女子貞操問題、易卜生主義的宣傳等等的問題上，有相似和近似的觀點，這是為人所熟知的。

「五四」以後，「五四」先哲們，有的高升，有的退隱，有的徬徨，有的從思想的批判走向實際的抗爭……胡適說不上高升，魯迅也不是一味徬徨，然而，在某個歷史的岔口，他們彷彿各自趕自己的路了。此後，魯迅與胡適有種種分歧，這不必諱言。我要強調的是，儘管他們走上了不同的道路，但是，智者、悲憫者、人道主義者、思想者，他們往往不可避免地有著共同的情懷，一樣的人文關懷。他們在很多問題上是不謀而合的。

朱正先生在《魯迅研究月刊》二〇〇二年第二期發表了《異中有同》一文，舉了很多例子說明兩人各自東西以後在思想觀點上仍然有很多的共同點。我們只舉一例。

一九三四年八月二十七日天津《大公報》發表社評《孔子誕辰紀念》，其中說：

最近二十年，世變彌烈，人欲橫流，功利思想如水趨壑，不特仁義之說為俗誹笑，即人禽之判亦幾以不明，民族的自尊心與自信力既已蕩然無存，不待外侮之來，國家固早已瀕於精神幻滅之域。

魯迅不能贊同這種意見。他在九月二十日寫了一篇《中國人失掉自信力了嗎》，刊登在十月二十日出版的《太白》半月刊上，文章首先指出：如果說，「民族的自尊心與自信力既已蕩然無存」，就並不是這篇社評所說的「最近二十年」的事，早就如此了：

從公開的文字上看起來：兩年之前，我們總自誇著「地大物博」，是事實；不久就不再自誇了，只希望著國聯，也是事實；現在是既不誇自己，也不信國聯，改為一味求神拜佛，懷古傷今了——卻也是事實。

於是有人慨嘆曰：中國人失掉自信力了。

如果單據這一點現象而論，自信其實是早就失掉了的。先前信「地」、信「物」，後來信「國聯」，都沒有相信過「自己」。假使這也算一種「信」，那也只能說中國人曾經有過「他信力」，自從對國聯失望之後，便把這他信力都失掉了。

……

中國人現在是在發展著「自欺力」。

文章做到這裡，魯迅把筆鋒一轉：

我們有並不失掉自信力的中國人在。

我們從古以來，就有埋頭苦幹的人，有拼命硬幹的人，有為民請命的人，有捨身求法的人，……雖是等於為帝王將相作家譜的所謂「正史」，也往往掩不住他們的光耀，這就是中國的脊樑。

這一類的人們，就是現在也何嘗少呢？他們有確信，不自欺；他們在前仆後繼的戰鬥，不過一面總在被摧殘，被抹殺，消滅於黑暗中，不能為大家所知道罷了。說中國人失掉了自信力，用以指一部分人則可，倘若加於全體，那簡直是誣衊。

這篇文章成了魯迅的名作，被不斷選進學生課本，影響了一代又一代的中國人。他說得真好，正如他在一封信中所說的，中國「歷史上滿是血痕，卻竟支撐以至今日，其實是偉大

的。」（《魯迅全集》第十三卷第683頁）要不是歷代都有這樣的「脊樑」，中國又怎麼能夠「支撐以至今日」呢？

胡適也不能贊同《大公報》的這篇社評。他在九月三日寫了一篇《寫在〈孔子誕辰紀念〉之後》，登在他自己編的《獨立評論》九月九日出版的第一一七號上，對其加以反駁。

胡適也不同意社評中「最近二十年」這一說。他說：「《官場現形記》和《二十年目睹之怪現狀》描寫的社會政治情形，不是中國的實情嗎？是不是我們得把病情移前三十年呢？《品花寶鑑》以至《金瓶梅》描寫的也不是中國的社會政治嗎？這樣一來，又得挪上三五百年了。那些時代，孔子是年年祭的。《論語》、《孝經》、《大學》是村學兒童人人讀的，還有士大夫講理學的風氣哩！究竟那每年『洙水橋前，大成殿上，多士濟濟，肅穆趨蹌』（引者按：《大公報》這篇社評中語），曾何補於當時的慘酷的社會，貪污的政治？」（《胡適文集》第五冊，北京大學出版社版，第409頁）

魯迅和胡適從不同的角度反駁了這篇社評中「最近二十年」一說。在應該看到「中國的脊樑」這一點上，兩人卻並沒有什麼不同。胡適激昂地說：

我們談到古人的人格，往往想到岳飛、文天祥和晚明那些死在廷杖下或天牢裡的東林忠臣。我們何不想想這二、三十年中為了各種革命慷慨殺身的無數志士！那些年年有特別紀念日追悼的人們，我們姑且不論。我們試想想那些為排滿革命而死的許多志士，那些為民十五六年的國民革命而死的無數青年，那些前兩年中在上海在長城一帶為抗日衛國而死的無數青年，那些為民十三以來的共產革命而死的無數青年，——他們慷慨獻身去經營的目標比起東林諸君子的目標來，其偉大真不可比例了。東林諸君子慷慨抗爭的是「紅丸」、「移官」，「妖書」等等米米小的問題；而這無數的革命青年慷慨獻身去工作的是全民族的解放，整個國家的自由平等，或他們所夢想的全人類社會的自由平等。我們想到了這二十年中為一個主義而從容殺身的無數青年，我們想起了這無數個「殺身成仁」的中國青年，我們不能不低下頭來向他們致最深的敬禮；我們不能不頌贊這「最近二十年」是中國史上一個精神人格最崇高，民族自信心最堅強的時代。他們把他們的生命都獻給了他們的國家和他們的主義，天下還有比這更大的信心嗎？（《胡適文集》第五冊，北京大學出版社版，第413頁）

朱正在他文章的結尾說：「在魯迅的晚年，在政治立場上和胡適可以說是處於對立的地位，可是人們也看見了異中有同。看人看事不宜簡單化，這可以算是一例。」

魯迅和胡適都認為應該改變中國的現狀。在批判和建設方面他們實際上有很多的共識。在我看來，就是不論這些共同點，魯迅與胡適，構成互補的東西也要比構成衝突的東西要多得多。他們的「對立」，很大程度上是社會定位與政治觀點層面的對立，相對而言，是淺層次的；而他們的互補，是歷史意義和文化意義上的客觀的互補，是深層次的。

我要強化的觀點是，魯迅和胡適，是中國新文化的奠基人，他們是互為補充的兩個方面。魯迅告訴我們怎麼批判一個吃人的舊中國，胡適告訴我們怎麼建設一個現代的公民自己的國家。魯迅主要是從國民性改造方面入手，胡適主要是從制度建設方面入手。

中國是一座破爛不堪的老城，除了破爛外，還到處流著屎和尿，蒼蠅在高唱著太平歌謠，蚊子在吸血之前還煞有介事地發表道德宣言……魯迅是一個深刻批判歷史和批判現實的愛之深故言之也苛的極為熱情同時也極為冷酷的對中國最為瞭解的愛國主義者和人道主義者。魯迅眼裡的中國文明，「其實不過是安排給闊人享用的人肉的筵席。所謂中國者，其實不過是安排這人肉的筵席的廚房」（《燈下漫筆》），他鼓勵青年「掃蕩這些食人者，掀掉這筵席，毀壞這廚房」！魯迅是在形而上意義上拆除中國這座老城的人，是極權社會的掘墓人，是在思想及觀念上推翻舊中國的推土機，是喚起「鐵屋子」中昏睡欲死的人們的啟蒙者，他懷著美好的理想，堅信未來一定好過現在。

胡適呢，他是盜火的人，是播種者。他是一個現代社會科學和現代政治科學的科普作者，他把人類目前為止最為合理的社會制度，用中國人所能理解的語言，一定程度上結合中國的實際，給介紹到了中國來。他是現代中國的唐僧，唐僧取的是印度的經，他取的是西方尤其是美國的經。他的社會思想有一定的新意，但不能說建構了一個什麼體系；他就是把西方的一套圖紙給搬到中國來，雖然他不是做這一工作的第一人，卻是一個做得相對成系統、相對有大影響的人——他在告訴我們怎樣建設一個新中國，他是建設自由民主的新中國的設計師。

魯迅與胡適，與其說是鐘擺的左右兩極，不如說是一枚硬幣的兩面，是一個問題的兩個方面。雖然魯迅也有建設的思想，比如他的「首在立人」的思想，但總體上看，魯迅是批判的；雖然胡適也有批判的鋒芒，比如他的「中國不亡，天理難容」的偏激，但顧及全人，胡適是建設的。

我一直以為，魯胡各有長短，相輔相成，應該兩邊同時並進。只是照搬西方的制度肯定是不行的，因為制度是靠人來實行的；然而，也不能等國民性改造好了，再推行民主政治。魯迅也說過，沒有大砲，不妨先用衝鋒槍。一時不能建立一套完整的現代文明的民主自由的

國家體系，一步一步地漸進，也是好的，這也是胡適的基本思想之一。事實上，他們已經形成了互補的格局。只有魯迅這種大無畏的徹頭徹尾地批判，只有搗毀了極權的舊中國，才有可能為胡適展示並提供一個可以建設的空間，建設一個把人當作人的自由民主的共和國。

梁啟超在一九二二年出版的《五十年中國進化概論》中，把五十年來中國人的學問進步分為三期。第一期，先從器物上感覺不足。曾國藩、李鴻章一班人是其代表。第二期，是從制度上感覺不足。從甲午戰爭起到民國六、七年間止，這二十年間，都是覺得我們的政治、法律等等遠不如人，恨不得把人家的組織形式一件件搬進來，以為倘能如此，萬事都有辦法了。那急先鋒就是康有為、梁啟超一班人。第三期，便是從文化根本上感覺不足。革命成功將近十年，所希望的件件都落空，漸漸有點廢然思返，覺得社會文化是整套的，要拿舊心理運用新體制，決計不可能，漸漸要求全人格的覺悟。所以最終算是劃出一個新時期來了。那代表性的人物便是胡適等剛剛回國的留學生。

我以為，梁啟超所言極是。一是物質的硬體的引進，二是制度的思想的引進，三是人的改造，即由奴隸、奴才而更新為現代國家的公民、國民。只是，梁啟超寫這文章時就斷言胡適是第三期的代表人物，未免時候尚早。

綜觀胡適一生，總體上看，他是屬於溫和漸進的「立憲」派的，他一生所追求的是把西方尤其美國的民主制度移植到中國來。

梁啟超所言第三期的代表人物，應該是「首在立人」，一生孜孜矻矻於國民性改造的魯迅。按照梁啟超的劃分法，魯迅的思想發展（或曰進化）也是先從器物上感覺不足，以醫學救國為目的來改造中國，大致相當於梁啟超所謂第一期思想。魯迅與許多同時代人不同的地方在於，他直接跳過了「制度救國」的第二期思想，而以「提倡文藝運動」救國進入到第三期思想。

魯迅一生在不斷地批判封建專制，把中國極權統治的歷史看作是「吃人」的歷史，魯迅對歷朝歷代的封建統治者，基本上是持否定的態度。對專制的否定與批判，客觀上不正是對民主的肯定嗎？魯迅一生立足於「立人」，專制的基礎是臣民的愚昧。有什麼樣的百姓就有什麼樣的政府。

早些年，柏楊在《醜陋的中國人》一書中有「醬缸文化」一說，即，一切外來的東西，到了中國，都會被「醬」得面目全非。其實，魯迅老早就表達了這一思想。魯迅認為，一切

國外進口的主義，在中國全都走樣。他說：「每一新制度，新學術，新名詞，傳入中國，便如落在黑色染缸，立刻烏黑一團，化為濟私助焰之具。」（《花邊文學・偶感》）他又說：「在中國活動的現有兩種『主義者』，外表都很新的，但我研究他們的精神，還是舊貨，所以我現在無所屬，但希望他們自己覺悟，自動的改良而已。例如世界主義者，而同志自己先打架；無政府主義者的報館而用護兵守門，真不知是怎麼一回事。……我有幾個學生在軍中，倘不同化，怕終不能佔得勢力，但若同化，則佔得勢力又於將來何益。」（《兩地書・八》）就是說，一切外來的東西，只有中國化了，才有生存的空間。但是，在很多的時候很多的場合，中國化並不意味著進步而是相反，換言之，外國進步的東西只有被中國固有的惰性同化並呈落後狀態，方可立足。此前，魯迅還說過類似意思的話：「無論什麼主義，全擾亂不了中國；從古到今的擾亂，也不聽說因為什麼主義。」（《隨感錄五十六・「來了」》）魯迅又說「什麼主義都與中國無干」，「我們中國本不是發生新主義的地方，也沒有容納新主義的處所，即使偶然有些外來思想，也立刻變了顏色。」（《隨感錄五十九・「聖武」》）所有的主義到了中國，就被中國人實用化、功利化了。不要說人文思想，便是自然科學，也會被改造成適合中國國情，為中國人所實用，「風水，是合於地理學的，……煉丹，是合於化學的」（《花邊文學・偶感》），中國人就是這樣，可以把西方自然科學的成就變成證明自己腐朽文化合理性的「科學根據」。為什麼會這樣呢？因為中國人這樣，中國文化這樣，人不變，道亦不變。魯迅認為，先要立人，然後才談得上立「人國」即政制。「是故將生存兩間，角逐列國是務，其首在立人，人立而後凡事舉」；「人既發揚踔厲矣，則邦國亦以興起」。那麼，又應當如何立人呢？他說：「誠若為今立計，所當稽求既往，相度方來，掊物質而張靈明，任個人而排眾數。若其道術，乃必尊個性而張精神。」（《墳・文化偏至論》）立人先於立「人國」，文藝復興、倫理革命先於政治革命、制度改革，這是魯迅的基本主張。

民主政治不是什麼高深莫測的東西，全民參與的東西能高深到哪裡去呢？世界上的民主政府已經是絕大多數，用權力制約權力，新聞自由，軍隊國有，私有財產神聖不可侵犯，集會、結社自由，選票裡面出政府……藥方也就是那些。民主政治的關鍵是「行」，是一個知易行難的問題。為什麼行難？因為有由利益集團操控的反人民的政府；為什麼反人民的極權政府能在中國存在，因為人民愚昧。如果百姓沒有脫離奴隸和奴才的狀態，統治奴隸和奴才的政府，無論打的什麼旗號，實行的都只能、只會是專制統治。只有啟蒙人民，讓極權統治下的奴隸、奴才，變成國民、公民，才有可能建設現代民主國家。沒有國民的崛起，什麼樣的好制度搬到中國，都會被中國特色的大染缸染成面目全非。這是有很多歷史教訓的。在魯迅看來，在中國的國民性改造好以前，所謂的民主自由只不過是癡人說夢而已。

胡適為代表的自由主義知識分子注重制度引進和制度設計，而魯迅一生的事業是在於批判國民劣根性，啟蒙國民。魯迅做的是更加基礎的工作。魯迅立人，這是治本之策啊！

胡適是一個勤於勞作的搬運工，他一生致力於全盤西化，一生辛勤地把西方文明包括政治文明搬運到中國來。制度設計、制度完善、用法制推動民主等等，都是必要的。中國社會的轉型是一個系統工程，民主自由的新中國的建設是一個長期的過程，胡適側重於民主政治的推行，魯迅孜孜於國民的啟蒙和國民性的改造，很多很多的工程師和普通勞動者在為國家經濟建設添磚加瓦，為中產階級的擴大並成為社會的主導而努力……

只是照搬西方的制度肯定是不行的，因為制度是靠人來實行的；然而，也不能等國民性改造好了，再推行民主政治。魯迅也說過，沒有大砲，不妨先用衝鋒槍。一時不能建立一套完整的現代文明的民主自由的國家體系，一步一步地漸進，也是好的，這也是胡適的基本思想之一。事實上，他們已經形成了互補的格局。

當一切綜合條件成熟了時候，我們親愛的公民自己的共和國，就會屹立在世界各民主國家之列，誠如方志敏所言，「站在歐洲、美洲各位華貴的太太面前」，「站在那日本小姑娘面前」，也不會自慚形穢，因為我們民族已經「可以無愧色的立在人類面前，而生育我們的母親，也會最美麗地裝飾起來，與世界上各位母親平等的攜手了」（《可愛的中國》）。

十月懷胎，是的，民主是一個過程。我們不能輕易否認魯迅、胡適以及方方面面的努力，我們更不應該以胡適來否認魯迅，或以魯迅來否認胡適；當中國的民主還不成熟的時候，我們不能揠苗助長，不能剖開祖國母親的肚子，那掏出來的只能是一個死胎啊！那一切又要重新來過啊！這樣的事，我們不是已經見過、經歷了嗎？當然，這是題外話了。

五四時期，風雲際會，是中國歷史上自春秋戰國以後又一個思想空前活躍的時期。

春秋戰國的思想活躍，因為秦帝國的建立而銷聲匿跡，開始了兩千多年的大一統的極權統治。這兩千多年，是超穩定的一元化的農業社會。從一八四〇年開始的漸變，到了「五四」時期，我們迎來了眾聲喧嘩、百家爭鳴的多元的現代的工業文明時代。如果春秋戰國是以先秦諸子的崛起為標誌的話，此文的開首我說了，五四新文化運動有兩個座標意義的人物，那就是魯迅和胡適。魯迅是在不遺餘力地批判一個舊中國，胡適是殫精竭慮要建設一個新中國，如果說多元的新文化有一個體系的話，魯胡的兩面組合，就是這個新文化的基石。我堅信，少了一面，都無法支撐起中國多元的新文化的大廈。如果我們要書寫中國新文化運動史的話，那麼，它的序言，就只能是魯迅與胡適，而魯胡所代表的兩面，也必將貫穿全書。

關於魯迅與胡適批判和建設相輔相成的思考，關於首在「立人」、「立人」與「立憲」並舉的思考，關於魯胡合二為一從而成為中國新文化基石的思考，是我要寫這樣一本書的動力所在，激情所在。

我願意把這些思考擺在本書的最前面，算是自序吧！

目錄

自序

第一輯 婚姻愛情篇 …… 24

第一章 魯母與胡母 …… 25

一、魯迅與母親 …… 26

1.「我的母親是很愛我的」 …… 26
2. 拒絕暗殺行動 …… 28
3. 只能委屈自己 …… 29
4. 通俗小說與點心 …… 31
5. 濕棉襖 …… 32
6.「沒有愛」和「無所可愛」 …… 33

二、胡適與母親 …… 36

1. 胡母青春守寡 …… 36
2. 慈母兼任嚴父 …… 38
3. 寡母備受委屈 …… 39
4. 博大、慈祥的母愛 …… 40
5. 無法違抗的母命 …… 44

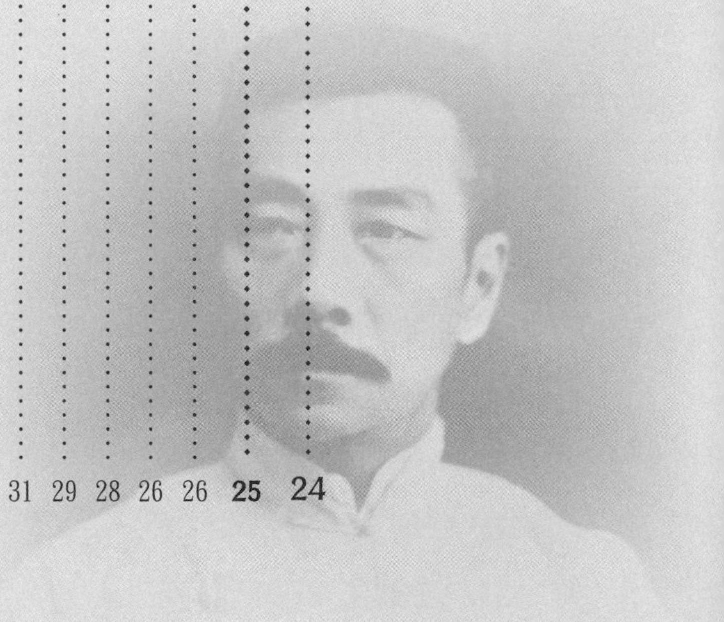

三、無愛的婚姻……45
（一）朱安這一生……45
1.「母親娶媳婦」……45
2.沉湎於拓片殘書……46
3.朱安也曾努力……46
4.磚塔胡同的兩個箱子……49
5.蝸牛落地……51
6.服侍娘娘．哀悼丈夫……52
7.「魯迅遺物」要葬在魯迅墓旁……53
（二）江冬秀的一生……54
1.也是「母親的禮物」……54
2.「雙生日」的滋味……65
3.江冬秀與麻將……66
4.胡適性情與離婚風波……71
5.「流動的液體」……72
第二章 魯愛與胡愛……**74**
一、魯迅或可接受的琴姑……74
1.兩小無猜……74
2.長媽媽的「犯沖」說……77
3.琴姑之死……78

4. 魯迅也愛琴姑？ 79
二、關於許羨蘇的猜測 83
1. 孫伏園、孔慧怡的推測 83
2. 魯迅給許羨蘇的信最多 86
3. 「親人」與「情人」 86
4. 都是瑣碎事 89
三、師生戀：魯迅與許廣平 92
（一）北京時期的愛情 92
1. 「女師大風潮」與「三·一八慘案」 92
2. 「害馬」來信，「嫩弟」響應 99
3. 「你戰勝了」 105
（二）擺脫黑暗，奔向希望 109
1. 革命的旁邊 109
2. 北京的壓迫 110
3. 周作人的「黑暗」 119
4. 母親的「黑暗」 120
5. 朱安的「黑暗」 121
6. 經濟上的考量 122
7. 有潔癖的真愛追求者 123
8. 從尿尿問題看同居 124

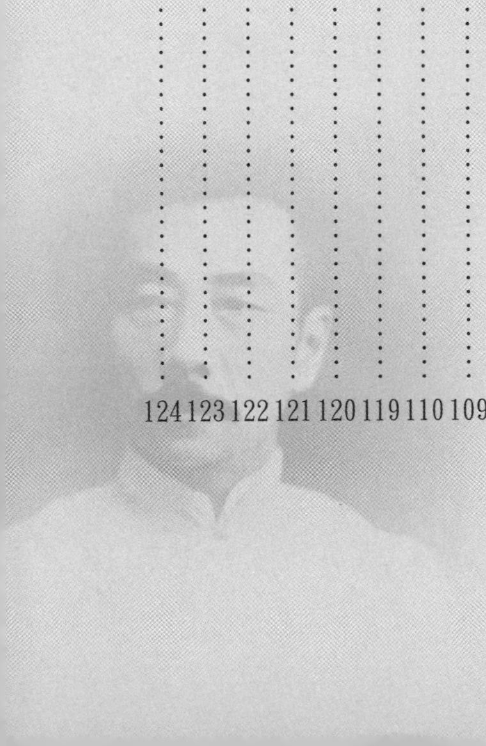

9. 南下，南下，奔向希望……125
（三）為愛而來，為愛而往……127
1. 「大夜彌天，璧月澄照」……133
2. 沒有名份，但有愛……134
3. 得力的助手……138
4. 「今晚的月亮真好」……140
5. 魯迅的病與死……141
6. 活在魯迅的世界……144
四、**胡適與韋蓮司：友誼與愛之間？**……148
1. 胡適接觸的第一個美國年輕女性……149
2. 胡適的「舵手」……151
3. 友誼還是愛情？……153
4. 「超越了一般朋友的界線」？……156
五、**胡適與陳衡哲：愛與友誼之間？**……161
1. 新文學運動第一個女作家……161
2. 胡適愛女的名字……162
3. 「朋友之『友』不可友」……164
4. 「芝麻綠豆」中或有愛情？……165
5. 《絡綺思的問題》……171
6. 傳說與辯白……179

六、胡適與曹佩聲：無奈之愛……184
1.「糜哥，糜哥……」……185
2.「七年之癢」……187
3.「神仙生活」……193
4. 徐眼觀曹……194
5. 汪靜之與曹佩聲……195
6.「家庭革命」……198
7. 孤魂苦盼歸客……201

第三章 胡魯與娼……208

一、「從叫局到吃花酒」……208
二、把視察窯子當作補課……211
三、魯迅的「邀一妓」……212
四、一樣的關懷……216

第四章 「無後主義」的破產……220

一、魯迅：實的「無後主義」……220
二、胡適：虛的「無後主義」……222
三、父母無恩於孩子……225
四、胡思杜之死及其他……231

第五章 「做最上等的人」與「尋點小事情過活」……238

一、「做最上等的人」……238

二、魯迅遺言……240
三、終於當不成「最上等的人」……241
四、魯迅的孫子賣爆米花……244

第二輯　文化政治篇……248

第一章　魯胡「五四」前後的交往……249

一、同一個戰壕的戰友……249
二、居中調停的「和事佬」……253
三、「雙簧信」……254
四、《新青年》的編輯方針問題……256
五、「整理國故」的不同見解……261
六、見「皇上」與見蔣……265

第二章　「全盤西化」與「不讀中國書」……269

一、胡適不是「始作俑者」……269
二、胡適的「全盤西化」思想……271
三、是「折衷派」嗎？……273
四、「充份世界化」……275
五、魯迅是胡適的前提：「不讀中國書」……277
1.「吃人」問題……278

2.「青年必讀書」 282
六、「滿天的黑暗」與「大墓場」 288
七、對社會的主張與個人喜好 293
八、方法論 296
第三章 胡適終究是書生——以魯迅為參照的胡適行狀 299
一、「光明所到」與「文明監獄」 299
1. 胡適參加「中國民權保障同盟」的理由 300
2. 胡適四小時視察監獄 304
3. 史沫特萊和宋慶齡的英文快件 306
4. 胡適把分歧公開化 310
5.「光明」的來與去 317
6. 胡適與楊杏佛的「情意結」 321
7. 楊杏佛之死及胡魯的態度 327
8. 胡適的「監獄意象」 334
二、「漢奸」與魯胡 341
1. 魯迅與抗日戰爭 342
2. 魯迅與內山完造 347
3.「征服中國民族的心」與放棄東三省 357
4. 胡適與抗戰 362
三、胡適的兩次「競選總統」與魯迅的「罵」蔣介石 364

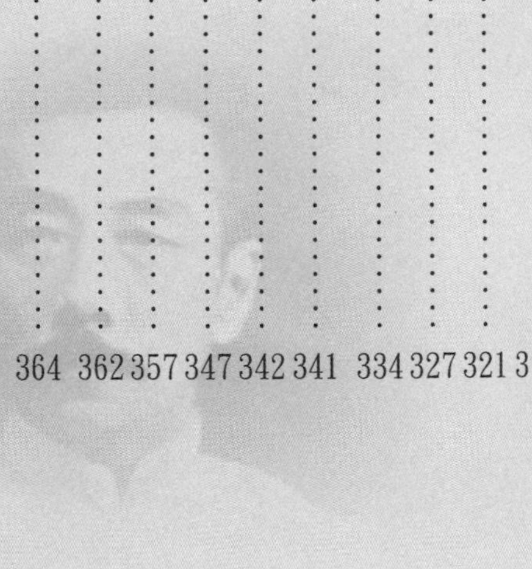

1. 胡適兩次「競選總統」……365
2. 魯迅與蔣介石……377
3. 魯胡的「罵」國民黨政府……386
四、胡適的「怕老婆論」……393
五、包辦婚姻、婚禮與喪禮……402
1. 為包辦婚姻辯護……402
2. 婚禮改革……405
3. 喪禮改革……412
第三輯 為人處世篇……415
一、以京劇為鏡，照照魯迅和胡適的臉……416
二、「魯有林風，胡乃敍副」……424
三、張愛玲眼裡的胡適……433
四、胡適與《魯迅全集》……439
五、魯迅去世後，胡適對魯迅的評價……446
六、「主將」與「楷模」……454
後記……459

第一輯

婚姻愛情篇

第一章　魯母與胡母

五四時期，是傳統中國向現代中國深入、深刻轉型的過渡時期，這一時期文化巨人們的精神品質的特點是學貫中西，與這一特點相對應的是他們身上不可避免地留有傳統中國的痕跡，而同時，他們又打上了深深的西式烙印。這一點，在他們的感情和婚姻生活中也不可避免地有所表現。就是說，他們是已經覺醒的一代人，知道了愛，自由的愛和愛的自由，並不懈地追求愛，然而，在他們還來不及愛的時候，甚至在他們尚未成年的時候，他們的傳統家庭，就已經為他們留下了一條尾巴——童養媳或是原配夫人。留學西洋的胡適、徐志摩如此，留學東洋的魯迅、郭沫若、郁達夫亦如此。

就像後來的很多女知青嫁給了當地農民一樣，很多時候，人的命運是時代的命運，在那樣的時代，誰能逃脫呢？我們還是回到魯迅與胡適吧！

魯迅和胡適的婚姻，都是母親安排的結果。

正如韓石山所言，魯迅和胡適都是寡母撫養大的。所不同的是，魯迅的父親去世時，魯迅已經到了能夠為家庭分憂的年齡，況且，他又是長子，所以，魯迅事實上替母親遮擋了許多「嚴相逼」的霜風劍雨；而胡適，父親死時四歲不到，他卻是家裡的幼子。正因為都是寡母撫養大的，這就客觀上決定了他們無法反抗母親，只能接受「母親的禮物」，接受無愛的婚姻。

一、魯迅與母親

1.「我的母親是很愛我的」

魯迅的祖父因為「科場舞弊案」入獄。祖父入獄，給周家帶來不小的影響，甚至可以說是周家從小康進入困頓的轉捩點。周家驟然敗落。魯迅在《吶喊・自序》中寫道：「聽人說，在我幼小時候，家裡還有四、五十畝水田，並不很愁生計。但到我十三歲時，我家忽而遭了一場很大的變故，幾乎什麼也沒有了；我寄住在一個親戚家，有時還被稱為乞食者。」然而，禍不單行。祖父一下獄，魯迅的父親又患了重病，吐血，肚子脹，病了三、四年，終於在一八九六年秋天死去了。在這三年中，祖父關在杭州獄中要用錢，給父親醫病也要用錢。先是變賣田地，田地賣完後，母親就叫他拿衣服或首飾到當鋪典當。身為長子尚未成年的魯迅就承擔了許多家庭的義務和責任。幾乎是每天，魯迅上當鋪去，在輕蔑裡接過用衣物抵押

來的錢，又忙著給父親買藥。他說：「我有四年多，曾經常常，——幾乎是每天，出入於質鋪和藥店裡，年紀可是忘卻了，總之是藥店的櫃檯正和我一樣高，質鋪的是比我高一倍，我從一倍高的櫃檯外送上衣服或首飾去，在侮蔑裡接了錢，再到一樣高的櫃檯上給我久病的父親去買藥。」（《吶喊・自序》）

魯迅少時家道中衰。做為長子的魯迅與母親相依為命，共同支撐著日漸衰敗的家。

魯迅的母親魯瑞對自己的孩子有著溫柔的母愛。在魯迅小時候，父親命令他背書時，魯瑞總是在一旁靜靜地聽著，暗暗捏一把汗，兒子背完了書，她的心才算放下來，臉上露出笑容。

每年夏天都有一些日子是少年魯迅的「節日」，因為魯瑞總在這時帶他回娘家安橋頭小住。魯瑞與安橋頭農民相處融洽，每次回去，農民總互相傳告：「瑞姑太太，回娘家了！」他們對魯迅也十分友好。正是在安橋頭魯瑞的家鄉，魯迅在美麗的大自然中獲得無窮快樂，留下了美好的回憶，在他的《社戲》、《女吊》中都滿懷深情與饒有趣味地提到。此外，還接觸到許多生計艱難的農民，使他瞭解了農民們所受的壓迫與苦痛，並在以後的許多文章中做了種種描述。

一八九八年五月，家道中落的魯迅決定「走異路，逃異地，尋找別樣的人們」，遠走求學。儘管家境十分困難，魯瑞仍積極支持魯迅的人生選擇。她變賣自己的首飾，換得八元盤纏，送十六歲的魯迅去南京的洋務學堂讀書。從此，魯迅告別了故鄉，慈母揮淚為他送行的難捨情景永遠疊印在他的腦海，多年後，魯瑞仍是同樣地送兒子東渡扶桑。

幾十年來，魯迅把供養母親和整個家庭生活的重擔壓在自己肩上。他時常對人說：「我娘是受過苦的，自己應當擔負起一切做兒子的責任。」他曾多次對蕭軍說：「我的母親是很愛我的。」另一方面，他母親也對人說魯迅孝順：「他最能體諒我的難處，特別是進當鋪典當東西，要遭到多少勢利人的白眼，甚至奚落；可他為了減少我的憂愁和痛苦，從來不在我面前吐露他難堪的遭遇，從來不吐半句怨言。」人情的冷暖、世態的炎涼，使魯迅過早地體驗到了生活的艱辛，使他在日後更為清醒更為堅強地面對種種磨難，也使他對母親充滿了尊敬和熱愛。

2. 拒絕暗殺行動

魯迅一生對母親至愛至孝。

一九〇二年至一九〇九年，魯迅在日本留學，期間，加入了光復會，曾被委派回國刺殺清朝官員，臨行前，他產生了片刻的猶豫，增田涉回憶說：「他曾經向我說過，他在晚清搞革命運動的時候，上級命令他去暗殺某要人，臨走時，他想，自己大概將被捕或被殺吧，如

果自己死了，剩下母親怎樣生活呢？他想明確地知道這點，便向上級提出了，結果是說，因為那樣地記掛著身後的事情，是不行的，還是不要去吧！」（增田涉：《魯迅的印象》，北京出版社二〇〇二年一月版）如果魯迅不為母親擔心，直接去參加暗殺活動，這則是他做為革命家應該承擔的任務，然而，現實中的魯迅卻為了母親而拒絕了暗殺的命令。做為長子的魯迅並非貪生怕死，實在是為了支撐日趨敗落的周家。只要結合考慮魯迅家庭的變故和他的長子地位，只要我們持平常心解讀魯迅，我們就會對魯迅的拒絕表示理解，同時，我們就能更加切實地感受到魯迅的至孝。

3. 只能委屈自己

為了盡長子的義務，為了盡孝，魯迅不得不做了整整十四年的官員。他在一九二五年寫給青年朋友的一封信中敘說了心中的苦悶：「只能不照自己所願意做的做，而在北京尋一點糊口的小生計，度灰色的生涯。」魯迅在日本時，就因為厭惡於留學生的無聊，到了偏遠的沒有中國留學生的仙台去學醫（見《藤野先生》），按魯迅的個性，應該避免與無聊無恥的舊官僚共事才是。然而，從一九一二年至一九二六年，他一直未能脫離官場，為了有一個較穩定的職業，為了得到一份較豐厚的收入，魯迅只得壓抑自己，委屈自己。

魯迅是一九一二年隨南京臨時政府遷往北京的。行前曾返紹興安頓家事，其中最主要的就是安排好母親的生活。到北京後，他客居紹興會館。

一九一九年，魯迅買了八道灣的住宅，自己親自動手設計、整修房屋，又回到紹興把老母及全家都接到了北京。那一年，魯迅的母親已經六十歲了。據魯迅家的傭工王鶴照說，北上路上，魯迅讓老太太坐臥車，自己坐二等車。到了南京，剛剛在旅館住下，魯迅就到外面買了南京有名的小吃餚肉和羊膏請老太太吃。

從一九一九年到一九二六年魯迅離京南下的不到十年間，是魯迅侍母最殷的時期。此前，或是年幼，或因求學，或為生計而忙碌，魯迅總是不在母親的身邊。經過了多少的離別，終於全家生活在一起，這對魯迅來說是十分高興的。

一九二三年，周氏兄弟失和，魯迅從八道灣遷出，借居到磚塔胡同。先是他帶著朱安借居。但是魯老太太在八道灣並不痛快，常常弄到沒有飯吃的地步。據王鶴照回憶，魯老太太曾勸王離開八道灣，說「還是離開這裡好，免得受閒氣」。可見周作人夫婦的確是容不得人的。魯迅見母親在八道灣處處受制，便借錢買了西三條胡同的房子接母親來同住。一般說來，舊式女人，在兒子分家以後，也總是更願意與長子住在一起。接母親到阜成門家中後，魯迅曲盡孝道，將最好的大房子讓母親住，自己則獨居屋後一間簡陋的小房充當書房兼臥室。

4. 通俗小說與點心

到了北京後，魯老太太有了更多的時間看小說，魯迅便常常為她買書。魯迅的母親非常愛看通俗小說。魯迅或自購或託人代買，將「鴛鴦蝴蝶派」的作品、張恨水的章回小說等，源源不斷地送到母親手中。魯迅曾對荊有麟說：「因為老太太要看書，我不得不到處收集小說，又因為老太太記性好，改頭換面的東西，她一看，就講出來，說與什麼書是相同的，使我曉得許多書的來源同改裝。」到了上海以後，魯迅便從上海買了郵寄到北京。據荊有麟說，魯迅做中國小說史研究，很大程度上也得益於為母親多方收求小說話本，對這些東西有了許多具體的瞭解。

魯迅那時已經四十餘歲。但還是像小時候一樣，外出上班，必去母親處說聲：「阿娘，我出去哉！」回家時必要向母親說聲：「阿娘，我回來哉！」領了薪水之後，常常買一些點心什麼的東西拿回來，讓家人改善改善口味，他總是先把點心送到母親的房間，請魯老太太選用；然後再送到朱安女士的房間，請朱安選用。剩下的拿到自己的房間。每天晚飯後，魯迅都要到母親房間裡閒談一陣子，那把大的藤躺椅，是他每天晚上必坐的地方，他拿著茶碗和菸捲在籐椅上坐下或者躺著。老太太那時候已快七十歲，總是躺在床上看小說或報紙，朱安則坐在靠老太太床邊的一個單人籐椅上抽水菸，許羡蘇則坐在靠老太太床的另一端的一個小凳上打毛線。他們母子間談些什麼，現在已難以索考，但日常家務肯定是少不了的。另外，討論魯老太太所讀的書也應該是經常的話題。

5. 濕棉襖

從表面的日常生活來看，魯迅對自己的母親確實是盡到了一個兒子的責任和關愛。即使是在對待老人、贍養老人方面，魯迅亦是常人的表率。

然而，雖然在生活上對母親十分關照，但不能說他們母子之間在思想上就十分認同，事實上存在著非常大的距離。對於自己的母親，魯迅有著難以言說的心情。一方面，他是一個傳統意義上的孝子，對母親既敬且愛；另一方面，在思想深處，他與自己的母親又有許多難以認同的地方，因而常生苦惱。

魯老太太愛讀小說，卻不喜歡「魯迅」的作品。據荊有麟回憶，魯迅的《吶喊》出版後，章衣萍的夫人吳曙天女士曾將《吶喊》送給魯老太太看，而且告訴她《故鄉》一篇最好。可是魯老太太讀完這篇小說後卻說：「沒啥好看，我們鄉間，也有這樣事情，這怎麼也可以算小說呢？」所以荊有麟說，在思想上，母子是距離太大了。

魯迅對於家事，多半還是依了老太太的主張。魯迅曾對荊說過，「她們的成見，比什麼

都深，你費了九牛二虎之力，頂多只能改變十之一、二，但沒有多少時候，仍舊復原了。你若再想改革，那她們簡直不得了。真沒辦法。」

魯迅說過這樣的話，母愛如同濕棉襖，脫了感到冷，穿著感到難受。這可以說是他內心世界的真實感受。魯迅在給友人的信中曾說：「我有一個母親，還有些愛我，願我平安，我因為感激她的愛，只能不照自己所願意做的做……因為感激別人，就不能不慰安別人，也往往犧牲了自己……」他還說過：「死於敵手的鋒刃，不足悲苦；……最悲苦的是死於慈母或愛人誤進的毒藥……」（《華蓋集・雜感》）魯迅晚年還對馮雪峰說過：「母愛是可怕的。」「母愛的偉大真可怕，差不多是盲目的」。這些話多少都包含了對母親的抱怨。這些抱怨，魯迅的情感體驗，很大程度上是來自母親。

對沒有接受過正式教育，對新的思想和觀念毫無瞭解和認同的魯瑞來說，到底能在多大程度上理解自己的兒子，也是值得我們考量的。我們可以說，在思想和觀念上，魯迅和他的母親的確是有著相當大的距離。但是，思想上的隔閡並不能使母子之情隔絕，魯迅對母親盡了自己最大的責任。

6.「沒有愛」和「無所可愛」

知道了魯迅有這樣一個家，知道了身為長子的魯迅與母親的這樣的關係，我們應該就可以展開解讀，弄清楚魯迅何以接受了「母親的禮物」——朱安。

描述這一切，是為了讓讀者更切實地瞭解魯迅與許廣平的愛情。

如果魯迅有一個有愛情的婚姻，那麼，他後來與許廣平的愛情就是不道德的了；換言之，瞭解了他的婚姻，才能更深刻地理解他的愛情。

魯迅生長在清朝末年，一般的情況下，「父母之命，媒妁之言」，依然主宰著男女的婚姻大事。哪怕是最善良的父母，也不會放棄對於子女婚姻大事的裁決；即使是剛烈青年，也難逃「父母之命，媒妁之言」的制約。魯迅在那個時代，早已經算是個大齡青年了，因此，母親包辦他的婚姻也是情有可原。

魯迅去南京求學時，母親給他訂了親。女方叫朱安，是個沒有文化的纏足姑娘，大魯迅三歲。魯迅請求退聘，但母親堅絕不同意，說退聘有損兩家名聲，會給女方造成嫁不出去的痛苦。既是母親所訂，魯迅又有什麼話說！

當年，魯迅已在日本留學。有一次，走在日本街頭，看到一個婦女帶著幾個孩子，魯迅覺得她很辛苦，就幫她抱了一段路，恰巧被一個同鄉看見了。於是，話傳回紹興來，說周樹人在日本已經娶了太太，生了孩子，正在街上逛呢。魯迅母親一聽，又氣又急：「這叫我怎麼向朱家交代？」遂給魯迅拍去了急電：「母病速歸」。孝順的魯迅趕緊把身邊的事情處理

一下，回到紹興。

他一回家，母親沒有患病，笑盈盈的來迎接他，家裡張燈結綵，中間貼了張大紅喜字。多少年了，家裡難得有這樣的喜氣！一切都明白了，為了不使母親傷心，魯迅默默接受了母親的安排，奉命完婚。

一九〇六年七月二十六日，魯迅行禮如儀，經過拜祖先、迎花轎的儀式與朱安結為夫妻。揭開蓋頭後，發現朱安兩眼深陷，皮膚黝黑，長臉大面，尖下頦，薄薄的嘴唇使嘴顯得略大，寬寬的前額顯得微禿。魯迅對著新娘一言不語。第二天早晨，他母親和周圍的人發現，魯迅的眼睛是浮腫的，臉色是青的，枕巾是濕的——青年魯迅在新婚之夜以淚洗面。

第二天他搬到書房去睡，第四天就回日本去了。

魯迅和朱安的婚姻，用他自己的話來說是「沒有愛」和「無所可愛」。「母命難違」，面對寡母，魯迅萬般無奈，只能唯命是從。他曾對許壽裳說，把朱安迎進周家，是「母親娶媳婦」，「是母親給我的一件禮物，我只能好好的供養她，愛情是我所不知道的」。其實，魯迅何嘗不知道愛情，他是出於對母親的孝順，不願讓母親為難，寧肯犧牲自己，吞下了「無愛結婚」的苦果。

二、胡適與母親

1. 胡母青春守寡

胡適與魯迅一樣，也有家道衰敗的經歷。

魯迅的父親三十七歲（一八九六年）就死了，胡適的父親死時是五十四歲。雖然胡適的父親比魯迅的父親要多活近二十年，但胡適的父親去世時，胡適的年齡比魯迅父親去世時的魯迅年齡要小很多。周父死時魯迅是十六歲，胡父死時胡適還不到四歲。魯迅是家裡的老大，胡適卻是家裡的老小。

魯迅的父親是抑鬱而死，胡適的父親也未必得志。

胡適的父親胡傳（號鐵花）的青年時期，徽州周邊地區備受太平軍的侵擾，他的第一個妻子就因此而亡；第二個妻子在若干年後留給他三個兒子和三個女兒也因病去世。於是，受到婚姻打擊的胡傳在不惑的四十歲立志報國，從一八八二年他得到第一次任命，直到一八九五年去世，胡傳曾在廣東、河南、江蘇、臺灣等處充任幕僚或地方官佐。在各種崗位上為清朝盡責：做過墾荒、賑濟、戶口調查、地圖繪製、國際邊界勘測；做過學監、軍營和軍事防禦工程的巡查，在吉林、江蘇最後是臺灣的省級部門擔任過要職。病逝於廈門。據李敖考證，

一八九二年三月十七日，「一個濃眉大眼卻愁眉苦臉的壯漢，帶著十七條火腿、九十個皮蛋、四十支毛筆、兩壇紹興酒，在上海碼頭登了船。」去哪裡呢？被官場人搞鬼、排擠去了臺灣。當時去這種蠻荒之地，那是滿腹牢騷啊！有詩為證：

因緣不必問三生，聚散如萍卻有情。
入世豈愁多險阻，知人翻恐負公卿。
天風假我一帆便，海水誰澄萬里清？
試看鄉村須社肉，凡人作宰似陳平。

胡父去臺任職時，胡適出世僅九十天。一八九三年春，馮順弟帶著胡適來到臺灣，老夫少妻稚子相聚，度過兩年的團聚生活。甲午海戰爆發後，不到四歲的胡適隨母親回徽州上莊老家，胡適對父親去世時的情景是有鮮明記憶的：「我母親正在家中老屋的前堂，她坐在房門口的椅子上。她聽見讀信人讀到我父親的死信，身子往後一倒，連椅子倒在房門檻上。東邊房門口坐的珍伯母放聲大哭起來，一時滿屋都是哭聲，我只覺得天地都要翻覆了！」這是一個幼兒最早感受到的心靈衝擊，從胡適自述中可見他非同一般的早熟。

胡適的父親去世時，母親馮順弟才二十三歲。「二十三歲做寡婦並不稀奇，稀奇的是，她一做就是二十三年！」（李敖語）可以說，胡適和魯迅一樣，是寡母撫養大的。

2. 慈母兼任嚴父

與魯瑞一樣，馮順弟沒有什麼文化，但她有一套管教孩子的辦法。

每天天剛亮時，她就把胡適喊醒，叫他披衣坐起。胡適從不知道她醒來坐了多久了。她看胡適清醒了，才對他說昨天他做錯了什麼事，說錯了什麼話，要他認錯，要他用功讀書。有時候她對他說他父親的種種好處，她說：「你總要踏上你老子的腳步。我一生只曉得這一個完全的人，你要學他，不要跌他的股。」（跌股便是丟臉出醜）她說到傷心處，往往掉下淚來。到天大明時，她才把胡適的衣服穿好，催他去上早學。

胡母是慈母兼任嚴父。她從來不在別人面前罵胡適一句，打他一下，胡適做錯了事，她只對他一望，胡適看見了她的嚴厲眼光，便嚇住了。犯的事小，她等到第二天早晨他睡醒時才教訓他。犯的事大，她等到晚上人靜時，關了房門，先責備他，然後行罰，或罰跪，或擰胡適的肉。無論怎樣重罰，總不許他哭出聲音來。她教訓兒子不是藉此出氣叫別人聽的。

有一個初秋的傍晚，胡適吃了晚飯，在門口玩，身上只穿著一件單背心。這時候胡適母親的妹子玉英姨母在他家住，她怕胡適冷了，拿了一條小衫出來叫胡適穿上。胡適不肯穿，

她說：「穿上吧，涼了。」胡適隨口回答：「娘（涼）什麼！老子都不老子呀！」他剛說了這句話，一抬頭，看見母親從家裡走出，趕快把小衫穿上，但她已聽見這句輕薄的話了。晚上人靜後，她罰胡適跪下，重重的責罰了一頓。她說：「你沒了老子，是多麼得意的事！好用來說嘴！」她氣得坐著發抖，也不許胡適上床去睡。胡適跪著哭，用手擦眼淚，不知擦進了什麼微菌，後來足足害了一年多的眼翳病。醫來醫去，總醫不好。胡適母親心裡又悔又急，聽說眼翳可以用舌頭舔去，有一夜她把胡適叫醒，她真用舌頭舔胡適的病眼。

3. 寡母備受委屈

馮順弟雖然是名義上的家主，可是，丈夫前妻留下的兒子，對這位繼母並非採取親善的態度。她的兩個兒媳婦都不太明曉事理，妯娌間常為一些小事，鬧得全家雞犬不寧。她們誰也佔不了上風時，便都把氣出到婆婆身上。有時，她們還以打罵孩子的方式，用刻薄寡情的語言，指桑罵槐地罵給婆婆聽。胡適的母親只是忍氣吞聲，盡量避免衝突。實在難以忍受時，便悄悄來到鄰家迴避，或者夜深人靜時，一人獨枕床上輕聲哭泣。她的寬厚大度往往使她們感動，在心境平和的時候，她們也會以不同的方式，向這位年輕的婆婆道歉。少年胡適在這種人生窘境中，知道了所謂人世間的臉色，是件多可怕的東西，他說：「世界最可厭惡的事莫如一張生氣的臉，世界最下流的事莫如把生氣的臉擺給旁人看，這比打罵更難受。」

胡傳前妻所生的兒女，幾乎與馮順弟年齡相當。長子已經成家，自小便不成器，後來又染上吸鴉片、賭博的惡習，揮霍無度，欠下許多還不清的債務。每年除夕，總有一幫債主前來討債，一個挨一個地坐在堂屋的座椅上。母親已是見怪不怪，照樣心平氣和地料理著過年的事情。一直挨到半夜，快「封門」時，她才從後門出去，央求本家親戚或鄰居來家轉圜，給每個債主打發些錢，好說歹說，將他們支出家門。這時，那個癮君子才敲門回家，馮順弟從不罵他，也不在臉上掛一點慍色，一家人還是和和美美、歡歡喜喜地過年。這樣的年，胡適過了六、七次。

4. 博大、慈祥的母愛

幼年失怙，家道衰微，在挫折中，胡適最深切的感受便是博大、慈祥的母愛。她給了兒子待人接物的榜樣示範，處世做人的實際教誨。

胡適十三歲時，母親毅然將他送往上海求學。徽州人固有「十三四歲，往外一丟」送男孩出外學徒經商的傳統，但胡適畢竟是他母親年輕守寡、朝夕相處的獨子，又是處在這樣一種家庭中，可想而知，胡母應該有萬千不捨！然而，與魯迅的母親一樣，深明事理的她割捨

了自己對孩子的愛，求的是為孩子謀長遠的大愛。胡母送胡適上路時，沒有在兒子和眾人面前掉一滴淚。

到上海後，胡適初進梅溪學堂，後因其課程設置不完備，又進澄衷學堂，後轉學中國公學。接受了許多新知識、新觀念的胡適，經過一番曲折，於清宣統二年（西元一九一〇年）考取庚子賠款官費赴美留學。此時他年僅十九歲。

胡適的故鄉情結在某種意義上可以說是母親情結，他赴美留學時因行期由政府決定，竟未能回家鄉向母親告別，他就把辮子剪下託人帶給母親。是他的母親用愛帶給他一條通往知識的路，從而讓他見識了一個如此廣闊的世界。

胡適在美國康乃爾大學初讀農科，一年半後改讀政治、經濟，兼攻文學、哲學，後又赴紐約哥倫比亞大學，攻讀哲學。在美留學七年間，胡適與母親只能保持書信來往。他稍有空便給母親去信，將在美國所見所聞的新鮮物事一一介紹給母親。胡適因是公費生，可得獎學金，既不要母親花費，又可從獎學金中節儉，加上自己以撰文賺錢，可以贍養母親。

一九一一年辛亥革命時，武昌起義，胡家在漢口的茶葉店被燒，店業蕩然無存，他大哥隻身而歸。胡母遭此巨大打擊，病情日益加重。其後一兩年，病幾乎不能起，但她寧可自己忍著，也不願將病情告訴兒子，怕影響學業。另一方面，她卻在私下做安排，請照相的人來家照了一張相，保存起來，告訴家裡的人說：「吾病若不起，慎勿告吾兒，當仍請人按月作家書，如吾在時。俟吾兒學成歸國，乃以此影與之。吾兒見此影，如見我矣。」（胡適：《先母行述》）由此可見，她對兒子之愛是多麼深切！

非但如此，母親還借錢為兒子買書。胡適曾在《留學日記》中寫道：「得家書，敘貧狀，老母至以首飾抵借過年。不獨此也，宋煥家有圖書集成一部，今以家貧，願減價出售，自減至80元。吾母知余欲得此書，遂借貸為兒子購之。吾母遭此窘狀，猶處處為兒子設想如此。」

胡母內持家政，外應門戶。以少做後母，周旋於諸子諸婦之間，其艱難可想而知。胡適在《四十自述》中滿懷深情地寫道：「我母親二十三歲就做了寡婦，從此以後，又過了二十三年。這二十三年的生活真是痛苦的生活，只因為還有我這一點骨血，她含辛茹苦，把全副希望寄託在我的渺茫不可知的將來，這一點希望居然使她掙扎著活了二十三年。」

李敖在《胡適研究》一書中對胡母事蹟的歸納，應該有助於我們理解胡母的艱辛：

她的丈夫的第一號前妻死後十年，她才出生。

她的丈夫的第二號前妻，給她留下了三男三女。

她結婚後第三天，大兒子也結了婚。

大女兒比她大七歲。

大兒子比她大兩歲。
三女兒只比她小兩歲。
二、三兒子是雙胞胎，各比她小四歲。
她十六歲起做晚娘——好難當的晚娘。
她被兒媳婦欺負了，只偷偷的流眼淚。
她吃一塊豆腐，也要登記一次。
她為了治弟弟的病，把自己胳膊上的肉割下一塊來。
她自己只生了一個兒子，但卻是一個好兒子。她似乎很講究優生學。為了教育兒子：
一、她常常擰兒子的肉。
二、她給老師紅包——用特別待遇來使她的兒子特別。
三、她送兒子到外埠求學，不掉一滴眼淚。
四、她病得要死，卻不許人家告訴她的兒子。
五、她借錢為兒子買書。
最後，她還為兒子訂了終身大事，使她的兒子在婚姻問題上，做了一個「保守主義者」。
胡父死後，長子成了「家長」，馮順弟雖然在輩份上更應該算是「家長」，然而，上面說了，她丈夫的兒子甚至年齡比她要大，她不得不處處謹言慎行，家中開銷，一律記帳備查，所以有了李敖所言「她吃一塊豆腐，也要登記一次」。豆腐極小，尚且如此，更遑論其他！

對比著看，胡適的母親比魯迅的母親還要艱難。魯迅的家庭關係沒有胡適那麼複雜。魯母在家，應該說話還是算數的，她沒有胡適母親那樣，有前夫兒女的刁難。魯迅就是長子，魯母可以也只有和長子一起分擔家庭的重擔。

羅列以上胡母事蹟，是為了證明，馮順弟給兒子的「禮物」江冬秀，無論好與孬，就像魯迅一樣，胡適只能接受，胡適不能不接受。性情柔弱的胡適怎麼可能違抗母命呢？胡適別無選擇。

有了這樣的背景，我們就不難理解胡適對母命的無法違抗了。

5. 無法違抗的母命

早在一九〇四年，胡母便做主為胡適訂下了終身大事。石原皋《閒話胡適》（安徽人民出版社一九九〇年四月版）一書中談了胡適母親包辦他的婚姻的詳細過程。他說：「胡母經她（指媒人）一再勸說，叫她開一個八字來。八字開來了，命也算過了，大一歲也不妨礙，兩人的生肖很合，不犯沖。胡母就將紅紙八字摺疊好，放在竹升（量器）裡，擺在灶司老爺面前，

同時，竹升內還放著初選中的幾個八字，過一陣家中平安無事。比如，沒有丟失一支筷子，沒有打碎一根湯匙，六畜平安，人口吉慶等等。胡母虔誠地拿下竹升，用竹筷夾出一個八字。打開一看，是江冬秀的。天作之合，胡母這才決定了。……胡適的終身大事，就在母親之命、媒妁之言、灶司老爺的保佑下，用不著徵求他的意見，就訂下來了。」

江冬秀因父親早逝，家中重男輕女，識字不多，自小纏足，完全是一個舊式鄉村女子。胡適一直在外讀書，與江冬秀從未晤面，又留學西洋，接觸了一些知識女性，與江冬秀自然沒有那種卿卿我我的感覺。然而，由於是母親所訂，便只能認作神聖不可改變的事情。

三、無愛的婚姻

（一）朱安這一生

1. 「母親娶媳婦」

朱安比魯迅大三歲，江冬秀比胡適大一歲，都是女的比男的大，這無關緊要，關鍵的是，他們雖然都接受了「母親的禮物」，但他們都一生面對著無愛的婚姻。

接受了「母親的禮物」，或者說不能抗拒母親的安排之後，魯迅和胡適幾乎提出了相同的希望，就是希望自己未來的媳婦能有所改變，讀一點書，接受一些新的觀念、新的事務。魯迅原來是要退聘這樁婚姻的，因為母親不同意，退而求其次，魯迅提出兩個條件，要母親轉告朱安：一，放開小腳；二，上學堂讀書。或許魯迅覺得要辦到這兩條也不難，要求朱安放足、讀書，但對方都沒有做到，也做不到。足已定型，放了，有什麼用呢？沒有接受基本的教育，沒有基礎，朱安如何讀書？

魯迅的「母親娶媳婦」幾成讖語。實際上，魯迅和朱安是掛名夫妻。另一方面的事實是，他們雖然沒有圓房，但完成了婚禮所有的儀式，因此他們的婚姻做為一份社會契約是完整的。朱安從魯迅離開那日起就和婆婆一起生活了一輩子，等於是成了他母親的一個助手——這是她絕沒有想到的。她天天做針線、料理家務、侍候婆婆，終日盼著先生回來。日復一日，年復一年。

2. 沉湎於拓片殘書

一九〇九年八月，魯迅從日本回國，在杭州一所師範任教。翌年七月，回到紹興，任紹興浙江省立第五中學教務長，後任學監，後又任紹興師範學校校長。

這段時間，魯迅雖然人在紹興，卻住在學校，很少回家。星期日白天，他有時回去，但

主要是為了看望母親；偶爾星期六晚上回家，也是通宵批改學生的作業或讀書、抄書、整理古籍。魯迅有意不與朱安接觸。

從日本回國後的這兩年，魯迅的心情十分沉鬱，「囚發藍衫」、不修邊幅的形象，使他顯得蒼老，而他實際上只不過剛剛三十歲。

他拼命抽菸、喝酒，近於自暴自棄。他在給自己的終生摯友許壽裳的信中說：「僕（我）荒落殆盡。」又說：「又翻類書，薈集古逸書數種，此非求學，以代醇酒婦人者也。」魯迅整理了大量古典小說資料，編成後來的《古小說鉤沉》。守著自己的「家」編這樣的書，痛苦是雙重的，既有魯迅的，也有朱安的。他是為了逃避，逃避朱安，逃避無愛的婚姻。

正當魯迅在極度痛苦中尋求出路時，一九一一年十月十日，「辛亥革命」爆發了。翌年二月，已任國民政府教育總長的蔡元培邀魯迅到教育部工作。四月，中華民國臨時政府被迫遷往北平。五月初，魯迅離開紹興前往北平，開始了在北平長達十四年之久的生活，而這十四年中的前七年多，魯迅獨居，走過了三十一歲到三十八歲之間的歲月。朱安在紹興，伴隨著周老太太，度過了三十多歲到四十出頭這段生命。

魯迅到北京後，經濟狀況好了一些，開始在銀行存一點錢。他此時完全有能力把朱安從家鄉接來，但卻連想也沒去想這事。

魯迅孤寂地坐守青燈黃卷，沉湎於拓片殘書之中。他曾對郁達夫、孫伏園等人說過，他大冷天是不穿棉褲的，為什麼呢？據說是為了抑制性慾。魯迅蓋的棉被也是比較單薄的。

3. 朱安也曾努力

朱安也曾抱著感化魯迅的幻想，但由於兩人在文化、思想、性格等方面差距太大，努力都歸於徒然。一九一九年十二月，魯迅已從日本回北京在教育部任職，他將母親接到北京來住，朱安也被接來了，但兩人仍分居。孫伏園曾談到這樣一件關乎朱安的事：「一天我聽周老太太說，魯迅先生的褲子還是三十年前留學時代的，已經補了多少回，她實在看不過去了，所以叫周太太做了一條棉褲，等魯迅先生上衙門的時候，偷偷地放在他的床上，希望他不留神能換上，萬不料竟被他扔出來了。」他扔出朱安所做的棉褲，與他對郁達夫所言，他願意受凍，是為了抑制性慾，是不是有一定的聯繫？何況，這棉褲又是朱安所做，如果是母親做的，如果是許羨蘇做的，如果是許廣平做的，大約不會如此。魯迅不願意接受朱安的照拂，內心的淡漠和厭煩情緒清晰可見。

朱安當然對魯迅也有所不滿。這應該是還沒到北京之前的事。據孫伏園說，有一次魯迅回紹興探親，朱安備席款待親友。席間朱安當著親友指責魯迅種種不是。魯迅聽之任之，一

言不發，因此平安無事。事後魯迅對孫伏園說：「她是有意挑釁，我如答辯，就會中她的計而鬧得一塌糊塗；置之不理，她也就無計可施了。」

魯迅似也想開導朱安，但他們的精神思想相距太遠，談話幾乎無法進行。有一次魯迅告訴朱安，說有一種食品很好吃，朱安也附和說她也吃過，確實好吃。魯迅不悅，因為魯迅說的這種食品是他在日本時吃過的，中國並沒有這種食品。朱安想湊趣，但適得其反。

4. 磚塔胡同的兩個箱子

一九二三年夏，魯迅和二弟周作人因家庭糾紛反目，同胞兄弟成了仇人，從此不再往來。在這種情況下，魯迅決定搬家。魯迅徵求朱安的意思：是想回娘家還是跟著搬家？朱安明確堅定地表示，願意跟著魯迅。

八月二日，魯迅在日記中寫道：「下午攜婦遷居磚塔胡同六十一號。」這次搬家是借住。遷到磚塔胡同，魯迅與朱安依然是分居一室。有時母親來住幾天。在這段日子裡，他們的日常生活由朱安安排。魯迅把足夠的生活費用交給朱安，並且跟以往一樣，親自給朱安的娘家寄錢。

同院住的雖然有「二房東」俞姓小姊妹，但魯迅和朱安還是感到比以往更彆扭，因為他們中間缺少了一個中間人周老太太。為了減少見面，他們甚至安排了兩個箱子，一個放要洗的衣服，一個是已洗乾淨的衣服。魯迅換洗衣服，都透過這兩個箱子來解決。

據魯迅當年的房東俞芳回憶，魯迅雖和朱安同桌吃飯，但很少說話。有一次俞芳問朱安：「大師母，妳不喜歡小孩嗎？你們怎麼不生個小孩？」朱安說：「大先生連話都不願同我說，我怎麼能有小孩？」不過朱安並不氣餒，她曾對俞芳說：「我想好好服侍他，一切都順著他，將來總會好的。」

在磚塔胡同近十個月的這段日子裡，是他們單獨接觸最多的時間，但是一切機會和努力均不可能挽回他們的婚姻，更何況魯迅根本就不想挽回什麼。隨著歲月的流逝，魯迅對朱安已經是連發脾氣的必要也沒有了。「將來」終於沒有特別好起來。

孫伏園、許欽文等人得知魯迅不幸的婚姻後，曾建議魯迅和朱安離婚，結束這種雙方都苦惱的掛名夫妻的生活，但魯迅沒有接受這個建議。魯迅深知，性格軟弱的朱安一旦被「休」回娘家，家人的歧視、輿論的責難，很可能逼朱安走上絕路，後果不堪設想。況且，造成這種沒有愛情的婚姻的責任也不在朱安，她也是受害者。魯迅寧願好好供養朱安，陪她做一世的犧牲，也不願傷害雖然無愛但卻無辜的異性。

5. 蝸牛落地

當得到魯迅與許廣平同居的消息後，朱安絕望了。她當時對俞芳說：「我好比一隻蝸牛，從牆底一點點往上爬，爬得雖慢，總有一天會爬到牆頂的。可是現在我沒辦法了，我沒力氣爬了，我待他再好也沒用。」朱安感到了蝸牛落地的傷痛。

有一次，朱安向周老太太說她做了一個夢，夢見大先生（魯迅）帶著一個孩子來了。她說夢時有些生氣。周老太太對朱安的生氣不以為然，由於舊時代早有納妾傳統，老太太對魯迅與許廣平的事並不感到吃驚，反而因馬上就能抱上小孫子而喜上眉梢，她盼望有一個魯迅的孩子在自己跟前「走來走去」。朱安在感情上是十分孤獨、十分無助的。

當然，這對朱安而言，也只是一時的閃念。她沒有過份的嫉妒之心。一九一四年十一月，她回娘家時，讓自己的兄弟給在北京的魯迅寫了一封信，建議他納妾，一來生活有人照應，二來也希望能生下一男半女。雖說朱安的建議在當時屬社會常規，但她發出這封信也真的要鼓足勇氣。魯迅接信，在日記中寫了「頗謬」二字，並無回音。現在，真有了許廣平了，朱安從傳統的道德出發，很快就想開了，還為魯迅和許廣平有了兒子而高興。她對人說，先生的兒子也是她的兒子。直到晚年，她還說「我生為周家人，死為周家鬼」。

6. 服侍娘娘・哀悼丈夫

朱安對魯迅的人品充滿了信心，她說：「看來我這輩子只能服侍娘娘（指魯迅的母親）一個人了，萬一娘娘歸了西天，從大先生一向的為人來看，我以後的生活他是會管的。」朱安生前反覆對人講：「周先生對我不壞，彼此間沒有爭吵。」

魯迅也確如朱安所說，一直供養著朱安。當朱安身有不適，魯迅總是雇人力車，陪和她到外國人開的醫院去治療，並且扶她上下車，這使外國醫生看了也很感動。魯迅對朱安的弟弟朱可銘很好，常寄錢給他，還幫他的兒子找工作。逢年過節，朱可銘也會將紹興的土特產送給魯迅。到上海以後，魯迅是按月給母親和朱安寄生活費的，查魯迅一九三二年四月十九日日記：「下午寄紫佩信，內附奉母親信，並由中國銀行匯泉二百，為五、六兩月家用。」據此可知，魯迅大約每月給北京家中的家用生活費為一百元。另據俞芳回憶，魯迅每月還給母親零用錢二十元，朱安女士零用錢十五元。

由此種種可以看出，魯迅與朱安一面是沒有愛情的婚姻，一面又都肯替對方著想。魯迅尊重朱安的人格，朱安信賴魯迅的為人。或許正是由於這種原因，這種沒有愛情沒有性的婚姻維持了三十年。

一九三六年十月，魯迅在上海逝世。消息傳到北京，朱安很想南下參加魯迅的葬禮，終

因周老太太年已八旬，身體不好，無人照顧而未成行。她身披重孝，在住處的南屋陶元慶畫的魯迅像下，設置了祭奠的靈位，又供上文房用具和丈夫生前喜歡的菸捲、清茶和點心，無言地表達了對這個陌生丈夫的哀悼。

7.「魯迅遺物」要葬在魯迅墓旁

魯迅逝世後，朱安和周老太太的生活主要是許廣平負擔，周作人也按月給一些錢。一九四三年魯迅的母親病逝，只剩朱安一個人了。周老太太病逝後，朱安拒絕周作人的錢，因為她知道大先生與二先生合不來。

雖然許廣平千方百計、克服困難給朱安寄生活費，但社會動盪，物價飛漲，朱安的生活十分清苦，每天的食物主要是小米麵窩頭、菜湯和幾樣自製的醃菜。很多時候，就連這樣的生活也不能保障。

在萬般無奈的情況下，她只好「賣書還債，維持生命」。

朱安登報要把魯迅的藏書賣掉，許廣平得知消息後，委託朋友去向朱安面談：不能把書賣掉，要好好保存魯迅的遺物。朱安尖銳地說：「你們總說要好好保存魯迅的遺物，我也是魯迅的遺物，為什麼不好好保存？」當來人向她講到了許廣平在上海被監禁、並受到酷刑折磨的事情後，朱安態度改變了，從此她再也未提出過賣書，而且還明確表示，願把魯迅的遺物繼承權全部交給周海嬰。

朱安生活困難的消息傳到社會上後，各界人士紛紛捐資，但朱安始終一分錢也沒有拿。許廣平對這一點十分讚賞。

朱安還是個明白人，還是有些骨氣的女人。

一九四七年六月二十九日，在凌晨這段時間裡，朱安孤獨地去世了，身邊沒有一個人。早一天，魯迅的學生宋琳（紫佩）去看望朱安。她已不能起床，但神態清醒，她淚流滿面地對宋琳說：請轉告許廣平，希望死後葬在大先生之旁；另外，再給她供一點水飯，唸一點經。她還說，她想念大先生，也想念許廣平和海嬰。

朱安死後次日，接三唸經，第三日安葬，葬在北京西直門外的板井寺柏樹林中，沒有墓碑，她像未曾存在過一樣消失了。她在北京度過了二十八年，在這個世界上生活了六十九個春秋。

（二）江冬秀的一生

1. 也是「母親的禮物」

對比魯迅，胡適要幸運一些。從相片上看，江冬秀要比朱安漂亮，屬於一般男人可以「湊

合」的那種；江冬秀也讀了一些書，能看看報，雖然錯別字滿紙，水準似乎與魯迅的母親魯瑞相當，而不像朱安，斗大的字不識一筐。

胡適十三歲時，由母親做主，與纏腳村姑江冬秀訂婚——和魯迅一樣，也是「母親的禮物」——爾後胡適求學上海，留學美國，二十七歲回故里完婚。這便是一般人所知道的「胡適博士的小腳太太」——「民國史上的七大奇事」之一。「洋博士」與「小腳太太」，中西合璧，土洋結合，且由於胡適和江冬秀白頭到老，一度雙雙旅居美國，強烈的反差，總會透出幽默感——此事更顯得有趣。

訂婚後，與魯迅對朱安幾乎有一樣的要求，胡適也曾要求江冬秀不要裹腳了，要求她多讀一些書。江冬秀比朱安要更能接受新事物，不論做得怎樣，她還是照著去做了。

胡適在美國讀書，有一陣子，胡母把胡適的未婚妻江冬秀從她家旌德江村接過門來住了。可能胡適的母親感到孤單？可能也想讓未來的兒媳婦幫著做點事？總之，她對江冬秀的到來是滿心歡喜的。胡母去信告訴胡適說：「汝婦於本月初十日來此，一切家事尚肯留心，足分吾之仔肩，餘心甚以為喜。」並要胡適寫信慰問他岳母，以安其心。

胡適沒有見過江冬秀，但他或是極力想像著她的美好？這一點，他要比魯迅更有積極的心態。魯迅從來沒有給朱安寫過信，胡適卻是主動地給江冬秀寫信。胡適第一次給江冬秀寫信，對江冬秀來績溪家裡幫忙，表示感激！他說：

> 冬秀姊如見，此吾第一次寄姊書也！屢得吾母書，俱言姊時來吾家，為吾母分任家事。聞之深感令堂及姊之盛意。出門遊子，可以無內顧之憂矣。

接著他問冬秀有工夫讀書否？如果有，「希望她能溫習舊日所讀之書。如來吾家時，可取聽任所讀之書溫習一二。……雖不能有大益，然終勝於不讀書，生令荒疏也。姊以為如何？」胡適希望未婚妻注意提高文化水準，怕她只顧家務而忽略了求知上進，影響將來生活，同時也是表示一種關心和愛護。

對於胡適的要求，江冬秀是很上心的，翌年二月二十八日，江冬秀來胡適家時，隨身帶來一個女孩，名叫來發，年十四歲，是從蕪湖買來的，做為伴送胡家的使女。江家此舉可能是受胡適來信的影響：買個丫頭代冬秀做家事，讓她好騰出時間來讀點書。這件事胡適從母親來信中知道後，感慨不已！旋即回信母親說道：「岳氏贈婢之事，殊令人感激，兒當作書謝之何如？」接著胡適又說道：

> 兒屢次作書欲令冬秀勉作一短書寄兒，實非出於好奇之思，不過欲藉此銷我客懷，又可令冬秀知讀書識字之要耳，並無他意。冬秀能作，則數行亦可，雖不能佳，亦複何妨。

以今日新禮俗論之，冬秀作書寄我，亦不為越禮，何必避嫌也。

胡適思念母親，似乎也思念未婚妻，為聯絡感情與將來計，他總想幫助冬秀提高文化水準，因此要求與冬秀通信，這也是情理中的事，但在封建意識很濃的農村，可能女方有所顧慮，或是不好意思，所以一直沒有回信。後來在胡適的一再催促下，冬秀才在次年臘月給他寫了一回信，信中說：

適之哥文幾敬啟者，舊年上春接奉惠函，領悉壹是，緣妹幼年隨同胞足入塾讀書不過二三年，程度低微，稍識幾字，實不能作書信，以是因循至今，未克修函奉複，稽延之咎，希為原宥。惟念吾哥自前年歲初秋出洋以來，今經三載，每聞學期考試屢列前茅，闔家欣然喜慰！現在雖距博士位期尚待，然而有志事必竟成，可為預賀……

此信文通字順，實際上是胡家親戚代寫的，但從中也可看出冬秀對未來丈夫寄予很大希望。

從此以後，他們便常有書信往來了。她畢竟入塾讀書兩三年，以後也聽從了胡適的話，讀了一點書，有一些書信，江冬秀是親自操刀了。江冬秀父系和母系雖然都是書香門第，但其本人卻是一位錯別字大王。比如，她在給胡適的信中，把「脾」寫成「皮」，把「腎」寫成「賢」，把「課」寫成「稞」，把「叫」寫成「葉」，把「潤」寫成「用」……最可笑的是把「瞎說」寫成「害說」，把「肛門」寫成「虹門」，把「一大篇」寫成「一大便」。陳漱渝先生認為，「從青年時代直至晚年，江冬秀的學識並無明顯進步。」（《胡適心頭的人影》，中國文史出版社二〇〇九年八月版）我以為，江冬秀婚前是有做一些努力的，婚後也就像大多的太太一樣，得過且過了。人已定型，再努力，恐也無大長進，雖然錯別字滿紙，但比請別人代寫要好；比起朱安，大字不識，江冬秀還是了不起的。

胡適對江冬秀，除了關心她的學習外，就是她那雙小腳了。胡適反對裹腳，認為「小腳一雙，眼淚一缸」，這正是中國傳統文化的一大罪狀。早在一九〇六年，十六歲的胡適就在《競業旬報》發表過《敬告中國的女子》一文，他大聲疾呼：「中國的女子，若不情願做廢物，第一樣便不要纏足……」一九一四年春，他聽說未婚妻準備放足，非常高興。他在同年四月二十八日致江冬秀的信中寫道：「來書言放足事，聞之極為欣慰，骨節包慣，本不易複天足原形，可時時行走以舒血脈，或骨節亦可漸次復原耳。」同年七月八日致江冬秀信中又說：「前得家母來信，知賢姊已肯將兩腳放大，聞之甚喜。望逐漸放大，不可再裹小。纏足乃是吾國最慘酷不仁義之風俗，不久終當禁絕。賢姊為胡適之婦，正宜為一鄉首倡。望勿恤人言，毅然前行。適日夜望之矣。」他鼓勵江冬秀不要怕人議論，勇敢地突破舊風俗，把腳放大，並稱，

「胡適之婦不當畏旁人之言」云云。希望她在家鄉提倡放足，為一鄉除此惡俗。江冬秀的小腳是放了，然而，與朱安一樣，已經成型，所以放足毫無效果，終究還是小腳。

胡適在美國，也有自己的心儀之人，也有過勾魂攝魄的愛情——這是後話，且容「下回分解」——但婚事沒有變卦。他還怕母親疑慮，家書中聲稱對婚事「無一毫怨尤之意」。

有一陣子，在給母親的信中，胡適不厭其煩地介紹美國姑娘韋蓮司，就像魯迅的母親聽說魯迅在日本另有新歡感到揪心一樣，聰明的馮順弟當然察覺其中的微妙，但她沒有像魯瑞一樣，「騙」兒子回來完婚，只是偶有提醒。客觀的原因或許是美國比日本要遠上好幾倍吧。

韋蓮司是康乃爾大學一位教授的女兒，學問紮實，思想開放，和胡適接觸頻繁，交談極為投契。兩年的時間裡，胡適給她寫了一百多封不無熱情的書信。這些信，不能說就是情書了，但如果沒有江冬秀，如果江冬秀不是「母親的禮物」，可以肯定地說，胡適是要一發而不可收拾的。可是，和魯迅一樣，胡適是寡母撫育大的，他與母親的感情，非正常家庭的母子關係所可比。胡適想想寡母獨處家中，經濟拮据，甚至「以首飾抵借過年」，想自己幼時寡母所受之苦，不免感慨系之，思緒萬千，怎麼敢違拗母命！

為了避免母親誤會，胡適在致母親信中還為舊式婚姻辯護，一九一五年五月十九日致母親信中寫道：「今之少年，往往提倡自由結婚之說，有時竟破壞已訂之婚姻，致家庭之中齟齬不睦，有時其影響所及，害及數家，此兒所不取。自由結婚，固有好處，亦有壞處，正如吾國婚制由父母媒妁而定，亦有好處，亦有壞處也。」任何東西當然是既有好處，也有壞處，我以為，與其將這理解為胡適的妥協折衷之語，不如看作是對母親的寬慰話，似也可理解為胡適對木已成舟的婚姻的一種不無阿Q精神的自我寬慰。

既然母親喜歡江冬秀，那麼，他只能把那份放任的情感，永遠地埋在心底，轉而對江冬秀產生責任感和同情心。無以為報的他只好用婚姻來滿足母親的選擇，步魯迅後塵，終究是個孝子！

一九一七年八月，胡適被北京大學聘為教授。他回國與母親團聚，母親高興得流淚，口中不停地說：「回來了！好了！」胡母望穿秋水，兒子終於回到身邊。十二月三十日，他在績溪家中與江冬秀結婚。

胡適和小腳女人成婚，在中國文化界傳為美談，也讓胡適「討了大便宜」。他在日記中寫道：「蔆旦邀我到消閒別墅吃飯，飯時大談，談及我的婚事，他說許多舊人都恭維我不背舊約，是一種最可佩服的事！他說，他的敬重我，這也是一個原因。我問他，這一件事有什麼難能可貴之處？他說，這是一件大犧牲。我說，我生平做的事，沒有一件比這事討便宜的了，有什麼大犧牲？他問我何以最討便宜。我說，當初我並不曾準備什麼犧牲，我不過心裡不忍

傷幾個人的心罷了。假如我那時忍心毀約，使這幾個人終身痛苦，我的良心上的責備，必然比什麼痛苦都難受。其實我家庭並沒有什麼大過不去的地方。這已是佔便宜的了。最佔便宜的，是社會對於此事的過份贊許；這種精神上的反應，真是意外的便宜。」胡適真是忠厚人，像他這樣的婚姻，在平常人的世界裡，十之八九大致如此吧！老百姓，日子也就這麼過了，像一株小草，生了，滅了，了結了一個過程。這樣一個過程，這樣一個在普通人那裡不足道哉的過程，在新文化名人那裡，就成了大了不起的事了！在人的生命歷程中，婚姻只是其中一個組成部分罷了，說胡適違心也吧，軟弱也吧，在「孝順」的冠冕下，胡適後來畢竟意外地博得了「好名聲」。

胡適是比較隨和的人，表面上隨遇而安，其實，他心中也有隱痛。他在給他最最要好的朋友近仁的信中談及他的婚事：「吾之就此婚事，全為吾母起見，故不曾挑剔為難。（若不為此，吾絕不就此婚，此意但可為足下道，不足為外人言也。）今即婚矣，吾力求遷就，以博我母歡心。吾之所以極力表示閨房之愛者，亦正欲令吾母歡喜耳。」「我不過心裡不忍傷幾個人的心罷了」，這一點，胡適是和魯迅一樣的用心。魯迅的盡孝，也到了「無違」的程度。上文說了，最能體現這一點的，是魯迅接受了母親的「禮物」——他和朱安的婚姻。魯迅曾做過解釋，他為什麼承受了這種荒唐的婚姻呢？一是不願違背母親的意願，為了盡孝道，他甘願放棄了個人的幸福；一是不忍讓朱安做犧牲。魯迅在《我要騙人》一文中寫道：「倘使我那八十歲的母親，問我天國是否真有？我大約是會毫不躊躕，答道真有的吧。」（祥林嫂問死後可有靈魂事，「我」支支吾吾，也是這麼回答的）為什麼呢？他說：「我不愛看人們失望的樣子。」魯迅克己奉母，不願拂逆母親，不願看到母親失望的樣子，可謂至孝。然而，代價是付出了一生的幸福。魯迅在婚後的絕望中對摯友傾訴說：「這是母親給我的一件禮物，我只能好好地供養它，愛情是我所不知道的。」母親包辦了魯迅的婚姻，給他帶來了長久的痛苦，他也沒有責怪母親的意思。周建人說：魯迅「對婚姻雖然失望，但他絲毫也沒有責備母親，對她的態度還是和以前一樣，既親切又尊重，有什麼事情總願意和母親說說。」（《魯迅故家的敗落》）和胡適一樣，「吾之就此婚事，全為吾母起見」，若非為此，怎麼可能有這樣的婚姻呢？

唐德剛在《胡適雜記》中談到「家庭革命」時說：「胡適師是很軟弱純良的。先革後碰，我相信他做不到。因為要革，他首先就要『革』掉兩個可憐的女人的『命』。第一個犧牲便是他底寡母。胡氏母子情深，他對他母親的遭遇太同情了；革母親的命，他做不到！第二個犧牲的便是那個可憐的江冬秀。冬秀何辜，受之毫無反抗之力的平白犧牲，胡適之先生是個軟心腸的人，他也無此狠心！」在這一點上，胡適先生確實是位「軟弱純良」的人。魯迅又

何嘗不是如此呢？兩個五四巨人，一樣裹腳女人，全是為了母親，委曲求全，殊為可嘆！

時年二十七歲的胡適已經是一位一表人才、風度翩翩的洋博士和北大最年輕的教授了，大喜之日，胡適親寫婚聯。一為：「舊約十三年，環球七萬里」，二為「三十夜大月亮，廿七歲老新郎」。胡適的婚禮是陽曆十二月三十日，其實新娘江冬秀更比胡適大一年零九天。胡適在《新婚雜詩》中這樣提到：「記得那年，妳家辦了嫁妝，我家備了新房，只不曾捉到我這個新郎！這十多年來，換了幾個帝王，看了多少興亡。鏽了妳嫁奩中的刀剪，改了妳多少嫁衣新樣，更老了妳我人兒一雙——只有那十年陳的爆竹，越陳偏越響。」

胡母特別高興，懸了十多年的心，終於踏實了。但常言說得好，「賀者在門，吊者在閭」，胡母因長期勞累、營養不良，病入膏肓，不幸於一九一八年十一月二十三日撒手人寰，享年四十六歲。胡適接到噩耗，悲慟欲絕，疾如星火般地回家奔喪。

胡母辛勞一生，看到了兒子的成材，也可瞑目了。但胡適心中的悲痛卻是難以言表，在《先母行述》中，他寫下這樣三十六個字：「生未能養，病未能侍，畢世勤勞未能絲毫分任，生死永訣乃亦未能一面。平生慘痛，何以如此！」後胡適又發表詩作《十二月一日奔喪到家》紀念母親：「依舊竹竿尖，依舊溪橋，只少了我的心頭狂跳！何消說一世的深恩未報！何消說十年來的家庭夢想，都一一煙消雲散！只今日到家時，更何處尋她那一聲『好呀！來了！』」

對母親的懷念，伴隨了胡適整整一生……

胡適回國一年多一點，結婚不到一年，馮順弟就病逝了。這讓我想起了羅曼・羅蘭《約翰・克利斯朵夫》中的安多納德。安多納德父母早逝，她帶著弟弟艱難度日，當弟弟考上大學時，她覺得自己完成了一生的使命，整個人鬆弛下來，頓感無比的疲累，很快就死了。馮順弟看到胡適成婚，也是完成了一大使命吧！她也鬆弛了，原先被使命抑制在身體深處的病魔紛紛出籠，一下奪去了她羸弱的生命——說句題外話，雖然胡適有想接母親到北京同住，但還是太遲了！他和江冬秀北上時，就應該帶上長年獨居盼子歸來的寡母，這是我要責怪他的第一點；第二，受過西洋教育的他，回到母親身邊，母親一臉倦容，一臉病容，胡適應該能看得出來啊，如果接她到北京，或是到上海，用西醫療治，應還可挽回寡母性命。一九二七年二月五日胡適致江冬秀的信中談起他女兒的死：「我想我很對不住她。如果我早點請好的醫生給她醫治，也許不會死。我把她糟掉了，真有點罪過。我太不疼孩子了，太不留心他們的事，所以有這樣的事。」這裡，胡適有負罪感。其實，胡適對他母親也應該有負罪感。胡適大意了，以致受盡困苦的母親走得如此匆匆，死時只才四十六歲！

雖然短壽，見獨子成家立業，馮順弟匆匆去追隨她一生中僅見的完人胡鐵花，或也是一種宿命。胡母死可瞑目。可是，她安排給胡適的禮物江冬秀讓胡適幸福了嗎？夏志清先生云：

「在表面看來，胡適夫婦恩愛白首，非常幸福，但我總覺得江冬秀女士不能算是我們一代宗師最理想的太太，二人的知識水準相差太遠了。」（《唐德剛〈胡適雜憶〉序》）是的，夫妻知識層次相差太遠，性格迥異如胡適、江冬秀者，永遠無愛情可言。如果一定要言情，那也不過是老了，看著兒女長大，天然滋生出了親情。

2.「雙生日」的滋味

我們不妨來看看江冬秀與胡適的種種不合拍。

夏志清先生在《唐德剛〈胡適雜憶〉序》中提了這麼一件事。民國九年，胡氏夫婦生日碰在一天（胡適的陽曆生日是十二月十七日，江冬秀的生日是陰曆十一月初八。一九二〇年十二月十七日，正好是農曆十一月初八）胡適寫了一首《我們的雙生日（贈冬秀）》的詩：

她干涉我病裡看書，
常說：「你又不要命了！」
我也惱她干涉我，
常說：「妳鬧，我更要病了！」
我們常常這樣吵嘴——

每回吵過也就好了。
今天是我們的雙生日，
我們訂約今天不許吵了！
我可忍不住要做一首生日詩，
她喊道：「哼！又要做什麼詩了？」
要不是我搶得快，這首詩早就被她撕了。

夏志清先生評價說：「這雖是首幽默詩，我們也看得出兩人婚後精神上毫無默契。胡太太既不懂讀書的樂趣，丈夫在病中，更有理由不准他讀書了。胡適多麼希望他的太太能在「雙生日」那天，和他做一首詩啊，但太太不會做詩，看樣子真會把詩撕掉。胡適自知不可能同太太訂約，永不吵嘴，『今天不許吵』平平安安過一天生日就夠了。」夫妻新舊生日疊在一起，大約終生難遇吧！胡適倒是有心，也有情趣，只可惜，江冬秀這個鄉下女子辜負了胡適的好意，不領詩中風情。新婚不久的胡適，這天生日的滋味，只有他才能品味並體會了。

3. 江冬秀與麻將

江冬秀與麻將，這也是可值得一說的話題。二十世紀五〇年代初期，胡適在美國寓居在

紐約東八十一街一〇四號。這是他租賃的一所破爛公寓。江冬秀還只停留在看武俠小說的階段，胡適的學問、思想，她是無力欣賞的。住北京、上海時，她有傭人可使喚，家事不必胡適操心。住在紐約，胡太太既然不懂英語，胡適還得上街買菜，也真難為他了。這種流亡的公寓生活，幾乎使他的經濟狀況和健康狀況都陷入困境。他那位小腳太太只會夜以繼日地打牌。為了避免坐吃山空，這位五四新文化運動中叱吒風雲的人物只好應普林斯頓大學之聘，在葛斯德東方圖書館做了一名管理中文圖書的管理員。他常手捧紙袋到自選市場採購食物，也常在電車上被擠得東倒西歪。夏志清說：「太太一打牌，家裡客人多，胡適既無辦公室可去，要靜心讀書寫文章，也不可能了。這樣長期伺候太太打牌，胡適即使有早年的壯志雄圖，也消磨殆盡了。」（《唐德剛〈胡適雜憶〉序》）

關於江冬秀在美國打牌，唐德剛也有一段回憶：「胡老太太精力過人。她在那個小公寓內，也是不出門三十里，忙個不停。她家裡麻將之客常滿；斗室之內，煙霧瀰漫。胡家的麻將客也告訴我，胡太太在麻將桌上贏的錢，也是胡家經常收入之一種。她每打必贏，不知何故！」又說：「不打麻將了，胡老太太就燒飯；燒飯也是為著下次打麻將。僑居紐約，大家都沒有傭人，所以必須先把飯燒好才能上牌桌。等到麻將八圈已過，人飢手倦之時，大家就輟牌、熱飯；然後據牌桌而食之。食畢，丟碗再戰。」（《胡適雜憶》，華文出版社一九九〇年版）有時候，胡適也被拉上牌桌，廝殺一番。五四新文化運動的巨人，與小腳女人圍城，其心中滋味，只有胡適先生自己知曉了！

在胡適家書中，有江冬秀承認自己喝酒打牌太多的函件：「昨晚酒吃大（太）多，今日害酒病了……我今天晚飯有兩家請：方太太，洪太太。我今晚酒吃大（太）多，到方家吃了五大杯白蘭地，（到）洪太太（家）又吃兩杯白蘭地，吃了六、七杯高梁（粱）酒。十多年吃酒沒有這樣醉過了，還打了八圈牌，都是瞎打，兩點種再（才）回來，輸了十二塊泉（錢）。……我去年自成（從）你走知（之）後，到現在今年共輸一百元了，可氣不（可）氣！今年在家裡我一次沒有來過牌，出去應酬三次，大輸而回，我現在心裡實在難受的不得了……」（一九二六年二月二十五日）

在胡適家書中，也有胡適希望妻子節制牌癮的函件。一九三八年五月五日，胡適正式出任駐美大使前夕遠隔重洋修書，規勸妻子不要多打牌。他苦口婆心地說：「我盼望妳不要多打牌。第一，因為打牌最傷神，妳的身體並不是那麼結實，不要打牌太多。第二，我盼望妳能有多一點的時候在家照管兒子；小兒子有一些壞習氣，我頗不放心，所以要妳多在家照管照管兒子。第三，這個時間究竟不是整天打牌的時候，雖然不能做什麼事，也應該買點書看看，寫寫字，多做點修養的事。」（轉引自陳漱渝：《胡適心頭的人影》）

一九五八年秋，胡適回到臺灣，出任「中央研究院」院長之職。他的祕書王志維寫過一篇《記胡適先生去世前的談話片斷》，其中記述了胡適去世前兩天的談話：「我太太打麻將的朋友多，這裡是臺灣大學的宿舍，南港我住的也是公家宿舍，傅孟真先生給中央研究院留下來的好傳統，不准宿舍打牌。今天我找你來，是要你在我出國期間，在和平東路溫州街的附近，幫我買一所房子，給我的太太住。」對此，夏志清「感慨很多」：「胡適是愛面子的人，傅孟真先生留下的規矩，公家宿舍不准打牌，院長寓所內卻常聽到牌聲，不免於心不安。想來胡太太的朋友都住在臺北市區，老是坐計程車去南港也不方便，胡院長才有意在臺北置屋。胡適待他的老伴是夠好的了，但胡太太長年打牌，我覺得對不起他。」（《唐德剛〈胡適雜憶〉序》）有知識的女性若是女強人，陰盛陽衰，丈夫忙極，而江冬秀這樣無知識的女性，也未必當得賢內助。胡博士飽嚐其苦，臨死前兩天，為了太太打牌，還囑咐祕書「幫我買一所房子」。除了好名聲，他要躲開太太和她的牌友的轟炸和折磨，他還想看點書，寫點文章，可惜兩天以後就死了。胡適能忍耐，但忍耐並不能化解苦悶、苦惱和痛苦。被聲名所累，胡適何其不幸。

胡適曾經對麻將也做過「研究」。一九二七年一月他由歐洲再度到了美國。這次到歐美旅行特地觀察了一下中國麻將在西方世界的傳播情況，因為前些年麻將牌在歐洲與美洲社會非常流行。據說已成為一種最時髦的遊戲，俱樂部裡差不多桌桌都是麻將，書店裡有研究麻將的小冊子，中國留學生有靠教麻將掙錢的。他抱著一種好奇心做了調查，但大失所望，此行他在歐美簡直看不見打麻將的。人家告訴他說，在婦女俱樂部裡偶爾還可看見一兩桌打麻將的，但那也是很少的事。有時他在美國朋友家裡也常看見麻將盒子雕刻裝潢都很精緻被陳列在室內，但從來不見主人談起打麻將的事。胡適感到很驚奇地說：麻將在西方已經成為架上的古玩了。為此，他曾問過一位美國朋友，為什麼麻將的狂熱過去的這樣快？回答說：「太太們喜歡麻將，男子們都很反對，終於是男子們戰勝了。」胡適聽了感慨地說道：「這是我意想不到的。西洋的勤勞奮鬥的民族絕不會做麻將的信徒，絕不會受麻將的征服。麻將只是我們這種好閒愛蕩、不愛惜光陰的『精神文明』的中華民族的專利品。」（《胡適文存》三集一卷37頁）接著他計算了玩麻將浪費人們的時間，究竟有多少？他說：麻將平均每四圈費時約兩個小時，全國每日只要有一百萬桌麻將，每桌只打八圈，就得費四百萬小時，就是損失將近十七萬日的光陰，金錢的輸贏、精力的消磨，都還在外。我們走遍世界，可曾看見哪一個長進的民族、文明的國家肯這樣荒時廢業的嗎？這可見胡適對麻將是沒有好感的，而自己的妻子除了打麻將，並沒有別的嗜好，也做不了別的什麼事，他對江冬秀的不滿應該是可想而知的。他不說，他能說什麼呢？

4. 胡適性情與離婚風波

除了沒有共同語言和打牌等之外，胡適曾經提出過離婚，江冬秀的反應也足以讓胡適驚心動魄。有一件事是很說明江冬秀的性情的。到北京後，梁實秋要和他好脾氣的太太離婚。江冬秀看不過去，就幫助梁妻。鬧到法庭打官司的地步，江冬秀也不害怕，親自到庭為梁妻辯護，終於使梁實秋敗訴，這事在當時轟動了整個京城。江冬秀並不像一般的鄉村女子那樣羞怯、膽小，這樣一個瑣碎的女人卻有一種男子的氣概。她頗能果斷，而且具有一種潑辣的辦事能力。

胡適與曹佩聲熱戀（這容後詳述）的時候，確實曾動過「家庭革命」的念頭。他在《怨歌》的結尾激昂慷慨地寫道：「拆掉那高牆，吹掉那松樹，不愛花的莫栽花，不愛樹的莫種樹！」這裡的「高牆」是指封建禮教的阻隔，松樹是象徵遮擋「雨露和陽光」，使愛情之花「憔悴」、「早凋」的封建勢力。但是一旦回到他的原配夫人江冬秀身邊，胡適就變成洩了氣的皮球，一點動彈能力都失去了。胡適的遠房表弟石原皋說：「江冬秀深知胡適愛惜名譽這個弱點，就抓住這一點，採取進攻而非退卻的戰略，遇事不是乞憐，而是大吵大鬧，逼得胡適不得不步步退卻，迫使胡適與曹佩聲斷絕關係，就是一例。」（石原皋：《閒話胡適》，安徽人民出版社一九九〇年四月版）胡適的侄媳李慶萱回憶說：「胡適和曹佩聲都是博學多才的學者，情投意合，彼此愛慕。後來被江冬秀發現了，以死相逼，胡適只好申罷離婚之議，飲泣割愛。」（《回憶四叔胡適》，《績溪文史資料》第二輯，第238頁，一九八八年十月出版）石原皋回憶說：「江冬秀為此事經常和胡適吵鬧，有一次大吵大鬧，她拿起裁紙刀向胡適的臉上擲去，幸未擲中，我把他倆拉開，一場風波，始告平息。」（《閒話胡適》）胡適的外侄孫程法德在致胡適研究專家沈衛威的信中說：「家父知此事甚詳，他曾告訴我，一九二三年春，胡適去杭州煙霞洞養病，曹佩聲隨侍在側，發生關係。胡適當時是想同冬秀離異後和她結婚，因冬秀以母子同亡威脅而作罷。結果誠英墮胎後由胡適保送到美國留學，一場風波平息（墮胎一事胡適僅告家父一人）。」（郭宛：《胡適，靈與肉之間》，四川文藝出版社一九九五年三月版）。從江冬秀對曹佩聲的態度，就可知胡適的婚姻品質了。胡適在生活中也吞食這種無愛婚姻的苦果。

5. 「流動的液體」

胡適晚年時曾以「過來人」的心情總結過他跟江冬秀結合四十餘年而終於不棄的經驗。他說：「我認為愛情是流動的液體，有充份的可塑性，要看人有沒有建造和建設的才能。人家是把戀愛談到非常徹底而後結婚，但過於徹底，就一覽無餘，沒有文章可做了。很可能由

於枯燥乏味，而有陷於破裂的危險。我則是結婚之後，才開始談戀愛，我和太太都時時刻刻在愛的嘗試裡，所以能保持家庭的和樂。」我覺得，胡適與江冬秀，與其說是因為愛情而「和樂」，不如說是因為親情而「和樂」，他們畢竟有了共同的孩子。中國的許多家庭能夠祥和、幸福，都因維繫著親情。胡適和江冬秀雖然沒有達到「伉儷兼師友」的境界，但畢竟相互攙扶著走過了不平凡的一生。

一個人的婚姻可體現一個時代的精神風貌和歷史文化。胡適做為傳統中國向現代中國發展過程的中間物，繼往開來的啟蒙師，他的婚戀的心路歷程，本身就是一段蘊涵豐富、內容複雜的歷史，是一個「新文化中舊道德的楷模，舊倫理中新思想的師表」的獨特、典型的矛盾體，並由此演化出他的政治、生活準則，即《「容忍遷就」與「各行其是」》一文中所說的，「吾於家庭之事，則從東方人，於社會國家政治之見解，則從西方人」。

第二章　魯愛與胡愛

說起魯迅與胡適的婚姻，朱安和江冬秀都是「母親的禮物」。魯迅與朱安是名份夫妻，他們沒有性關係，從婚姻的內含而言，不是完整意義和本質意義上的夫妻，與其說朱安是魯迅的老婆，不如說是魯迅母親的兒媳，或是跟班；但是，從一切固有的禮俗出發，他們是事實上的合法夫妻。胡適與江冬秀的婚姻，除了不能達到胡適精神層次的愛情外，他們婚後生了三個孩子，婚姻的實質內含是存在的。就是說，同樣是「母親的禮物」，有的開花並結果了，有的連花都不曾開，就更談不上結果了。

沒有愛情的婚姻，通常是以婚外的愛情為補償的。婚前婚後，魯迅與胡適，尤其胡適，都有一些值得一說的愛情故事。讓我們看看他們異彩紛呈的愛情世界吧！

一、魯迅或可接受的琴姑

1. 兩小無猜

魯迅與胡適還是小有區別的。同樣是「父母之命，媒妁之言」，胡適與江冬秀是一錘定音；而魯迅，在魯母敲定魯迅與朱安的婚事之前，曾有另一個姑娘似乎將要成為魯迅的媳婦，那就是琴姑。周建人的《魯迅故家的敗落》（湖南人民出版社一九八四年七月版）一書中，首先披露了魯迅的表妹魯琴姑至死苦戀魯迅的故事：

我小舅父四個女兒，個個漢文很好，大女兒琴姑尤其好，能看極深奧的醫書，當大哥在南京讀書時，也曾經提起過，是否兩家結個親，……後來也就不提了，我大哥始終不知道這件事，而琴表姊卻是知道的，當時沒聽她說什麼（當然她也不好說什麼），後來小舅父把她許配給別人了，不久病逝。她在臨終時對服侍她的貼身媽媽（紹興稱保姆叫媽媽，音MOMO）說：「我有一樁心事，在我死前非說出來不可，就是以前周家來提過親，後來忽然不提了，這一件事，是我的終身恨事，我到死都忘不了！」

魯琴姑是魯迅母親魯瑞的幼弟魯奇湘的大女兒。

根據紹興婚姻風俗，同姓不通婚，即使血緣關係很遠，甚至不同宗祠、不同地域，也是不能通婚的；但不同姓，即使是姨表兄妹、姑表兄妹，血緣關係很近，倒是可以結婚的。這種婚俗由來已久，紹興宋朝著名詩人陸游和唐婉就是表兄妹之間的戀愛。

魯迅走後，母親想，孩子已經十八歲了，這幾年風風雨雨，難得安寧，現在是應該給他說一門親事的時候了。

魯瑞首先想到的就是琴姑。

魯奇湘是個郎中，有四個女兒，個個都長得端莊漂亮，溫文爾雅，且都讀書識字。特別是大姊琴姑不僅能誦詩背書，連家裡收藏的深奧的醫書，也能讀懂。魯迅和周作人到皇甫莊時，表兄弟姊妹都在一起玩耍。據周作人回憶，當時魯迅在皇甫莊的主要興趣，是影描俞萬春的小說《蕩冠志》前面的繡像插圖，由魯迅影描繡像，由表兄魯佩紳（大舅父魯怡堂的兒子）影描背面的字，周作人只是站在一旁閒看，而那些表姊妹們也站在一旁觀看。這在當時，魯迅的能寫會畫、才藝出眾，在表妹們的印象中，是相當突出的。毫無疑問，四姊妹中的大姊琴姑已懂人事，他們年齡相仿，都愛讀書，又常在一起玩耍，兩小無猜，因此，琴姑對魯迅有深刻的印象。

據周建人回憶，琴姑已12歲時，父親曾帶她在魯迅家住過幾天。琴姑長得眉清目秀，文質彬彬，又知書達理，文靜而有禮貌，頗得姑媽魯瑞的歡心。

很快，母親就回娘家和小弟奇湘和弟妹，吐露心曲，提出要十六歲的琴姑，做自己大兒子阿張的未來的媳婦，魯迅的小舅父和小舅母，對這門親上加親、知根知底的婚事，當然是

滿意的。魯迅的聰明才智，一表人才，更博得雙親的歡心，大約後來琴姑的父母，把這喜訊透露給了自己的女兒，琴姑雖不好說什麼，但心中是願意的。其實多情細心的琴姑，對大表哥的一舉一動、一言一行，早已銘刻在心，對大表哥早已產生愛慕之情，只是難於言表，當她聽到這喜訊時，除了臉紅心跳暗自高興而外，大約不會提出任何異議吧！

2. 長媽媽的「犯沖」說

魯迅的母親徵得了弟弟、弟妹的同意後，回到家，順便把自己的想法和貼身媽媽阿長說了，精通世道的長媽媽，還沒等魯迅的母親把話講完，就嘰嘰喳喳說什麼「犯沖的呢」！原來，按照紹興鄉俗，男女成婚一要門當戶對，二要生肖不犯沖，八字不相剋，三要女方的年齡稍大於男方，以便侍奉公婆，料理家務。如果琴姑婚配魯迅，倒是門當戶對，年齡小了兩歲，卻也無妨，可是琴姑是屬羊的，俗語說，「男子屬羊鬧堂堂，女子屬羊守空房」。屬羊的女子要嘛嫁給算命先生這種命特別硬的男人，要嘛屈做「填房」，人們認為男子死了原配，其命必然凶強。

偏巧，魯迅出生時是「蓑衣包」（胎盤先下來），鄉俗認為這樣的孩子雖然有出息，但命弱，難以養大。所以家人除了滿月時祭祀，求神佛保佑之外，還特地為魯迅拜了一個和尚做師父，表示已經出家，免得神鬼妒忌，動手搶去。魯迅是自己心愛的長子，怎麼可以找一個「剋夫」的媳婦呢。長媽媽的主觀願望是為了魯迅好，可是經她一說，從此以後，魯迅的母親再也不提這門親事了。

3. 琴姑之死

魯奇湘夫婦不再聽到阿姊魯瑞的下文，也不見周家來請庚，意識到婚事大約告吹了，就為自己的女兒另找了一門婆家，可是琴姑卻一直悶在鼓裡，她心眼實誠，一俟父母把話挑明，再想那些童年往事，滿心滿腹不是滋味！她似乎早已經把自己定位為大表哥的人了，一心想念、企盼著正在南京求學的大表哥。可是，怎麼突然就變卦了呢？怎麼半路裡殺出一個程咬金呢?!她弄不明白。父母之命不可違，唯命是從、性格內向的琴姑，雖然心裡一百個不樂意，也只好遵從、屈從。

琴姑自嫁到夫家後，心裡一直悶悶不樂，相思纏綿，不久臥病不起。琴姑臨終的話，後來傳到了魯迅母親那裡，魯瑞十分內疚，說不出一句話來。琴姑的父親魯奇湘卻對胞姊的這種做法頗為不滿，對魯瑞氣惱哄哄地說：「難道周家的門檻那麼高嗎？我的女兒就進不了周家的門嗎？」魯瑞「只好低頭聽著」，但悲劇已經釀成，無可挽回。這不能不說是魯迅的母

親由「盲目的愛」所鑄成的兩大錯誤。

4. 魯迅也愛琴姑？

對於琴姑苦戀魯迅，大多的學者認為，魯迅並不知情，因為沒有人告訴過魯迅。然而，張恩和先生在他的《魯迅與許廣平》（湖北人民出版社二〇〇八年一月版）中卻做了大膽的不無道理的推論，他認為魯迅對於此次議婚是認可的，甚至是欣然接受，希望事成。要問何所據云然？張恩和從魯迅的兩篇作品入手，「窺出一些端倪」：

一篇是收入《朝花夕拾》中的散文《阿長與山海經》，全文記敘了長媽媽對少年魯迅無微不至的關愛呵護，不但在生活上照應他，還千方百計為魯迅找來畫冊。魯迅筆下，一位憨厚可掬的勞動婦女形象躍然紙上。應該說魯迅對長媽媽是懷有深情的，這只要看文章最後的一段就可以明白。那段話是：

> 我的保姆，長媽媽即阿長，辭了這人世，大概也有了三十年了吧。我終於不知道她的名字，她的經歷；僅知道她有一個過繼的兒子，她大約是青年守寡的孤孀。
>
> 仁厚黑暗的地母呵，願在祢懷裡永安她的魂靈！

張恩和說，這段話，文字不多，卻是那樣聲情並茂，深情洋溢，簡直是禱詞和頌詩。然而，細讀全文，你又會感到作者對這位長媽媽的粗心和愛管閒事不無訾意。這裡特別是對她的「愛管閒事」、「切切察察」以至滿肚子讓人厭煩的「禁忌和禮節」，是否有對她在母親議婚時的攪局，說琴姑屬相「犯沖」，從而使婚事流產，表示不滿，多少有關呢？

另一篇是小說《在酒樓上》。作品寫主人公呂緯甫在幾年不見之後，由一個激烈的議論過改革中國的方法的戰鬥者，一變而成模模糊糊、麻木敷衍的人。這些就都不去說他了。但有一點過去為人忽略至少未足夠重視的是，作品在寫了呂緯甫為早年夭折的弟弟遷葬之後，又用較大篇幅寫了另一件事，即專門為一個叫「阿順」（也叫「順姑」）的姑娘送剪絨花，而其時順姑早已去世。許多研究者都指出了作品寫呂緯甫為早年夭折的弟弟遷葬，是採用了魯迅早年死去的四弟椿壽的素材，卻沒有人說到魯迅寫順姑有什麼用意，這「順姑」又用的是哪裡的素材。

琢磨一下「順姑」這個人物是很有意思的。作品透過呂緯甫的嘴這樣寫了順姑的外貌：

> 她也長得並不好看，不過是平常的瘦瘦的瓜子臉，黃臉皮；獨有眼睛非常大，睫毛也很長，眼白又青得如夜的晴天，而且是北方的無風的晴天，這裡的就沒有那麼明淨了。

其實，這樣的外貌，即使不能說有多好看，至少也是並不難看。作品接著又說，順姑「很

能幹……招呼兩個小弟妹都靠她」（注意：順姑和琴姑一樣也是長女！）並且伶俐可愛，待人殷勤。有一次順姑熱情地親手為作品中的「我」調製了一碗蕎麥粉，雖然並不好喝，但「我」因不忍拂她的盛意，還是強忍著喝下了，而順姑禁不住流露出「得意的笑容」。這一情節，不但表現了順姑對「我」的殷殷之情，也表現了「我」對順姑的深刻印象。所以作品也一再強調「我」給順姑送剪絨花「也是我自己願意做的」，「對於這差使倒並不以為煩厭，反而很喜歡；為阿順，我實在還有些願意出力的意思的。」然而，就是這樣一位姑娘，就因為聽人告訴她要嫁給一個不爭氣的男人而抑鬱寡歡，終至夭亡。有意思的是，作品中寫告訴順姑消息的人是一個名字叫「長庚」的痞子偷雞賊，（注意：魯迅的法名就是「長庚」！）他告訴順姑要嫁的男人連長庚還不如。作品中又藉順姑家斜對門的柴店店主母親的嘴說：「可惜順姑沒有福氣戴這剪絨花了」（也包含「沒有福氣接受『我』的盛情」的意思），又說「可惜順姑竟會相信那樣的賊骨頭（長庚）的誑話，白送了性命。」魯迅為什麼用這麼長的篇幅寫順姑，並且寫得如此有聲有色，深含愛憐之情？作品寫順姑信了長庚的「誑話」憂鬱而亡，是不是暗指琴姑是聽了周家議而不定的婚事（也算一種「誑話」）抑鬱而終？魯迅故意把誤導順姑致死的人取名「長庚」是否含有一種自責？從「順姑」身上是否可以多少看到一點琴姑的影子？這些問題恐怕都可以考慮和討論。張恩和認為，從作品裡這些敘述和描寫中，我們多少是可以體察出一點魯迅對琴妹以及對這次議婚的心意和感情來的。

也許，讀者要問，既然魯迅知道此次議婚，並且對琴姑不無好感，同意這門婚事，為什麼後來他對此事隻字不提，閉口不談呢？張恩和的回答可以很簡單：對魯迅來說，這是一件傷心事，他對此事看得很重，說起它，會引發內心的痛；同時，對於此事他又能夠說些什麼呢？惋惜？痛心？追憶、評議？……都無法言於口舌，形諸筆墨，那就不如讓它永遠封存在無言的記憶中吧。這裡，「不說」恐怕反而是從另一方面證明了它的「實有」哩！

我認為張恩和的分析，在方法上雖然有點像劉心武講《紅樓夢》，但考慮到魯迅的作品具有濃厚的自敘傳色彩，是他經歷過的生活的藝術化的表現，換言之，魯迅作品的人物形象，都可以在魯迅的生活中找到痕跡，據周作人的《魯迅小說裡的人物》所言，其可信度是很高的。所以，我還是贊同張恩和的觀點。不過，這樣的結論有著天生的遺憾。這是因為，魯迅愛不愛琴姑，我們現在只有推論，而找不到鐵證了。未被證實的推論還只是推論。但是，琴姑希望與魯迅成為眷屬，卻是確定的，我們有她臨終前留下的話做證明。

同樣的「父母之命，媒妁之言」，琴姑似乎是被魯迅接受的，第一，他們青梅竹馬，彼此是熟悉的；第二，琴姑要比朱安有文化；第三，魯迅的母親也是接受的，不是還有「親上加親」之說嗎？而朱安，魯迅在感情上難以接受，只是母親接受了朱安。我想，如果魯瑞真

的把琴姑當作禮物送給兒子，魯迅大約會比胡適接受江冬秀更積極地接受了琴姑。魯迅是一個有板有眼的糟老頭，心眼絕對沒有胡適那麼活絡，如此，後來的許廣平，雖然已經在教室坐了第一排，魯迅的眼睛大約也不會「邪視」了，許廣平可能的空間要小許多。

二、關於許羨蘇的猜測

有鑑於我以上所闡述的，朱安不過是魯迅母親的兒媳，有的只是名份，而不是魯迅實質意義上的夫妻；所以，我認為許廣平才是實質意義上的魯迅的妻子，雖然他們既沒有法律意義上的結婚證書，也沒有傳統習俗意義上的婚禮，但是，周海嬰的出生和他們完整家庭的存在，可以證明他們是愛的結合，這一點是最重要的。所以，魯迅與許廣平才是特殊歷史時期事實上的合法婚姻，就像郭沫若、郁達夫，雖然老家有一個元配，但他們後來組成的家庭才是事實的婚姻。

如果以魯迅與許廣平的結合當作真正的「結婚」的話，此前，在魯迅的生命中還有一個女性是值得一說的，那就是許羨蘇。

1. 孫伏園、孔慧怡的推測

香港中文大學翻譯研究中心的孔慧怡在《字裡行間：朱安的一生》一文中有這樣一段話：

> 一九三〇年，魯迅和許廣平的兒子海嬰出生，他們寄了一張三人合照回北京，朱安看到照片後表現出關懷和友善的態度，一般魯迅傳記作者都說這是她迷信的表現，認為有了男丁繼承香火，她死後也會有人拜祭她。這固然不無道理，但更重要的是朱安已接受了新的現實，而且她的性格一向和順：事已至此，為什麼要製造更多的不協調和不愉快呢？因此當許羨蘇在一九三一年離開北京前夕，把一大包與魯迅的通信交給朱安時，朱安實在不知所措。許羨蘇和魯迅的關係曾經非常密切，而目不識丁的朱安只能猜測書信的內容，也不清楚許羨蘇為什麼要把信交給她。她無法預測如果把信寄往上海，會引起什麼後果，所以就把信藏在箱子裡。魯迅死後，她更感到這些信難以處置，因此可能在魯迅死後不久或她自己去世前把信毀了。無論如何，許羨蘇與魯迅的通信已無跡可循。（《魯迅研究月刊》二〇〇二年第一期）

這裡，大多的內容不是考據，也不是研究，而是推測。比如，說朱安接過魯迅的信，不知所措。作者沒有在現場，也沒有找到見證人，怎麼知道朱安「不知所措」？又如，魯迅去世後，朱安覺得魯迅的信難以處置，因為她似乎接受了魯迅與許廣平結合這一事實，彷彿為

了成全魯迅和許廣平，所以「毀了」魯迅和許羨蘇的通信。作者不是朱安，怎麼知道朱安「難以處置」？讀了這段文字，假設讀者不清楚這段歷史，應該會有這樣的想法：許羨蘇為什麼要把信交給朱安而不隨身帶走呢？是不是魯迅和她有男女之隱，而她又覺得因為有了朱安和許廣平，自己躋身期間有所不妥，所以要把信交給魯迅的原配？朱安為什麼沒有把信寄到上海，是不是怕寄到上海影響魯迅和許廣平的生活？假設如作者所言，朱安在臨死前還把魯迅的信毀了，正是她識大體的表現？

也不是只有孔慧怡才有這樣的猜測，在談及魯迅的婚戀生活時，中外一些研究者常提及許羨蘇。有人用直截了當也有人用隱晦含蓄的筆墨，把魯迅和許羨蘇的關係神祕化，認為他們的感情已超乎友情。做這種判斷主要依據是，魯迅的學生和友人孫伏園曾對人說：「L（指魯迅）家不但常有男學生，也常有女學生，但L是愛長的那一個的，因為她最有才氣云云。」（魯迅一九二六年九月三十日致許廣平）「長的」指許廣平，相對矮的那一位則指許羨蘇。許羨蘇的女兒余錦廉在《我談「魯迅與許羨蘇」》一文中，對文壇上不嚴肅的議論也多有不滿：「國內外發表了一些介紹魯迅與許羨蘇的文章，有的流露出來魯迅與許羨蘇之間有超過友誼的曖昧關係；有的則直接寫著『在師生之間好像有了祕密關係，朱安用女人的感覺也是可察覺的』，只是後來許羨蘇的任務『由同一女子高等師範的學生許廣平代替』了。」（《魯

迅研究月刊》一九九四年第六期）

2. 魯迅給許羨蘇的信最多

許羨蘇和蕭紅等一樣，是魯迅一生中往來最為密切的女友之一。據魯迅自己統計，魯迅致許羨蘇的書信多達一一〇封，比致許廣平信多三十封，而許羨蘇致魯迅信也多達九十六封。此外，許羨蘇曾替魯迅北京寓所管帳，管理書籍，還為魯迅編織過毛衣、圍巾、毛背心。和魯迅走得這麼近的女性，到底是怎麼回事呢？我們有必要介紹一下許羨蘇與周家的關係。

3. 「親人」與「情人」

許羨蘇是青年作家許欽文的四妹。在五四運動的召喚下，一九二〇年秋，兄妹從紹興來到北京。二十歲的許羨蘇原擬投考北京大學。當時北大女生可以住在學校附近的公寓裡，但不住尚未入學的考生。她在紹興，是周建人在紹興女子師範學校任教時的學生。為了住處，她到八道灣去找周建人。周建人徵得當家人羽太信子（周作人妻子）同意，讓許羨蘇住進了周宅。她在周宅，意外地得到了魯迅母親的特別歡迎。在這個十多口人的大家庭裡，很少有人和魯迅母親談天；許羨蘇不但能講道地的紹興話，而且她是知識青年，接觸面廣，談起紹興的人情世故來，深合魯迅母親的胃口，很快就成了寂寞中的魯迅母親的知音。後來她考取了

北京女子師範大學數理系，暑假後住校去了，但魯迅母親一定要她星期日和假日來周宅，不但和她談天，而且還幫她採購物品。

魯迅第一次見到許羨蘇，是在母親的房間裡，魯迅每天出去時，都要到母親那裡說一聲：「姆娘，我出去哉！」回家時也要到母親那裡說一聲：「姆娘，我回來哉！」許羨蘇在《回憶魯迅先生》中說：她第一次見到魯迅時，「只記得他給了我一個很嚴肅的印象，不多談，進來轉一轉，看見有客就出去了。因為我是建人先生的學生，不是他的客人……」本來魯迅是和母親、朱氏一起吃飯的。周建人安排許羨蘇和母親、朱氏一起吃飯。魯迅就和周作人、周建人他們一同用餐了。

許羨蘇後來回憶說：「一九二一年九月二日，三先生啟行往上海。魯迅先生就無形中成了我的監護人。」「三先生」即周建人。

一九二三年七月中旬，魯迅與周作人失和。七月十四日晚餐起，魯迅開始在自室吃飯，十九日，周作人給魯迅送來了決裂信。二十二日是星期天，許羨蘇像往常一樣，從學校來到八道灣周宅看望周家魯迅母親。母親告訴她兄弟不和的情況，並說：「現在大先生決定要找房子搬出去。」許羨蘇想起紹興同學俞芬（也是周建人學生）住處磚塔胡同二十一號有空房，就做了介紹。二十六日上午，魯迅就到磚塔胡同看屋。八月二日下午，魯迅就「攜婦遷居磚塔胡同六十一號」。從這時起，每逢星期天，許羨蘇不再去八道灣，而來到磚塔胡同，魯迅母親也必定來到這裡。她們幾個人就在朱氏房間裡談天，但不去魯迅的臥室兼工作室。許羨蘇在回憶文章中說：「……我們都不再像從前那樣的怕魯迅先生，但我們還是不敢直接進他的工作室，說話也不敢高聲，因而對他當時在磚塔胡同的臥室的設備，現在一點也記不起來了。」這時，魯迅開始向她送書，同時還送書給俞芬。

許羨蘇於一九二四年底從女高師畢業，魯迅介紹她到私立華北大學附屬中學當教員。一九二五年暑假，她又沒有了住處，就住進了西三條胡同二十一號魯迅家的南屋。魯迅家是一九二四年五月二十五日由磚塔胡同搬到這裡的。一九二五年年底，魯迅介紹她到女師大圖書館工作，她可以住在女師大，才從魯迅家搬出，但星期日和假日照例到魯迅家，有時晚了也就住在南屋。在這半年時間裡，她教書回來，與老太太談天，上街採購物品，幫助料理家務。茶餘飯後，許羨蘇也總是和魯迅一家人閒聊家常。她後來在回憶中這樣寫道：

魯迅先生的習慣，每天晚飯後到母親房間裡休息閒談一陣，……那把大的藤躺椅，是他每天晚上必坐的地方，晚飯後他就自己拿著茶碗和菸捲在籐椅上坐下或者躺著。老太太那時候已快到七十歲，總是躺在床上看小說或報紙，朱氏則坐在靠老太太床邊的一個單人籐椅上抽水菸，我則坐在靠老太太床的另一端的一個小凳上打毛線。

談話的內容很豐富，各方面的都有，國家大事，過去的朋友，紹興新台門中的人物，也常常談到有關他文章中一些人物，如阿Q、順姑等。

許羨蘇還是唯一收到魯迅一九三二年前全部著譯和所編刊物的人，可惜和書信一樣都沒有存世，那些書刊在抗日戰爭中散失。

一九二六年，魯迅去廈門。許羨蘇還是經常到魯迅家中，為魯老太太和朱安寫信、記帳、採購物品……

從以上事實看，許羨蘇固然是魯迅的小朋友，但同時更是魯迅母親的小老鄉。余錦廉在《我談「魯迅與許羨蘇」》一文中說：「許羨蘇在『太師母』眼裡，差不多就是周家的親人；但是，親人和『情人』卻有著根本的區別。」

我是這樣推論的，魯迅為她提供了住處，她是個老鄉，在魯迅他們眼裡，又是一個小孩，自然要幫著做一些家務事。比如，她在魯迅母親和朱安面前為魯迅織毛衣，不可能是表示對魯迅的愛意，而只能是魯迅母親委託她幫忙的。魯迅和許羨蘇有什麼出格或是不妥的行為呢？有什麼要讓人費猜測的東西呢？我是看不出來的。

4. 都是瑣碎事

其實，我們看看許羡蘇本人的回憶，是大有助於對事情的瞭解。

> 魯迅先生離開北京的時候，雖也帶走許多書籍和拓片，但到廈門後仍然有許多刊物和書籍要轉寄，幾乎三天兩頭有信往還。魯迅先生記憶力真好，每次寫信來要書，說在哪一屋哪一櫃的第幾格的哪一頭，妳去找的時候很快的就可以找到它們，拓片也一樣，說是要的幾張在第幾口箱內，也很快的可以找出來。

這段話說明，魯迅到廈門後，三天兩頭給許羡蘇寫信（魯迅給許羡蘇的信都集中在這一時期），主要是請她把魯迅的書籍等寄往廈門。魯迅從北京往廈門，沒有帶走全部書籍，但書籍（特別是已經讀過的書籍）對讀書人來說，是生活的一部分。魯迅在工作或研究的過程中，常常需要自己讀過的書刊的。於是，寫信請許羡蘇幫助寄來。這有什麼不正常嗎？況且，當時魯迅母親給魯迅的信，都是由許羡蘇代寫的。從許羡蘇的回憶文字可以看出，魯迅給許羡蘇信的內容，無非就是索取圖書資料。

魯迅南下之後，在旅途和以後的一切行蹤，幾年時間裡魯迅母子間的資訊交流都包含在「寄淑卿信」和「得淑卿信」中了。到了一九三〇年三月十二日，就有「上午得俞芳信，代母親寫」，三月十四日就有「午後寄母親信」的記載了。這說明，許羡蘇走後，她曾經做的

工作已經改由俞芳承擔了。

許羨蘇又說：「一九三一年當我離開魯迅先生的家往河北第五女師去的前夕，我把魯迅先生的來信，捆成一包交給了朱氏，以備有事要查查。」這裡說得很清楚，她之所以把信交給朱安，是怕魯迅交辦的事沒有辦妥，要查相關資料，所以留下的。我想，魯迅給許羨蘇的信大約和魯迅的購書帳單一樣，除了書名和書放的位置，沒有別的什麼內容，許羨蘇覺得自己留著也無大意義，所以交給朱安。再有，留下這些信，也許許羨蘇是這樣想的，也可以為魯迅日後清點書籍等留下一份清單？退一萬步說，假設魯迅和許羨蘇的信中有什麼神祕的內容，憑許羨蘇的為人，她會把信寄還魯迅本人，而不是託什麼人代為保管——這不也是為人處事的常識嗎？

魯迅去廈門，原因很多，但其中有一條，是和許廣平相約，去南方積儲一些錢，為了安排日後的生活。魯迅在廈門期間，與許廣平多有「情書」往返，可以說，他正與許廣平熱戀中。這一切都有《兩地書》為證。在這樣的情況下，與許羨蘇之間的通信，怎麼可能有什麼神祕的內容呢？

魯迅給許羨蘇的信，朱安怎麼處理了，我們不知道。作者說毀了，而且似乎是出於好意燒了。也許是吧！可是，我要用胡適的話說：「拿證據來」，作者沒有證據，還只能算是推測。

不過，魯迅的信件喪失了，這當然是很可惜的，許羨蘇也說：「後來不知她（指朱安）怎樣處理了。在整理故居的時候，在朱氏箱內，並沒有找到。否則可以多一些手稿，而且也可以瞭解當時許多事情。」

我的結論是，魯迅給許羨蘇信的內容，就是談一些具體的日常事務，沒有什麼神祕的東西。現在有一些人，用猜測代替研究，用一些含糊的、似是而非的主觀臆想妄下判斷，並用這些離事實有相當距離的東西來影響讀者，這是不嚴肅也是不負責的態度。（本文許羨蘇言論，皆引自她的《回憶魯迅先生》一文，見《魯迅研究資料》[三]，文物出版社一九七九年二月版）

三、師生戀：魯迅與許廣平

（一）北京時期的愛情

1.「女師大風潮」與「三・一八慘案」

許廣平是魯迅一生唯一的愛。

在北京，魯迅的正式職業是教育部的官員，寫小說、雜感只能算業餘工作。自一九二〇

年起，魯迅的社會角色又多了一種：大學教師。這年的八月，魯迅接到了北京大學校長蔡元培的聘書。以此為開端，魯迅先後在北京大學以及北京師範大學、北京女子師範大學等八所大中學兼課。

一九二三年十月起，魯迅在北京女子高等師範學校（次年五月改為北京女子師範大學）兼課。在女師大，魯迅與許廣平從相識到相愛，他們一起經歷了「女師大風潮」和「三・一八慘案」。愛情在女師大萌芽，命運從這裡開始改變。

魯迅與許廣平相識於一九二三年十月，那時魯迅開始兼任女師大講師，每週講授一小時中國小說史，而許廣平是該校國文系二年級學生。由於魯迅課講得好，很多學生都喜歡魯迅，而許廣平尤甚，在每週三十多點鐘的課程中，她最盼望聽講小說史，上課時常選擇第一排座位。在學校，許廣平是一位聽課時喜好忘形而直率地提問的學生。魯迅提問，她常常率先舉手作答，這樣，魯迅對這位身材高大、言詞激烈的女學生也就自然而然給予了更多的注意。這種感情只是一種樸素的師生之誼，而促使這種感情「升溫」的則是「女師大風潮」。

一九二四年二月，楊蔭榆繼許壽裳出任女師大校長，上任後，她推行極富封建色彩的奴化教育，搞家長式統治，把她和學生的關係看成婆媳關係，禁止學生參加課外活動，尤其是政治活動，該校師生對她深為不滿。

一九二四年十一月，楊蔭榆無理勒令國文系預科三名學生退學，並辱罵為三名學生交涉的學生代表，激起全校公憤，醞釀已久的女師大風潮爆發了。許廣平回憶說：「風潮最初發動，是因為去年江浙戰後回南的同學受戰事影響遲到，後來楊氏整頓校規，把遲到的從嚴處治，按章是改為特別旁聽的，而楊氏連座位也不給她們設立，自然更不給她們補考，按法律、規則成立在事情之後，自然不能約束以前發生的事，而況同是遲回的人，而對於她的同鄉，她的同鄉的好友，就一點也不妨礙，別人就嚴格對待，這如何能服眾？於是風潮勃起……」三個因戰事交通阻隔而未能按時返校的學生，被勒令退學顯然是不合理的。而對於同鄉之類的「不妨礙」，則是典型的有中國特色的「老子說了算」的風格。

女師大風潮擴大的又一原因，是公祭孫中山的活動引起的。一九二五年三月十二日，孫中山在北京病逝。北京各界人士將在中央公園舉行公祭。女師大學生自治會決定參加公祭，但楊蔭榆突然跳出來阻撓。她說：「孫中山是實行共產共妻的，你們學了他沒有好處，不准去！」這顯然是有違民心的倒行逆施。女師大學生衝破了她設置的障礙，不僅前往中央公園參加了孫中山的追悼會，而且公推學生自治會總幹事許廣平向楊蔭榆提出關於要求她立即去職的決定，發起了「驅楊運動」。

北洋軍閥段祺瑞政府有鑑於當時的學潮此起彼伏，便頒佈訓令，嚴禁各學校的學生集會

遊行。正在被女師大學生驅逐出校的楊蔭榆見有機可乘，便決定一九二五年五月七日在女師大舉行一次演講會，並準備親自主持這個會議，以便讓學生承認她校長的地位，如果學生反抗，即以「擾亂秩序」的罪名加以懲罰。不料當學生看見楊蔭榆出現在主席臺上的時候，全場譁然，學生堅持要求楊退場，楊蔭榆則聲稱要派員警來鎮壓學生，楊指使的黨羽也準備對學生大打出手。後經教員調解，以楊蔭榆退場而告終。但楊蔭榆不甘心失敗，貼出告示，說許廣平等六人「鼓動風潮，擾亂秩序，即令出校，以免害群」。這六人均是學生自治會成員，於是學生自治會也貼出告示，要楊蔭榆「以人格為重，幸勿擅入校門」。

事情形成僵局以後，楊蔭榆一面把開除學生的決定上報北洋軍閥教育部備案，一面則發表《致學生家長函》，並打電報給外地的學生家長，要他們把被開除的學生帶回家中。

在這聲震動北京、波及全國的學潮中，魯迅毅然站在學生的一邊，他兩次為學生代擬為驅逐校長楊蔭榆的呈教育部文，歷數楊蔭榆「溺職濫罰」，「心術叵測，敗壞學校」的劣跡，「懇即明令迅予撤換」。當楊蔭榆在報紙上發表歪曲事實、顛倒是非的《致全體學生公啟》、《對於暴烈學生之感言》之後，魯迅邀集馬裕藻、沈尹默、李泰棻、錢玄同、沈兼士、周作人七人聯名發表了《關於北京女子師範大學風潮宣言》，說明事實真相，揭露楊蔭榆的欺騙行徑。《宣言》中說：

……六人學業，俱非不良，至於品性一端，平素有絕無懲戒記過之跡，以此與開除論，而又若離若合，殊有混淆黑白之嫌。況六人俱為自治會職員，倘非長才，眾人何由公舉？不滿於校長者倘非公意，則開除之後，全校何至譁然？所罰果當其罪，則本系之兩主任（按：當時女師大國文系主任為馬裕藻，由黎錦熙暫代，故曰「兩主任」）何至事前並未與聞，繼遂相率引退？可知公論尚在人心，曲直早經顯現，偏私謬戾之舉，究非空言曲說所能掩蓋也。同人忝為教員，因知大概，義難默爾，敢布區區，惟關心教育者察焉。

魯迅等人的《宣言》保住了許廣平等六名學生。楊蔭榆並不善罷甘休，於七月二十九日藉口校舍需在暑假中大修，強令學生搬出學校，目的是使學生不能聚集在校內反對她。七月三十一日夜間貼出佈告，宣佈解散學生自治會。七月三十一日楊蔭榆去教育部與章士釗面商，要求解散反對她最堅決的四個班：預科甲、乙部，國文系三年級，教育預科一年級，章即表示同意。楊知道她這措施必遭學生反對，因而當天又致函員警廳：「敝校此次因解決風潮改組各班學生，誠恐某校男生來校援助，懇請准予八月一日照派保安員警三、四十名來校，借資防護。」員警廳得到執政府默許，同意派人。八月一日晨，楊蔭榆在數十名員警的簇擁下，帶了少量辦事人員來到女師大，強令學生離校，學生不從，於是發生軍警與學生扭打，哭聲、

喊聲震天，校門前馬路交通阻塞。學校大門被緊鎖，校內已斷電斷水。

當楊蔭榆製造事端、破壞學校、迫害學生的時候，教育總長章士釗在八月六日的國務會議上提請停辦女師大，當即被透過，十日由教育部下令執行。隨後章士釗又決定在女師大校址另立女子大學，派他的親信、教育部專門教育司司長劉百昭負責籌備。八月二十二日，劉百昭雇用流氓女丐毆曳女師大學生出校，摧毀學校，致使學生流離失所。

女師大學生聞訊，堅決反對教育部停辦女師大的命令，開會決定由學生公舉十一人，教員公舉九人（包括魯迅在內），組成維持會，在《京報》上刊出了《國立北京女子師範大學教育維持會成立啟事》，魯迅等向女師大全體教員發出成立女師大校務維持委員會的倡議信，並且和一些教員組成了校務維持會，在西城宗帽胡同租賃房屋做為臨時校舍，義務給被趕出學校的學生授課，表示支持。

許廣平後來在給一友人寫信時曾談及此事：「老友尚憶在北京當我快畢業前學校之大風潮乎，其時親戚捨棄，視為匪類，幾不齒於人類……至於師之一面，則周先生（你當想起是誰）激於義憤（的確毫無私心）慷慨挽救，如非他則宗帽胡同之先生不能約來，學校不能開課，不能恢復，我亦不能畢業，但因此而面面受敵，心力交瘁，周先生病矣。病甚沉重，醫生有最後警告，但他本抱厭世，置病不顧，旁人憂之，事關於我，我何人斯。你們同屬有血氣者，又與我相處久，寧不知人待我厚，我亦欲捨身相報……」「女師大風潮」如果沒有魯迅以及一些文化名人的介入，如果只是侷限于女師大而沒有使之成為當時的一個社會事件，許廣平等學生領袖很可能就被開除了。對於這一點，做為當事人的許廣平，心中是十分有數的，她對魯迅有崇敬，有感激，有愛，可以說五味雜陳，故而萌生了「捨身相報」的念頭。對於這一點，張恩和先生說：「許廣平所說的要對魯迅『捨身相報』，絕不是一種所謂的『報恩』思想。『報恩』思想即使化做了感情，也不能成其為愛情。真正的愛情是相互平等的，是不雜有其他考慮的；即使最初或有一點雜質，隨著感情的發展它也應該淨化和必然淨化。從魯迅和許廣平的發展情況看，也正如許廣平這封信中所說的，他們已經『相處』過一段時間，彼此已有較深的感情基礎，現在，突發的事變，外部情況的變化，更促進（或曰『促成』）了他們感情的飛躍，這實在是十分正常的事情，應該說沒有什麼不好理解。」此後不久，又發生了「三・一八慘案」。中國人對「三・一八慘案」並不陌生。一九二六年三月，在馮玉祥國民軍與奉系軍閥張作霖、李景林等作戰期間，日本帝國主義因見奉軍戰事失利，便公開出面援助，於十二日以軍艦兩艘駛進大沽口，砲擊國民軍守軍，國民軍亦開砲還擊，於是日本便向段祺瑞政府提出抗議，並聯合英、美、法、意、荷、比、西等國，藉口維護《辛丑合約》，於三月十六日以八國名義提出最後通牒，要求停止津沽間的軍事行動和撤除防務等

等，並限於四十八小時內予以答覆。北京各界為反對日本帝國主義這種侵犯中國主權的行為，於三月十八日在天安門集會抗議，會後結隊赴段祺瑞執政府請願；不料段祺瑞竟命令衛隊開槍射擊，並用大刀、鐵棍追打砍殺，死四十七人，傷一百五十餘人。

慘案發生的當天下午，在女師大圖書館工作的許羨蘇趕到魯迅家裡，告訴了慘案發生和劉和珍、楊德群犧牲的事。魯迅和許廣平立刻趕到學校。許壽裳將自己目睹劉和珍、楊德群遭槍殺的慘狀告訴魯迅，魯迅悲憤交加。據許羨蘇回憶：「過了三天，我去看魯迅先生，他母親對我說：『許小姐，大先生這幾天氣得飯也不吃，話也不說。』幾天以後，他才悲痛地說了一句：『劉和珍是我的學生！』就這樣，魯迅先生氣病了。」魯迅接連寫了《無花的薔薇之二》、《「死地」》、《可慘與可笑》、《紀念劉和珍君》、《空談》等文字，痛斥屠殺者的血腥罪行和幫閒者的無恥嘴臉。

於是，魯迅上了北洋軍閥政府要通緝的「黑名單」。

魯迅與許廣平，相識於「女師大風潮」之前，風潮發生後，他們並肩戰鬥，感情也隨著風潮逐漸走向「高潮」。「三・一八慘案」發生後，他們覺得，北京是讓人窒息的地方，他們的感情也要有一個相對好的歸宿。也就是這前後吧！他們下了南下的決心。

2.「害馬」來信，「嫩弟」響應

「女師大風潮」正在進行中，有張有弛，此時，許廣平開始了與魯迅的通信。

許廣平對魯迅的人格和學識十分仰慕。一九二五年三月十一日，魯迅收到了許廣平的第一封來信。同在一個學校，又是師生之間，溝通的方式可以很多，選擇通信，就是選擇了一個特殊的方式。信中，許廣平以一個受了「快要兩年的教訓」的小學生身份，向魯迅傾訴了對學潮中有關人和事的懷疑和憤懣不平，以「惶急待命之至」的心情，希望魯迅「加以指示教導」。信中，許廣平向她尊敬的魯迅先生求教，「求救」：

> 在無可救藥的赫赫的氣焰之下，先生，你自然是只要放下書包，潔身遠引，就可以「立地成佛」的。然而，你在仰首吸那醉人的一絲絲的菸葉的時候，可也想到在蘴盆中輾轉待拔的人們嗎？
>
> …………
>
> 先生，可有什麼法子能在苦藥中加點糖份，令人不覺得苦辛的苦辛？而且有了糖份是否即絕對不苦？先生，你能否……給我一個真切的明白的指引？

信的最後一段話在收入《兩地書》發表時被刪去。這段話是：

現在的青年的確一日日的墮入九層地獄了！或者我也是其中之一。雖然每星期中一小時的領教，可以快心壯氣，但是危險得很呀！先生！你有否打算過「救人一命，勝造七級浮屠」呢？先生！你雖然很果敢的平時是；但我現在希望你把果決的心意緩和一點，能夠拯救得一個靈魂就先拯救一個！先生呀！他是如何的「惶急待命之至」！

從信中看，許廣平是一個蠻有激情的青年學生，也有青春的惶恐和憂鬱，苦悶與徬徨，甚至，還有一些無助。編《兩地書》時刪去，我覺得有許廣平的因素，重讀此信，相對成熟以後的許廣平，或許覺得此信有點虛幻的絕望？或是稚嫩？

接著，她簡約地介紹了自己：

他自信是一個剛率的人，他也更相信先生是比他更剛率十二萬分的人。因為有這點點小同，他對於先生是盡量地直言的，是希望先生不以時地為限，加以指示教導的。

寫了這些，許廣平覺得意猶未盡，潛意識驅使她在已經署名並註明日期後，又特意加了一小段表明自己性別的話：

他雖則被人視為學生二字上應加一「女」字，但是他之不敢以小姐自居，也如先生之不以老爺自命，因為他實在不配居小姐的身分地位，請先生不要懷疑。一笑。

今天看來，許廣平的「蛇尾」，或許在佛洛德那裡可以找到答案，但這不是我們所要探究的，這裡略去不表。

魯迅在收到信的第二天，就給許廣平寫了回信。有人對魯迅在收到信後就回信這一點十分注意，認為似乎從中可以窺伺出一些什麼端倪。對此，張恩和先生持不以為然的態度，他說：「其實，這恐怕完全是一個偶然。也許這一天正好魯迅有點時間，沒有別的事情；也許這一天恰好魯迅心情有些抑鬱，正想和人談論談論，抒發自己的一腔苦悶。證據無他，只要看魯迅的回信就可以這麼認為。因為魯迅的回信完全是談論些十分嚴肅的人生問題，除了表露了一些自己對黑暗現實的看法，此外並沒有說一些別的什麼話，流露出絲毫別的什麼意思和感情。」魯迅第一次回許廣平信，自然只能是這樣，倘若這封信就談一些非嚴肅的話題，比如，來一點以後才寫到的「害馬」、「小刺蝟」之類，那實在是不可思議的。然而，我們也不應該忽視了，魯迅這封信，要比他寫給一般學生的信都要長，甚至以「我」為例，談了很多切實的感受。他有與別的人第一次通信就寫這樣長、說這麼多的話的先例嗎？我相信魯迅是有預感的，預感到他與許廣平之間將發生什麼。我也相信，這是一種宿命，這是一種命運的安排。

魯迅一向認為，自己不是什麼青年「導師」，也指導不了什麼人。此時，對許廣平他也是老調重彈。他說：「我其實哪裡會『立地成佛』……假使我真有指導青年的本領——無論指

導得錯不錯——我絕不藏匿起來，但可惜我連自己也沒有指南針，到現在還是亂闖。倘若闖入深淵，自己有自己負責，帶著別人又怎麼好呢？」魯迅說的是大實話。然而，又畢竟是許廣平，說是指導不了，還是誠懇地指導了：

我再說我自己如何在世界上混過去的方法，以供參考吧——

一、走「人生」的長途，最易遇到兩大難關。其一是「歧路」，倘若墨翟先生，相傳是慟哭而返的。但我不哭也不返，先在歧路頭坐下，歇一會，或者睡一覺，於是選一條似乎可走的路再走……其二便是「窮途」了，聽說阮籍先生也大哭而回，我卻也像歧路上的辦法一樣，還是跨進去在刺叢裡姑且走走，但我也並未遇到全是荊棘毫無可走的地方過。不知道是否世上本無所謂窮途，還是我幸而沒有遇著。

二、對於社會的戰鬥，我是並不挺身而出的我不勸別人犧牲什麼之類者就為此。歐戰的時候，最重「壕塹戰」，戰士伏在壕中，有時吸菸，也唱歌，打紙牌，喝酒，也在壕裡開美術展覽會，但有時忽向敵人開他幾槍。中國多暗箭，挺身而出的勇士容易喪命，這種戰法是必要的吧。但恐怕也有時會逼到非短兵相接不可的，這時候，沒有法子，就短兵相接。

總結起來，我自己對於苦悶的辦法，是專與苦痛搗亂，將無賴手段當作勝利，硬唱凱歌，算是樂趣，這或者就是糖吧。但臨末也還是歸結到「沒有法子」，這真是沒有法子！

魯迅這封信的內容相當豐富。談了學風，談了女師大的事，又著重談了他的處世方法。許廣平給魯迅寫信，從魯迅一向的為人看，她相信魯迅一定會回信的。但是，魯迅是在收到她的信的當夜就給她回信，魯迅回信之快，內容之豐富，恐怕是她始料不及的。

自此，兩人通信頻頻。查閱《兩地書》和魯迅日記，到七月底，即開始通信以後不足五個月的時間裡，許廣平寫了二十七封信，魯迅寫了十九封，兩人之間平均三天就有一封信，可見他們感情發展之快。在信中，他們談學校、社會、人生、思想……無所不談。

楊蔭榆在開除許廣平等六人的佈告中稱：「開除學籍，即令出校，以免害群。」這「害群」係由「害群之馬」而來。此後，魯迅不時逗許廣平，稱其為「害馬」。許廣平到魯迅家去，魯迅母親也叫她「害馬」，連平時少言寡語的「師母」朱安，也會稱她為「害馬姑娘」。

隨著通信的頻繁，彼此稱呼的語氣逐漸親近起來，許廣平從自稱「小學生」變成了「小鬼許廣平」；到了五月份，許廣平即稱魯迅為「嫩弟」，而魯迅亦以「少爺」謔稱來給許廣平覆信；到七月，魯迅在信中稱許廣平為「仁兄大人閣下」，而許廣平的回信居然自稱「愚兄」，稱魯迅為「嫩棣棣」，下署「愚兄手泐」。「泐」是「銘刻」的意思，手泐即手書之意。此外，《兩地書》中，魯迅還有稱許廣平為「小刺蝟」的，許廣平則稱魯迅為「小白象」等。這些稱呼，可見他們情意深長。顯然，這時他們之間已經超越一般的師生關係了。

3.「你戰勝了」

隨著魯迅與許廣平間感情的升溫，魯迅內心的痛苦和矛盾衝突愈加激烈。

用世俗的眼光看，兩人間確實有不少「不相配」、不和諧之處：許廣平二十七、八，亭亭玉立，風華正茂，大學尚未畢業；魯迅四十五、六，身材矮小；魯迅尊為先生，譽滿文壇，許廣平是學生，自然無所謂名氣；論經濟狀況，魯迅既不是家資殷實，也不是腰纏萬貫，相反，倒因為北洋軍閥政府欠薪和被章士釗革職，已是四處借貸。此外，還有家室之累。魯迅說：「異性，我是愛的，但我一向不敢，因為我自己明白各種缺點，深怕辱沒了對手，……」如何安排朱安，也令他萬分為難。朱安與世隔絕，目不識丁，沒有在社會上獨立謀生的能力，又受著「從一而終」的封建觀念束縛，不願意也不會接受與魯迅離婚。況且，在魯迅看來，她本人也是一個值得同情的舊式婚姻的受害者。魯迅的內心是複雜的，面對傳統觀念和世俗眼光，魯迅顯得有些猶豫；面對許廣平的青春風采、熾熱的情感，也曾有過遲疑乃至自卑。

魯迅一時難以掙脫舊式婚姻的枷鎖，內心孤寂寥落。許廣平熾熱的愛情，使魯迅痛苦、寂寞的心得到許多慰藉。在許廣平的鼓勵下，終於有一天，魯迅認為：「我可以愛！」儘管這句話，他是到了廈門以後才用文字寫出來的。然而，何時，用何種方式走出封建婚姻的樊籠，魯迅在思索著，等待著。

許廣平畢竟不是凡俗之輩。李允經說：「她自有獨特的眼光和新的觀念，她的擇偶標準不是金錢、地位這些庸俗的東西，她所追求的是革命的同道和心靈的契合。她由衷地熱愛魯迅，崇拜魯迅，她所傾倒的是魯迅淵博的學識、深刻的思想、傑出的才華和崇高的品德。在她的心目中，魯迅是嚴師、是戰士，又是有著共同語言的朋友和可以以身相許的伴侶。」

熱戀中的許廣平寫下了《風子是我的愛》一文，她寫道：

> 淡漠寡情的風子，時時攀起臉孔，呼呼的颸叫起來，是深山的虎聲，還是獅吼呢？膽小而抖擻的，個個都躲避開了！穿插在躲避了的空洞洞呼號而無應的是我的愛的風子呀！風子是我的愛，於是，我起始握著風子的手。
>
> 奇怪，風子同時也報我以輕柔而緩緩的緊握，並且我脈搏的跳蕩，也正和風子呼呼的聲音相對，於是，它首先向我說：「你戰勝了！」真的嗎？偌大的風子，當我是小孩子的風子，竟至於被我戰勝嗎！從前它看我是小孩子的恥辱，如今洗刷了！這許算是戰勝了吧！不禁微微報以一笑。
>
> 它——風子——既然承認我戰勝了！甘於做我的俘虜了！即使風子有它自己的偉大，有它自己的地位，藐小的我既然蒙它殷殷握手，不自量也罷了！不相當也罷！同類也罷！

異類也罷！合法也罷！不合法也罷！這都於我們不相干，於你們無關係，總之，風子是我的愛……呀！風子。

「風子」的本意是「風神」，也就是古代傳說中的風姨，是一個女神形象。這是許廣平有意反其性別來比喻魯迅。「風子是我的愛」，就是「魯迅是我的愛」。散文所描寫的風子與「我」的愛情，與現實中的魯迅和許廣平的愛情是一模一樣的。文中真實地揭示了這樣一個現實，由於「風子」（現實中的魯迅）「淡漠寡情」，「時時攀起臉孔，呼呼地颳叫起來」，它像「深山的獅吼」，而使「膽小而抖擻的」向「風子」的求愛者「個個都躲避開了」！文中還直率地表白了「我」向「風子」吐露了愛情和他們熱烈相愛的經過：「風子是我的愛，於是，我起始握著風子的手。奇怪，風子同時也報我以輕柔而緩緩的緊握，並且我脈搏的跳蕩，也正和風子呼呼的聲音相對，於是，它首先向我說：『你戰勝了！』」「我」竟不敢相信這是在夢中還是在現實中。當「我」清醒地悟到這不是夢，這是真實的現實的時候，「我」充滿著無限的喜悅說：「偌大的風子，當我是小孩子的風子，竟至於被我戰勝了嗎！從前它看我是小孩子的恥辱，如今洗刷了！這許算是我勝了吧！」「風子」接受了「我」給予的真摯的、熾熱的愛，此時此刻的「風子」，真像現實生活中被許廣平稱為「嫩弟」一樣；此時此刻的「我」，也真像現實生活中被魯迅稱為「小鬼」的許廣平一樣，他們都怕失去對方而緊緊擁抱著，彼此都聽到了對方急促的火熱的心跳。

這是一曲愛情的頌歌。它記述了許廣平和魯迅由親密的友誼闖入甜蜜的愛情天地。他們沒有說什麼海誓山盟之類的話，也沒有表示什麼要死要活的情，一切都樸素無華，自然而然，水到渠成。

他們定情於一九二五年的夏秋交替之際。許廣平有一次告訴于藍：兩人明確相愛，或叫定情，是她首先提出的。這一天的晚上，在魯迅西三條寓所的工作室——「老虎尾巴」，魯迅坐在靠書桌的籐椅上，許廣平坐在魯迅的床頭，二十七歲的許廣平首先握住了魯迅的手，魯迅同時也報許廣平以輕柔而緩緩的緊握。許廣平脈搏的劇烈跳蕩，正跟魯迅逐漸急促的呼吸聲相應。於是，魯迅首先對許廣平說：「妳戰勝了！」

許廣平不禁報以羞澀的一笑。接著，兩人熱烈地接吻。

在《風子是我的愛》一文中，許廣平把所愛的人比作風，是解凍的春風，是人們汗流浹背時的熏風，是梧桐葉落的秋風，是狂風怒號有似刀割的冬風。「有誰能夠禁止我不愛風子，為了我的藐小，否認我的資格呢？」倪墨炎先生認為，此文：「是一篇愛情的宣言書，也是對於世俗偏見的檄文。」此後，兩個有情人義無反顧，「一心一意向著愛的方面奔馳」。

（二）擺脫黑暗，奔向希望

1. 革命的旁邊

魯迅為什麼要離開北京？歸納起來，無非三個原因：一是當時革命的中心在南方，所以魯迅到南方投奔革命去了；二是因為「三・一八慘案」後躲避北洋軍閥的迫害；三是純粹為了愛情。

上個世紀八〇年代以前，為了「神化」魯迅，魯迅研究極力向「左」靠，魯迅的南下，大多的時候被描述成是投奔革命（朱正的《魯迅傳略》是個難得的例外）；九〇年代以來，為了讓魯迅走下聖壇，學者多主張魯迅南下純粹是私人行為，只是為了愛情。

我想，我們應該要有最切近魯迅事實的解答。

我們先來解決一個問題：魯迅到廈門是為了投奔革命嗎？「文革」中編寫的魯迅故事、魯迅傳記，都是持這樣的看法。我以為，持這種觀點的人，不是搞學問，是搞宣傳。學問是一是一，二是二，一切要拿證據來；宣傳是只選擇他需要的，立了一個他需要的觀點，先入為主，為了證明他的觀點去找證據，沒有鐵證，那就採用模糊的辦法，大而籠之的就行了。

當時，中國的革命在南方，廈門是南方，魯迅去了廈門，所以他是投奔到革命的中心去了。他們就是這樣推論的。這樣的文章，如果寫了騙騙外國人，特別是離中國遠的非洲人，也許還說得過去，因為外國人對中國「革命地理」不是瞭解得那麼仔細。當年，中國的革命中心固然是在南方，但那是具體到了廣州這樣一塊地方，並不是所有的南方都是革命的中心。同樣是南方的廈門，絕對不是革命的中心，只能是革命的旁邊。是一個孤島，甚至是死島。不是嗎？魯迅感受到的廈門，除了自然景觀尚可（因為魯迅在日本時，也在海邊生活過，所以沒有特別的稀奇），諸如鄭成功的遺址等某些人文景觀讓他有一些感想外，其他的，基本上可以說魯迅的觀感是不佳的。

2. 北京的壓迫

第二個問題，既然魯迅不是為了投奔革命才去了廈門，那麼，他的南下，有沒有受北洋軍閥等北京黑暗勢力壓迫的因素呢？

我認為是有的。魯迅一生，有著深刻的逃避、躲避意識，當年在日本，他要學醫，東京可以，東京的周邊也可以，但是，他要躲避到沒有中國人在的偏遠的仙台去。在北京待久了，又經歷了那麼多黑暗的壓迫，魯迅自然會有「換一個地方生活」的打算，這有什麼奇怪的呢？關於這一點，應是魯迅研究界的較為常見的說法。羅常培在《從廈門解放引起的感想——為魯迅逝世十三週年紀念作》一文中就持這樣的觀點，他說：「魯迅先生和我們一班人，從『三．一八』慘案以後，實在忍不住北洋軍閥黑暗勢力的壓迫，很想找一塊清靜的地方，暫時躲避

起來做學問，於是就接受了林語堂的邀請結伴到了廈門。」因為「忍不住」黑暗勢力的壓迫，所以去了廈門；同時，也為了「做學問」。

關於離開北京，論者經常引用魯迅自己的一段話，或是做為證據，或是加以奚落。在《集外集拾遺補編·自傳》一文中，魯迅是這麼說的：

因為做評論，敵人就多起來，北京大學教授陳源開始發表這「魯迅」就是我，由此弄到段祺瑞將我撤職，並且還要逮捕我。我只好離開北京，到廈門大學做教授……

在《集外集拾遺補編·魯迅自傳》中，魯迅是這樣說的：

到一九二六年，有幾個學者到段祺瑞政府去告密，說我不好，要捕拿我，我便因為朋友林語堂的幫助逃到廈門，去做廈門大學教授……

以上兩段話，內容大同小異。對魯迅的話持肯定觀點的人，將其引用，做為魯迅受迫害從而南下的根據，這在二十世紀八〇年代的魯迅傳記作品中較為多見；持否定意見的人，經過考證，認為魯迅的話有不夠準確之處。朱正就曾對魯迅的話提出質疑：

魯迅為什麼要到廈門去呢？魯迅在他的《自敘傳略》裡做過解釋：寫雜文得罪了一些人，有人到段執政那裡告我，段祺瑞要抓我，我就逃到廈門來了。還有比自傳更權威的資料嗎？

總的說當時北京的政治空氣不太好，使他想要離開，這是不錯的。可是具體說「三・一八」慘案發生在一九二六年三月十八日，到了四月份，馮玉祥隊伍退出北京前後，段祺瑞的執政府就倒臺了。魯迅是八月份離開北京的，那時段祺瑞已經倒臺四個月了。如果說離京是為了避開張作霖的迫害恐怕還符合當時政治形勢一些。

此後，有若干人根據朱正的考據，做了一些帶情緒化的發揮，說魯迅南下，除了為了許廣平，沒有別的考量，因為這些觀點沒有超出朱正的見解，就不引用了。

我得承認，魯迅這段話確實有言過其實的地方，但是，基本的事實是不錯的。

魯迅曾經上了「黑名單」，這不是空穴來風。「三・一八慘案」發生後，段政府發佈祕密通緝令，據一九二六年三月二十六日《京報》披露，「該項通緝令所羅織之罪犯聞竟有五十人之多，如……周樹人（即魯迅）、許壽裳……均包括在內，聞所開五十人中之學界部分，係（教長）馬君武親筆開列」。連林語堂這樣的自由主義者也上了「黑名單」，名單上有魯迅，有什麼奇怪呢？

以下事實也不是我們所能忽略的：

「三・一八慘案」發生的當天，魯迅正在寫雜感《無花的薔薇之二》，已經寫了三節，當他聽到發生大屠殺的消息後，立即在原題下連著寫了六節關於大屠殺的內容，語言之憤懣

激烈，足見他當時的沉痛心情：

4

已不是寫什麼「無花的薔薇」的時候了。

雖然寫的多是刺，也還要些和平的心。

現在，聽說北京城中，已經施行了大殺戮了。當我寫出上面這些無聊的文字的時候，正是許多青年受彈飲刃的時候。嗚呼，人和人的魂靈，是不相通的。

5

中華民國十五年三月十八日，段祺瑞政府使衛兵用步槍大刀，在國務院門前包圍虐殺徒手請願，意在援助外交之青年男女，至數百人之多。還要下令，誣之曰「暴徒」！

如此殘虐險狠的行為，不但在禽獸中所未曾見，便是在人類中也極少有的，除卻俄皇尼古拉二世使可薩克兵擊殺民眾的事，僅有一點相像。

6

中國只任虎狼侵食，誰也不管。管的只有幾個年輕的學生，他們本應該安心讀書的，而時局飄搖得他們安心不下。假如當局者稍有良心，應如何反躬自責，激發一點天良？

然而竟將他們虐殺了！

7

假如這樣的青年一殺就完，要知道屠殺者也絕不是勝利者。

中國要和愛國者的滅亡一同滅亡。屠殺者雖然因為積有金資，可以比較長久地養育子孫，然而必至的結果是一定要到的。「子孫繩繩」又何足喜呢？滅亡自然較遲，但他們要住最不適於居住的不毛之地，要做最深的礦洞的礦工，要操最下賤的生業……。

8

如果中國還不至於滅亡，則已往的史實示教過我們，將來的事便要大出於屠殺者的意料之外——

這不是一件事的結束，是一件事的開頭。

墨寫的謊說，決掩不住血寫的事實。

血債必須用同物償還。拖欠得愈久，就要付更大的利息！

9

以上都是空話。筆寫的，有什麼相干？

實彈打出來的卻是青年的血。血不但不掩於墨寫的謊語，不醉於墨寫的輓歌；威力也壓它

不住，因為它已經騙不過，打不死了。

三月十八日，民國以來最黑暗的一天，寫。

此文發表於一九二六年三月二十九日《語絲》週刊第七十二期。魯迅把「三・一八」看作「民國以來最黑暗的一天」，此時，段政府還沒垮臺。並不是所有的人都有勇氣像魯迅這樣直面慘澹的人生，正視淋漓的鮮血的。此後幾天，魯迅又寫了《「死地」》、《可慘與可笑》、《空談》等文章，內容都與「三・一八慘案」有關，不停頓地揭露和抨擊段政府和一些幫兇。特別是，魯迅寫了不朽名文《紀念劉和珍君》。這是魯迅在三月二十五日參加了女師大及北京各界代表公祭和追悼劉和珍、楊德群的大會之後，經過幾天痛苦沉思後於四月一日寫的一篇文情並茂的悼念文章。在這篇文章中，魯迅沉痛地說他「向來是不憚以最壞的惡意，來推測中國人的，然而我還不料，也不信竟會下劣兇殘到這地步」，他憤怒地喊道：

慘像，已使我目不忍視了；流言，尤使我耳不忍聞。我還有什麼話可說呢？我懂得衰亡民族之所以默無聲息的緣由了。沉默呵，沉默呵！不在沉默中爆發，就在沉默中滅亡。

在「三・一八慘案」發生後，魯迅是否有危險的問題上，韓石山是有獨立見解的。韓石山說，魯迅在「三・一八慘案」發生後，上了被通緝名單，但沒有危險：「因為這期間，北京的政局發生了變化，製造「三・一八慘案」的段祺瑞政府垮臺了，張作霖的奉軍開進北京了。要說生命危險的話，段祺瑞、章士釗們，比魯迅還要危險。畢竟段祺瑞是下臺政府的首領，章士釗是下臺政府的祕書長。」韓石山又說：「三・一八慘案期間，魯迅從沒有上街遊行，不過是事後寫了幾篇文章，罵的還主要是陳西瀅之流的人，怎麼會有人想著逮捕他呢，太不可思議了。」韓石山挖苦魯迅說：「先有通緝名單，再找一下臨時避居的地方，一到緊要關頭，就躲了起來。合情合理，嚴絲合縫。」總之，韓石山認為，當時魯迅是沒有危險的，魯迅因為受迫害而南下的理由不能成立。

我要問的是，魯迅的這些文章主要是罵陳西瀅的嗎？還不夠激烈嗎？加上「女師大風潮」時的魯迅與章士釗們的鬥爭，不說魯迅有相當大的可能遭到軍閥的殺害，遭到逮捕的可能性是客觀存在的；魯迅有足夠的理由自保，有足夠的理由去躲一躲。倘若魯迅不躲，沒事則吧，如果有事，不是在等死嗎？不是送死嗎？

韓石山又說：「不能說三・一八慘案後，報上說段祺瑞政府要逮捕四十八個人，四月十七日奉軍入主北京後，奉軍就開始實行這個逮捕。」他的意思是，段祺瑞的逮捕計畫，張作霖沒有義務去執行。這話不能說完全沒有道理，軍閥和軍閥是有區別的。但是，儘管這樣，我們不能忘了，軍閥就是軍閥，這是個帶普遍性的共性化的存在。韓石山又說：「魯迅既非

共產黨人亦非國民黨人，並未從事什麼實際的革命活動，也就談不上受反動當局的迫害。」事實是，不管段祺瑞還是張作霖，在對付革命黨上是一致的，也不論這革命黨是國民黨還是共產黨，甚至，他們還可以把不是革命黨的、只要反對他們的人都打成革命黨，給一鍋煮了，一鍋端了。不是嗎？張作霖佔領北京後不久，就以「宣傳共產赤化」的罪名殺害了《京報》主編邵飄萍和《社會日報》社社長林白水，京城人人自危，噤若寒蟬。我查了相關資料，邵飄萍和林白水倒真的「既非共產黨人亦非國民黨人」。韓石山自己也提到：「四月十七日奉直聯軍開進北京後，確曾有殺害記者、逮捕教授之惡行，北京城內大起恐慌。」邵飄萍、林白水都死於軍閥之手。當時，「較有名之記者，均暫時退避」；「蔣夢麟等八校長，均暫避」……魯迅的名氣不會在「名記者」之下吧？魯迅的言詞不會比他們更溫和吧？「一到緊要關頭，就躲了起來」，有什麼不合情合理呢？韓石山可以不喜歡魯迅，但不能脫離了當時特定的歷史環境，一味地貶損魯迅。

張恩和先生說：「這時的魯迅，真是悲憤到了極點，又的確如他自己所說，已經『出離了憤怒』。他真切地感到當時的北京實在『並非人間』。他遙望南天，一個念頭在他腦海中浮起：走吧，趕快離開這鬼地方，否則不被迫害至死，也會被窒息而亡，為什麼不找個地方能呼吸呼吸新鮮一點的空氣呢？」魯迅長期生活在北京，對北京的黑暗了然於胸，又發生了

「三・一八慘案」，在這樣的情況下，一九二六年的四月前後，動了離開北京的念頭，這應該是在情理之中。到了魯迅南下時的八月，可能環境有所改變，魯迅的處境沒有那麼危險了，可是，魯迅在四月前後下定的決心也不想改變了。事實是：環境的黑暗、環境的壓迫，是促成魯迅決心南下的原因之一——注意，我是說原因之一，不是說是唯一的原因！

魯迅前後寫了幾篇自傳或傳略之類的東西，內容大同小異。其中，相隔的時間還比較長。比如，《俄文譯本〈阿Q正傳〉序及著者自敘傳略》寫於一九二五年；《集外集拾遺編》中的《自傳》寫於一九三四年，此文沒有發表，是應美國人伊羅生之託，選編中國現代短篇小說集《草鞋腳》而寫的入選作者的小傳。兩篇小傳，主要是提供給外國人看的，目的是為了揭露中國的黑暗，北京的黑暗，正是黑暗的北邊，讓魯迅無法待下去了，所以南下。其中有一些帶宣傳性的語言，考慮到是給老外看的這個因素，我們是不是可以多一點理解呢？

我認為，魯迅南下有多種原因，北京的黑暗，絕對是其中原因之一。但是，北京雖然黑暗，魯迅畢竟在這裡生活了十四年，自然也有他留戀的東西，還有不少他的牽掛。就是說，從前十幾年的生活狀態看，從魯迅的承受能力看，北京的黑暗，如果要魯迅繼續承受下去的話，也不是不可以的。我要說的是，魯迅的南下，主要是為了開闢新生活，主要是為了許廣平。但是，即便是這樣，魯迅在自敘傳略和自傳中，有必要言明他是為了許廣平而南下的嗎？這畢竟是

私人生活問題。我們將心比心，假設我們處在魯迅的位置，我們有必要把自己的事捅到報刊上去嗎？有必要對讀者叫喊：我是為了許廣平，所以到廈門去了！倘真這樣，也屬非理性嘛。既然不好言明南下的直接動因，隨便說一個或突出一個還算交代得過去的理由，特別是針對外國讀者，說的話帶一點宣傳色彩，冠冕堂皇一些，這有什麼特別不能容忍、不可理解呢？

3. 周作人的「黑暗」

當然，魯迅除了逃脫政治的黑暗，社會的黑暗，我以為，還有家庭的「黑暗」。這有三層含意。一是周作人帶來的「黑暗」。魯迅是長子，在父親早逝的家庭，長子如父。其實，魯迅本來是有一個夢想的，就是三兄弟永不分家。所以，他省吃儉用，下苦力，賣了紹興的老屋，買了北京八道灣的房子。房子裝修，事無鉅細，一律魯迅操辦。魯迅看周作人、周建人，因為父親不在了，如同自己的孩子。為了不讓周作人勞心費神，在房子裝修期間，他甚至讓周作人回日本探親，房子裝修好了，才讓他回來。魯迅賺的錢多，又是獨身一人，他把所有的錢都交給了「當家人」周作人的太太羽太信子。對這個家，魯迅只知道維持，只知道奉獻，他用黃包車拖回來，羽太信子卻用小轎車拉出去。魯迅還是維持。可是，這樣一個魯迅，卻被昏頭昏腦、自私自利的周作人趕出了八道灣！為此，魯迅大病一場。親人的決絕，讓魯迅絕望。可以說，從周作人的反目，到許廣平出現之前，魯迅一直生活在極度的絕望當中。以我個人對魯迅的理解，以我對生活的體驗，我認為，如果沒有許廣平的出現，孤獨的魯迅，天天面對著無愛的朱安，他有極大的可能，很快抑鬱而亡。兄弟反目，一團黑雲壓著他的心窩，這是他心靈的黑暗。

4. 母親的「黑暗」

二是母親的「黑暗」。因為觀念、文化素養等等因素的影響，魯迅的母親不可能瞭解魯迅，更談不上理解魯迅，出於血緣、出於魯迅靈魂深處的傳統文化的影響，還因為家庭衰敗，做為長子的魯迅對母親非常孝順。但是，孝順不等於思想上、觀念上的認同，而不認同的孝順事實上包含著深刻的痛苦。我們在魯迅與他的母親的有關章節中已經看到，魯迅對母親唯命是從，甚至以犧牲自己一生的幸福為代價。同時，魯迅對母親多有責言。孝順、愛與觀念的衝突，構成了一團烏雲，也是魯迅靈魂深處的陰影。走，是解脫，可是，卻拖著沉重的歷史牽掛。當然，在這一點上，魯迅終於掙脫了母親的「黑暗」。魯老太太，也許因為她派定的朱安，給魯迅造成了一生的不幸，雖然她還想用母愛罩住魯迅，但終於還是放他到寬闊光明的地方去了。

5. 朱安的「黑暗」

第三自然是朱安了。如果魯迅沒有離開北京而與許廣平結合，朱安客觀上要代表整個舊社會，將魯迅，將魯迅的愛人，死死地罩住，然後，可以預見的事實是，三人一起走向滅亡。面對如此家的「黑暗」，魯迅能不走嗎？不走，他就是懦弱，他就是不愛許廣平。

事實上，魯迅別無選擇。

我以為，在北京時期，魯迅與許廣平已經確定了關係，他們甚至已經開始安排以後的生活了。如果他們要結合，留在北京有諸多的不合適。魯迅是孝子，他應該要考慮母親的態度。朱安長久服侍魯瑞，與婆婆的關係尚可，如果魯瑞要維護朱安，魯迅就要陷入為難尷尬的境地。

魯迅也要考慮朱安的感受。我們可以說，魯迅沒有太把朱安當回事，但對朱安的人格還是尊重的，在朱安的眼皮下與許廣平結合，很難預料朱安會折騰出什麼事來。

魯迅還要為許廣平考慮。假設許廣平也住進了魯迅的家，家中有老母，有原配，那許廣平無疑是處於「妾」的地位，許廣平願意與否尚且不論，魯迅愛許廣平，是不會讓許廣平落入這樣的境地的。

如果離開北京，拉開距離，各位親人的為難也就沒有那麼突出了。

6. 經濟上的考量

此外，經濟上也應該有所考量。許廣平剛剛走入社會，說身無分文，應該不會有太大出入。退一步說，假設許廣平有錢——這是假設——做為大男人的魯迅，怎麼可能去用一個小女生的錢呢？魯迅購置八道灣房子的舊債未清，又新買阜城門的房子，又添新債；還要贍養母親和朱安，手頭不算寬裕。他們相約苦幹兩年，也不是只是說說而已。魯迅要安排一個新家，還要照顧舊家，確實需要錢。

說來也巧，林語堂邀請魯迅去廈大，一個月四百大洋，這不是小數目。林語堂是真紳士，對雞零狗碎的東西不會太留意，他不知道魯迅有一個許廣平，如果知道，或許會一併邀請許廣平同赴廈門的。魯迅呢，雖為新文化運動的大人物，但也不像當今所謂名教授，當被當作「人才」「引進」時，會提很多附加條件，給位子，調妻子，分房子，加票子，安排兒子，五子登科。魯迅不吭氣，大約沒有任何附加條件，默默地與自己的小情人在上海分手。

此外，當時廣州也沒人邀請魯迅去工作，如果有，我估計他自然會與許廣平一起去了羊城。倘若那樣，革命的文學史家倒真可以說魯迅是奔向革命中心了。

7. 有潔癖的真愛追求者

不過，我倒認為，他們一個去廣州，一個去廈門，簡直就是命運的安排。我們試想，如果他們同去廈門或廣州，看他們感情的熾烈程度，我估計30天內必定同居，那也太快地從「城堡」外走進了「城堡」內，除了他們的愛情早日結出了果實外，那現代文學史或許將少了《兩地書》這奇葩，至少，《兩地書》沒有現在這樣光彩照人。眉頭緊鎖，「一」字形的鬍鬚又粗又硬——這是魯迅留給我們大多數人的印象。然而，在廈門的日子裡，魯迅卻留下了最柔軟的一面。魯迅倘若和許廣平一起去了廈門，我們對魯迅的解讀，將永遠只能看到他的酷狀，而看不到他含蓄的深沉的熱烈的溫情。也正因為他們分手了一百多天，命運讓他們備受煎熬，讓他們的愛情之花開得格外鮮豔，甚至可以說格外嬌豔。

魯迅是真愛的追求者。

胡適如果討厭一個人，或者說不喜歡一個人，還會和他打交道，胡適聲稱寬容比自由更重要。我想，從精神結構看，從思想氣質看，胡適是不會喜歡章士釗的，但他與章士釗也有過從。魯迅不時挖苦胡適，胡適也不會太喜歡魯迅，但在魯迅生前，他基本上沒有與魯迅翻臉。胡適肯定是不滿意江冬秀的，所以他在家外才不只與一個女人有感情上的糾葛，到了晚年，他甚至叫祕書在外面另尋住房，因為他無法容忍江冬秀沒完沒了的麻將聲。然而，胡適還是可以與江冬秀苟且，在無所謂愛情的婚姻中，過無愛的性生活，生孩子。對比之下，魯迅不僅在精神上有潔癖，在性愛上也有潔癖，他與朱安無愛，同在一個屋簷下，也不會受慾望的誘惑。他寧可大冷天不穿棉褲，只穿單褲，甚至在生理上進行自虐。

沒有愛情，魯迅絕對不會苟且。

8. 從尿尿問題看同居

魯研界曾經有魯迅與許廣平什麼時候同居的爭論，據說雙方都很較真，還傷了和氣。因為，是在某一時期某一地方同居，還是在另一時期另一地方同居，關乎是不是勾引女學生的問題。我覺得大可不必。魯迅與許廣平同居了，結為夫妻了，生了孩子了，相濡以沫、風雨同舟走了十年，這就是最大的事實，在這最大的事實面前，他們具體到什麼時候同居，有什麼意義呢？在這最大的事實面前，在《兩地書》面前，他們什麼時候同居，都是愛的自然結果。

不過，具體說到同居，憑我的生活經驗，憑我的直覺，我認為他們南下之前就已經走得很遠，遠到託付終身的程度。證據是，在《兩地書》中，魯迅有兩次對許廣平談了在廈門的小解即尿尿問題。一次是一九二六年九月三十日。魯迅說了晚上如何「小解」，「天一黑，就不到那裡去了，就在樓下的草地上了事」。另一次則是同年的十月二十八日，魯迅寫道：「這

裡頗多小蛇，常見被打死著，顎部多不膨大，大抵是沒有什麼毒的，但到天暗，我便不到草地上走，連夜間小解也不下樓去了，就用磁的唾壺裝著，看夜半無人時，即從視窗潑下去。這雖然近於無賴，但學校的設備如此不完全，我也只得如此。」此時，魯迅甚至可以和許廣平談小解事，細加琢磨，以平常心推論，用老百姓的眼光看，他們的關係應是不同尋常了，難道不是嗎?!

9. 南下，南下，奔向希望

有了以上的分析，我們可以認定，魯迅的離開北京，雖然有表面的原因，雖然有多種原因，但最根本的是為了許廣平，為了愛情。他們的愛情如果要有結果，只能離開北京。換言之，魯迅離開北京是為了躲避在京的母親和朱安。做為一個至孝的長子和甘願陪著無辜者做一世犧牲的受難者，他沒有勇氣在母親和朱安面前接納許廣平的戀情，或者說他不願面對面地傷害年老的母親和那位不幸的女人，那麼，唯一的辦法就是離開。

許廣平在《魯迅回憶錄》裡說過，來廈門之前，他們相約，暫時分開，各自為社會服務兩年，同時也為日後的生活積累一點必要的錢，兩年之後再相見。魯迅後來說：「我來廈門，雖是為了暫避軍閥官僚『正人君子』們的追害。然而小半也在休息幾時，及有些準備，……」

魯迅和許廣平說得很清楚，之所以南下，一是因為社會的黑暗，二是為了自己的考量，分頭工作兩年，然後再安排一切。

我們讀魯迅，應該最大程度地讀魯迅的原著，看魯迅怎麼說，從魯迅本身尋找魯迅，探究魯迅，而不是從政治觀念出發，從時代背景出發，從主觀感受出發……不是的，我們應該從魯迅出發，才能回到魯迅那裡。從他離京的第一天起，就意味著他準備告別往日的生活而開始一種全新的生活。在魯迅的一生中，沒有任何一個時期像在廈門時那樣仔細思考過自己的個人生活問題。

我的結論是：魯迅去廈門，不是為了投奔革命，北京黑暗勢力的壓迫，家庭「黑暗」的壓迫，使他有了躲避黑暗的想法，有了許廣平的愛情，促使他將這一想法變成了客觀事實——他主要是為了愛情而南下的。

離開北京前，即一九二六年八月二十二日，女師大為紀念毀校一週年召開的集會上，魯迅發表告別講演，說了一段熱情洋溢的話：

> 我們所可以自慰的，想來想去，也還是所謂對於將來的希望。希望是附麗於存在的，有存在，便有希望，有希望，便是光明。如果歷史家的話不是誑話，則世界上的事物可還沒有因為黑暗而長存的先例。黑暗只能附麗於漸就滅亡的事物，一滅亡，黑暗也就一同滅

亡了，它不永久。然而將來是永遠要有的，並且總要光明起來；只要不做黑暗的附著物，為光明而滅亡，則我們一定有悠久的將來，而且一定是光明的將來。

這段話也正是他離開廈門時的心情寫照，他正是懷著希望，懷著掀開新生活的希望，踏上南下的旅程。

黑暗給了魯迅黑眼睛，他卻用之來尋找光明、愛和希望。

四天以後，即八月二十六日，魯迅和許廣平同乘一趟列車南下，向著希望，南下。

（三）為愛而來，為愛而往

我曾經杜撰一個詞，叫「社會接觸不良症」。比如傅雷，有幾次到社會工作的經歷，有的是幾天，最多是幾十天，他一生無法適應社會，只能回到書齋。我覺得，魯迅多少也有「社會接觸不良症」的。在社會上工作，他內心總是比較痛苦。魯迅一生，雖有在社會上工作的經歷，但時間都不長。（他在教育部工作，是個例外。這可能因為在教育部基本上是個閒差，所以他還能待下去。他可以到那麼多所學校兼職，就是證明。）到廈大、中大，魯迅待的時間都很短，為什麼這麼短就「開路」呢？魯迅難以適應這個社會。到上海後，一直到死，魯迅的身分是職業撰稿人了。社會的原因我們是要深究的，以廈門而言，那就是我們以上說的廈大的無聊、無恥等等。但是，我們不得不承認，同樣的環境，有的人就很適應，如魚得水，比如黃堅，魯迅那麼厭惡他，在酒桌上，他還可以嬉皮笑臉地說魯迅也是他的老師。

廈大雖然有上面所言種種不盡人意之處，但這種不利的環境，也不是魯迅所無法忍受的。我們要看到問題的另一面。魯迅離開廈門的原因或許可以找出好幾條，但促成魯迅一定要走的只有一個原因，那就是為了許廣平，更確切地說，是為了他們的愛情。

魯迅沒有過與相愛的人分別的經歷。我估計，在北京時，他與許廣平約定分頭工作兩年，是沒有想到兩年時間會這麼難熬的。實際上，他到廈門不久，就有了要走的念頭。當然，廈門的不如意也是有的，也可以說有不少。但是，當年在北京，應該說他也有類似的境遇，他也還能隱忍。沒有許廣平在廣州，他或許會待得稍長一些？

關於要離開廈大的事，他是反反覆覆地說的。十月十日，魯迅致許廣平信。信中，談了沈兼士「歸心如箭」事，「兼士當初是未嘗不豫備常在這裡的，待到廈門一看，覺得交通之不便，生活之無聊」，所以剛落足就想走了。魯迅說：「此地的生活也實在無聊，外省的教員，幾乎無一人作長久之計，兼士之去，固無足怪。」以沈兼士要走，談到許多人都要走，所以魯迅的決計要走，是必然的。沈「歸心似箭」，魯迅又何嘗不是呢？

許廣平是善解人意的，許廣平是深愛魯迅的。既然魯迅在廈門不開心，她也主張魯迅離開廈大。十月十八日，許廣平致魯迅信，信中說：「中山大學停一學期，再整理開學，文科主任的郭，做官去了，將來什麼人來此教授，現尚未定。你如有意來粵就事，則你在這裡的熟人頗不少，現在正是可以設法的時候，但這自然是你現在的事萬難再做下去的話。」許廣平密切關注著中山大學的情況，郭沫若參加北伐去了，也許魯迅來是合適的？她盼著魯迅到廣州做事。十月二十一日許廣平致魯迅信，其中說道：「倘有人邀你的話，我想你也不妨試一試，重新建造，未必不佳。我看你在那裡實在勉強。」對魯迅在廈門不放心，還是希望他能到廣州來。十月二十三日，許廣平再次希望魯迅能到廣州來：「廣州情形雖云複雜，但思想言論，較為自由，『現代』派這裡是立不住的，所以正不妨來一下。否則，下半年到哪去呢？上海雖則可去，北京也可去，但又何必獨不赴廣東？這未免太傻氣了。」又說：「也因希望你來，故說得天花亂墜……」十月二十七日，許廣平給魯迅寫信，又說到讓魯迅來廣州事：「我希望你們來，否則，郭沫若做官去了，你們又不來，這裡急不暇擇，文科真不知道會請些什麼人物。」又說：「以中大與廈大比較，中大較易發展，有希望，因為交通便利，民氣發揚，而且政府也一氣，又為各省所注意的新校。你如下學期不願意再在廈大，此處又誠意相邀，可否便來一看。」

魯迅要離開廈門，許廣平希望他能到廣州，只要有條件，自然就能成行。中山大學也正好需要魯迅，所以，離開廈門，奔向廣州，很快成了戀愛中的他們的共識。十一月二十五日致許廣平的信中，魯迅說：「我自然要從速離開此地，……」但是，「再在這裡熬半年，也還做得到的……」對此，許廣平在十二月二日的回信中說：「過去的有限的日子，已經如此無聊，再『熬半年』，能保不發生別的意外嗎？單為『玉成』他人而自放於孤島，這是應當的嗎？我著實為難，廣大當然也不是理想的學校，所以你要仍在廈大，我也難於多說。」有點抱怨，字裡行間可見許廣平是多麼希望魯迅能早日來到廣州啊！

許廣平處處為魯迅著想。在給魯迅的信中，說到自己到中大當「中大女生指導員」事，因自己被別人疑為「共產黨」，恐怕連累魯迅，「則似以我不在你的學校為宜。但如果你以為無妨，就不妨向伏園先生說說，我是沒有什麼異議的」。一九二七年一月二日致許廣平信，信中說，他辭去廈大的一切職務，「這事很給學校當局一點苦悶：為虛名計，想留我，為乾淨省事計，願放我走，所以頗為難。但我和廈大根本衝突，無可調和，故無論如何，總是收得後者的結果的。」信中還說：「想來二十日以前，總可以到廣州了。妳的工作的地方，那時當能設法，我想即同在一校也無妨，偏要同在一校，管他媽的。」好一個「管他媽的」，魯迅不再猶疑，而有了大無畏的英雄氣概！魯迅難得罵人，這一罵，居然罵出了愛的深度，妙！

去中山大學的事很快最後敲定。十二月二十三日致許廣平的信中說，中大委員會來信，「言所定『正教授』只我一人，催我速往。那麼，恐怕是主任了。不過我仍只能結束了學期再走，擬即覆信說明，但伏園大概已經替我說過。至於主任，我想不做，只要教教書就夠了。」這一天，許廣平也同時給魯迅寫信，其中說道：「你那些在廈門購置的器具，如不沉重，帶來用用也好。此地的東西，實在太貴，而且我也願意看看那些用具，由此來推見你在廈門的生活。」話說得漫不經心，在我看來，實際上是戀愛中聰明女子的承諾，就是暗示魯迅，我們或許可以如此這般了。

初時所議，魯迅到中山大學的薪水要比廈大少，但魯迅並不在乎，雖然他南下時就是為了賺錢，雖然他因兩次購屋等還負債。十一月二十日，給許廣平的信中說，中山大學薪水雖少，「但我並不計較這一層，實收百餘元，大概已經夠用，只要不在不死不活的空氣裡就好了。」錢多錢少，魯迅不是很計較的，心情好，精神狀態好，這最重要。魯迅還是想做一點有益於社會的事的：「到中大後，也許不難擇一並不空耗精力而較有益於學校或社會的事。」對比廈大，魯迅說：「至於廈大，其實是不必請我的，因為我雖頹唐，而他們還比我頹唐得厲害。」魯迅在談到林語堂辭職事時說，「勸他不少爛在這裡」，一個「爛」字，道盡了魯迅對廈大的絕望，廈大是夠爛的了！在十一月二十五日致許廣平的信中，魯迅說了這樣一句話：「至於我，再在這裡熬半年……」一個「熬」字，也足可看出魯迅在廈門期間精神上的痛苦。

我有一個假設，假設魯迅沒有和許廣平戀愛，他不牽掛廣州，那麼，魯迅待廈門幾年，或許就做成了他計畫要做的《中國文學史》等專著。就是說，魯迅的下半生，有可能不是一個雜文家，而成為一個純粹的學者了。雖然魯迅反覆說，當教師與寫文章是有矛盾的，但是，當老師與搞學術研究卻是不矛盾的。畢竟，魯迅也兼職當了好幾年教師了，當教師期間還有了《中國小說史略》

我們知道，從他們一踏上往廈門和廣州的旅程，就想著、安排著見面，反抗著自己訂下的兩年的時間。許廣平早在赴廣州的船上就寫信給魯迅說：「臨行之預約時間，我或者不能守住，要反抗的。」魯迅在去廈門的船上也在打探從廈門往廣州的最近路程。一個是四十多歲的成熟的中年男子，一個是二十好幾的大姑娘，他們都有過感情上的挫折，又經歷了共同的戰鬥歷程，說他們是烈火乾柴也不為過。

志同道合的戀人，如今天各一方，使魯迅備嘗相思之苦，只得頻頻鴻雁傳書，互訴衷腸。我覺得，廈門期間寫的信，可以看出，魯迅與許廣平不僅有了愛情，甚至也有融融的親情。他們事無鉅細，娓娓道來，絮絮叨叨，魯迅一生中從沒有如此柔軟、溫馨。

倪墨炎說：「魯迅離廈門去廣州，第一的原因，當然是為了提早結束他和許廣平商定的

當初的『合同』，是為了早日結束『兩地相思』。」張恩和也認為，魯迅提前離開廈門最主要的原因是為了許廣平，為了開闢新的生活。張恩和說：「以前許多提法，說魯迅是為了更好革命才提前到廣州，這把很私人的問題革命化了。魯迅是個普通的有血性的人，而不是神。」韓石山說，魯迅和許廣平要「開始一種新的生活」，「這是一個正常人的明智選擇，為了自己的生計，為了自己的幸福，原本是無可厚非的。硬要添上那麼多政治的含意，不是魯迅的過錯，是後世的研究者們的多情。」我深為贊同倪張韓的觀點。

魯迅為了愛情離開北京來到了廈門，如今，還是為了愛情，他前往廣州。

1.「大夜彌天，璧月澄照」

南國廈門的熱風，催熟了魯迅與許廣平的愛情，愛在廣州結果了。高長虹曾自比太陽，魯迅是夜，許廣平是月亮。為了回應高長虹的挑釁攻擊，魯迅直言自己就是「夜」，既然是「夜」，「當然要有月亮的」。在一篇文章之後，魯迅有意寫了一句：「時大夜彌天，璧月澄照，饕蚊遙嘆，余在廣州。」「大夜彌天，璧月澄照」，極富詩意，暗示著夜已擁抱了月，月已融入了夜。喜悅之情，溢於言表——魯迅一生難得有這樣的快感。

為了便於讀者瞭解魯迅、許廣平的生活情狀，我在這裡安排一節他們十年攜手的情況簡介。雖然與廈門無涉，但魯迅的廈門生活，主要是愛情生活，此後，都是他們愛情延伸的結果。

一九二七年一月十八日，魯迅抵達廣州；同年九月二十七日離開廣州。此後，魯迅寓居上海，直到去世。

2. 沒有名份，但有愛……

愛是家的靈魂。魯迅曾經有家，那就是他和朱安的家，但因為沒有愛，這個家只有物質的存在，而沒有愛的歸宿。所以，從本質意義上講，魯迅沒有自己的家。魯迅像浮萍，像落葉，他離「家」出走了，到廈門流浪。許廣平是魯迅的家，許廣平的溫情使得魯迅孤苦的靈魂有了歸宿。如果說，沒有許廣平之前的魯迅過的是不時自虐的苦行僧一般的生活，那麼，有了許廣平以後，他的最後十年，也有了正常的溫馨的帶著人間煙火味的生活。

雖然有愛，但許廣平沒有正式的名份。許廣平是一位具有獨立人格的女性，她和魯迅對新型的家庭有一個共同的認知，認為兩性的結合，「是除了當事人之外，沒有任何方面可以束縛，而彼此間的情投意合，以同志一樣相待，相親相敬，互相信任，就不必有任何的俗套。我們不是一切舊禮教都要打破嗎？所以，假使彼此間某一方面不滿足，絕不要爭吵，也用不著法律解決，我自己是準備著能自立謀生的，如果遇到沒有同住在一起的必要，那麼馬上各走各的路」。事實上，在與魯迅生活在一起的日子裡，許廣平確實是能極其坦然地接受自己

與魯迅的這種「同居」現狀的。許壽裳在《魯迅年譜》中一九二七年十月項下寫道：「與番禺許廣平女士以愛情相結合，成為伴侶。」許廣平定稿時，將這行文字改成六個字：「與許廣平同居」。呂曉英評論說：「在許廣平看來，只要雙方情投意合，兩情相悅，又何必在意那一紙婚姻的『契約』。這與其說體現了許廣平心胸之開闊，思想之前衛，不如說顯示了許廣平善解魯迅的心意，懂得如何為他排憂解難。」沒有愛，有了名份，比如朱安，有什麼用！有了愛，沒有「名份」，比如許廣平，又有什麼關係！

沒有「名份」的許廣平不僅是魯迅生活的伴侶，同時，還擔當起了他的助手的責任。許廣平寫了一首詩，真實地描述他們神聖的結合：

我們的心換著心，
為人類工作，
攜手偕行。
……
在深徹瞭解之下
你說，「我可以愛。」
你就愛我一個人。

我們無愧於心，
對得起人人。

此刻——
有些人忽然要來清算，
橫給我們罪名。
說什麼：「每星期都有信」
好似我從中作梗。

卑鄙的血液染黑了黑夜，
封建的思想盤踞著神經。
他們想拿法律，
殺害普天下人。

在亞當夏娃的心目裡，
戀愛結合神聖；
在將來解放的社會裡，

戀愛，再——
志同道合，成就婚姻。
那言語不通，
志向不同，
本來並不同住的，
硬說「佳偶」，
就是想污蔑你的一生。
真理或有時存在，
我將依著進行，
所有那些狡計，
讓他發昏。

這首詩在魯迅去世後，發表於《中流》一九三七年第一卷第十一期。詩中，可以看出許廣平堅定的愛，在流言和誹謗中挺立不屈並奮然前行的精神。

許廣平精心經營著有愛的家，讓家充滿著愛。

許廣平對魯迅的飲食起居的照顧可謂無微不至，完全地解除了魯迅的後顧之憂。我們已經介紹了魯迅獨自一人在廈門時的生活情況。魯迅常常為飯菜煩惱，坐在椅子上抽菸竟沉沉睡去，以致菸頭燒了棉襖……種種跡象表明，魯迅的生活自理能力不是很強的，獨自一人，他只能湊合著過日子。有了許廣平，終於享受到了愛情的甘露。許廣平覺得他以前的生活太苦了，她要以女性細膩的心、靈巧的手，讓魯迅活得好一些。她悉心照料魯迅的起居、飲食，盡力使他不受到無謂的干擾。她精打細算，勤儉持家，自己做棉鞋，打毛衣，縫衣服。連魯迅的換洗衣服也不請保姆，一概由她自己操持。有客人來家吃飯，她也親自下廚，比如陳賡將軍來訪，史沫特萊、蕭紅辭行……都是由許廣平治饌招待。有許廣平的照料，與過去相比，據章川島說，魯迅的氣色變好了，也比較注意衣著了，「人也胖了一些」。魯迅多次在朋友面前快樂地感嘆：「現在換件衣服，也不曉得向什麼地方拿了。」魯迅過的是「衣來伸手，飯來張口」的生活。

3. 得力的助手

許廣平成了魯迅最得力的助手。她為魯迅查找資料和參考書、校對文稿、抄寫稿件、收寄郵件、接洽出版印刷事宜等等，事無鉅細，許廣平一一辦得周到、妥貼。她偶有一得，也

常常能對魯迅起到啟發、補充，甚至激勵作用。她曾深情地回憶說：「每次文章寫完盡給我先看的，偶然貢獻些修改的字句或意見，他是絕不孤行己意。很願意把它塗改的。」魯迅的重要談話，她注意記錄與整理，以便編輯成書。對魯迅的文稿，她精心保管，哪怕是棄置的零章片頁，也要保存下來。

做為曾經叱吒風雲的學生領袖，做為有文化的覺醒了的時代女性，許廣平有著對人生理想的追求，有著較強的社會工作能力（與魯迅結合前，她是「女師大風潮」的弄潮兒；新中國成立後，她在政務院工作），居滬歲月，她被困在家中，「他的工作是偉大的，然而我不過是做個家庭主婦罷了」，每念及此，難免也會「悲不自勝，責備自己讀了書不給社會服務」，也想再到社會上工作。初到上海時，許廣平曾託許壽裳謀職，並已有了眉目。可是，魯迅需要她這樣一位助手，知道她想去工作後曾為難地說：「這樣，我的生活又要改變了，又要恢復到以前的一個人幹的生活中去了。」為了這話，為了魯迅的事業，許廣平放棄了。

許廣平是寂寞的，整日被家務所淹沒，像一臺不停運轉的機器。她自己也這樣說：「除了理家，除了和魯迅先生對談，此外我自己是非常孤寂的。」她從一個「女活動家」到「家庭婦女」的角色轉變，這種精神上的孤寂是必然的。她終於從一個五四新女性，回歸到相夫教子的傳統女性的生活軌道上去了。

4.「今晚的月亮真好」

對於許廣平獻給他的無私的、真摯的、熱烈的愛，魯迅深有體察，懷有深切的感激。魯迅平時工作很忙，很少有時間和許廣平相對晤談。他經常是晚上工作得很晚，當他收拾好東西準備就寢時，發現許廣平已經酣然入睡。為了做一些彌補，他便盡量在許廣平入睡前，在床邊陪她聊聊天。這時，電燈是不開的，在窗外路燈的映照下，屋裡更顯一番情趣，夫妻兩人都感到生活的溫馨和寧靜。如果窗外是皓月當空，光灑屋宇，魯迅還會說上一句雙關的話：「妳看，今晚的月亮真好。」這是一句只有許廣平才聽得出其中滋味的話，她應會感受到格外的幸福。當他察覺到許廣平疲倦時，會催她趕快休息，抱歉自己不斷工作而沒有更多的時間陪她。於是，臨睡前他會說：「我陪妳抽一支菸好嗎？」他靠在床頭，與她交談大事小事、國事家事。他懷著感激的心情，對勞累了一天的許廣平說：「我要好好替中國做點事，才對得起妳。」

有時，魯迅伏案工作，許廣平坐在邊上看報或做手工，當兩人都感到累了時，便放下工作，一邊飲茶，一邊談天，或者吃些零食。有時，他們也到外面散步，或者一起看畫展，一起看電影。為了感謝和紀念許廣平的支持和幫助，魯迅發表譯著時，特意用「許霞」或「許遐」為筆名，因為許廣平的小名叫「霞姑」。

5. 魯迅的病與死

一九三六年，魯迅一直被病魔所糾纏，身體日漸衰弱。六月五日以後，連堅持了幾十年的日記也中斷了。期間一時頗虞奄忽。許廣平更加忙碌了，服侍吃藥，量體溫，做體溫曲線表，還得帶海嬰，稍有空閒，就得擠出時間看魯迅尚未看完的清樣。吃飯，魯迅只能單獨在樓上吃，許廣平總是把最好的肉、魚，最嫩的蔬菜，選三、四樣端上去，希望他多吃一點，增加一些營養。可是魯迅往往吃不下，又端了下來。「周先生的熱度高，什麼也吃不下，連茶也不想喝，人很苦，很吃力。」她這樣對人說。看到魯迅病成這樣，許廣平在樓下哭了，一俟到樓上，馬上擦乾眼淚，不讓魯迅看見自己的淚眼。

周海嬰的《魯迅與我七十年》中《父親的遺產》一節，寫了作者對母親左上臂內側的「傷疤」的探究：

我漸漸長大開始懂事時，有一回偶爾發現母親左上臂內側深深凹下去，似乎被剜去了一塊肉。我當時撫摸著傷疤問母親，她只回答這是過去的瘡疤。到我長成十幾歲的小夥子，又一次問母親，她才告訴我：那時年少單純，見父親重病纏身，久治不癒，想起書中讀過的「二十四孝」中有一孝，叫「割股療親」，以報養育之恩。我母親便如法炮製，硬是將

> 臂上一塊肉割下來熬成湯藥，讓父親喝了。可見傳統的「知恩圖報」思想是如何深刻地在母親頭腦裡紮了根。

既然是周海嬰說的，我沒有理由不相信。儘管許廣平是一個年輕的知識女性，但是，人在十分無助的時候，有的會喪失理智和理性，這是可以理解的。我以為，此事魯迅肯定不知道，從現有的資料看，魯迅臨死前的理性還是非常堅強的，他如果知道這樣的事，一是會痛罵許廣平，二是拒絕吃人肉。但是，這件事反映了一個客觀事實：許廣平非常非常地愛著魯迅，甚至到了可以為他獻出自己生命的程度。

一九三六年十月十七日，因胡風代為鹿地亙向魯迅請教有關魯迅著作翻譯中的疑難問題，魯迅擔心轉達不清楚，決定親自和胡風一起去訪鹿地亙，當面為其釋難解疑。許廣平試圖阻止，但她見魯迅主意已定，很難更改，便只匆匆在樓梯口追問：「衣服穿夠了嗎？」「車錢帶上了嗎？」這次外出因路上著了風寒，回家以後，天色已晚，到深夜，氣喘發作，許廣平立即讓內山完造請醫生來。醫生到時，魯迅跪坐，呼吸困難，臉色蒼白，冷汗淋漓，下身冰冷。醫生讓許廣平用熱水袋為魯迅暖腳，許廣平一直坐在病榻邊。

十月十八日，魯迅病情惡化。許廣平為他揩手汗時，他就緊緊握住她的手，好幾次都這樣。他說話已很艱難，抑或預感到了什嗎？想說又無法說，只能緊握她的手，牽掛著她？牽掛著

生？十月十九日凌晨一點，病重的魯迅艱難地對許廣平擠出了這幾句話：「時候不早了，妳也該睡了。」這竟是他留給許廣平的最後一句話。只有許廣平知道她的魯迅還有多少事要做，還有多少文章沒寫完，還有多少構思沒有實現，可是年僅五十五歲的魯迅還是離去了。

許廣平肅然佇立在魯迅墓前，手裡捧著《致魯迅夫子》的墓碣，上面寫著：

魯迅夫子：

悲哀的氛圍籠罩了一切，

我們對你的死，有什麼話說！

你曾對我說：

我好像一隻牛，

吃的是草，

擠出的是牛奶、血。

你「不曉得，什麼是休息，

什麼是娛樂。」

工作，工作！

死的前一日還在執筆，

如今……

希望我們大眾，

鍥而不捨，跟著你的足跡！

人生朝露，唯愛長在。有的人死了，也就死了，魯迅死了，卻永遠活在許廣平的心中，活在她的靈魂裡，骨髓中。

6. 活在魯迅的世界

在《芥子園畫譜三集》首冊的扉頁上，魯迅題詩贈與許廣平：

十年攜手共艱危，

以沫相濡亦可哀；

聊借畫圖怡倦眼，

此中甘苦兩心知。

「此中甘苦兩心知」是魯迅和許廣平愛情生活的真實寫照。張恩和先生寫道：「這短短的四句詩，是怎樣簡練深刻地概括了他們相愛相戀共同生活的情況，也表明魯迅對許廣平是懷著怎樣的感激之情啊！攜手共艱危，以沫相濡濕，確實表明了當時生活的艱難，也確實表

明了他們夫妻之間深厚的感情。」

許廣平在回憶這段生活時說：「從廣州到上海以後，雖然彼此朝夕相見，然而他整個的精神，都放在工作上，所以後期十年間的著作成績，比較二十年前的著作生涯雖只佔三分之一，而其成就，則以短短的十年而超過了二十年，這也許到了現在想起來，於萬分自愧中稍可聊以自慰的了。」由此可見，許廣平一直以幫助魯迅工作為慰籍，也正是由於許廣平的精心照料，魯迅才能全身心地投入創作，致使後十年的時間取得斐然的成就。完全可以這樣說，魯迅取得的巨大成就中有許廣平的一份功勞。許廣平不愧為魯迅的愛人，不愧為偉大的女性。

對於許廣平為魯迅做出的貢獻，周海嬰多次提及：「父親在跟母親共同生活的十年中，在寫作方面所取得的成績竟超過了此前的二十年，這就是對我母親自我犧牲所做出的巨大報償。如果沒有母親的精心照顧和協同作戰，父親就不可能做這麼多的工作，甚至可能會更早地被死神奪去生命。」「父親逝世前對社會的貢獻，是母親幾經權衡，以放棄自己的工作去協助父親而取得的。她的選擇是值得的。」

魯迅的朋友、美國女作家史沫特萊是這樣描述並盛讚魯迅與許廣平的夫妻關係：

> 無論是誰，凡知道他們的人，就知道他們的結合是建立在深深的愛和同志情誼之上的。他的夫人絕不是臥室裡一件安適的家具，她乃是他的共同工作者，在某些地方她還是

他的左右手。如果離開她，她的生命便不可想像。他縱然在病中和面對死亡的時候，除非有她作伴，他拒絕到任何地方去診治。……自從我來到中國，我很少或幾乎不曾見過男女之間有這樣真摯的愛和這樣可敬的同志之誼。

魯迅去世後，許廣平感受到了前所未有的孤單和無助。她帶著幼兒，在苦境中掙扎。她把魯迅一生的朋友許壽裳也當作自己的親人，在一九四〇年四月一封寫給許壽裳的信中，她把魯迅去世後鬱積多年的苦水噴發而出，其呼天嗆地、肝腸寸斷的文字，讀來令人落淚！信很長，足有三、四千字。信中有這樣幾句：「先生、先生！此苦只有向先生訴矣！三餘年以來，生為了周先生死去，內心悲愴，白日勉為歡笑，清夜暗自垂淚：髮已半白，垂垂老矣。然仍力爭上流，不敢稍有辱沒周先生處。」

在艱難的歲月裡，許廣平搜集、整理並主持編輯了《魯迅全集》、《魯迅書信集》、《魯迅日記》以及其他許多魯迅的譯文。一九四九年後，她將魯迅的藏書和魯迅使用過的一些物品捐獻給了國家，幫助國家在北京和上海籌建了北京魯迅博物館和上海魯迅紀念館，為保護魯迅的文化遺產和魯迅的研究工作做出了不可磨滅的貢獻。

魯迅去世後，許廣平寫有大量的回憶、紀念和研究魯迅的文章，先後結集出版的有《欣慰的紀念》、《關於魯迅的生活》、《魯迅回憶錄》等。一九九八年一月，由周海嬰編訂的《許

廣平文集》由江蘇文藝出版社出版，目前為止，這是一套比較完整的許廣平著作。許廣平因其特殊的身分，對魯迅研究的歷史性貢獻是無人可以企及的，更是無人能夠取代的。一九四九年以後，因為受了時代的侷限，她的有關魯迅研究的文字中，雖然不乏拔高的成份，不得不為魯迅戴一頂紅帽子。但總體而言，她是把魯迅當作一個普通人來研究的，正如呂曉英所言，「她反對把魯迅奉為神，當成偶像，甚至化石。她筆下的魯迅為兄弟無私奉獻，與妻子情真意切，對幼子疼愛有加，思老母殷殷牽掛，待朋友既講立場原則又不糾纏於個人的恩怨」。

魯迅臨死前的一九三六年九月五日寫了一篇《死》的文章，研究者一般都將其看作是魯迅的遺囑。其中有一條：「忘記我，管自己生活。——倘不，那就真是糊塗蟲。」這一條應是專門針對許廣平的。然而，要忘記一個人，真是談何容易。對許廣平而言，魯迅是刻骨銘心的，甚至浸透進了骨髓和血液。她忘不了，她剩下的日子都生活在魯迅的世界裡。劉皓在《我所瞭解的許廣平及其心目中的魯迅》一文中提到這樣一件事：魯迅去世後，宋慶齡曾勸許廣平「再找一位情投意合的人」，並且好言開導。但許廣平說：她和魯迅先生的感情極深，對魯迅的懷念和眷戀之情始終如一。許廣平怎麼也忘不了魯迅，她只有沿著魯迅的道路繼續走下去。魯迅逝世時，許廣平僅三十六歲，她不但沒有改嫁，反而代替魯迅供養魯迅的母親和魯迅原配夫人朱安，並且撫養她和魯迅的兒子長大成人。總而言之，事實是，魯迅去世後，許廣平一直是一個人帶著孩子度日。

一九六八年三月二日，許廣平為追查一九六七年一月初「中共中央文化革命領導小組」從文化部劫走的一〇五四件魯迅書信手稿，寫信向中共有關方面報告，因激動而未能安眠，次日在董秋斯寓因談起此事而心臟病猝然復發，經搶救無效而在北京醫院逝世」。

魯迅去世後，她活在魯迅的世界中；最終，她還是為了魯迅而死。

四、胡適與韋蓮司：友誼與愛之間？

魯迅與朱安婚前有琴姑可說，與許廣平同居前有許羨蘇可提。可說的也就是這些，其中包含著不少推測與猜測的成份。我要表達的意思是，魯迅婚前沒有愛情，如果說，他與許廣平的結合才是本質意義上的婚姻的話，婚後也沒有婚外情。魯迅畢竟如韓石山所言，個子太矮，且還邋遢，不修邊幅，頭髮長得像刺蝟一樣，甚至還穿著打補丁的衣服，魯迅的思想也不是妙齡女子所能領會的，而且，因為思想的沉重，成天板著臉，酷酷的，像高倉健一樣，似乎不會笑，誰會愛魯迅呢？我想，那些明裡、暗裡戀著胡適的女子，一般是不會愛上魯迅這樣的糟老頭和孤獨者的。

胡適則不一樣了，是個帥哥，白淨，斯文，有博士、教授和大使等好頭銜，還有難得的好脾氣，一走出來就是一個名副其實的正人君子。胡適與魯迅是相反，婚前是心旌飄搖，婚後是躍躍欲試、紅杏出牆。

婚前，胡適在愛情上不得不說的應該有韋蓮司和陳衡哲。

1. 胡適接觸的第一個美國年輕女性

先說韋蓮司。

一九一〇年九月胡適考取了庚子賠款留學生，進入美國康乃爾大學學習農科。在胡適七十一年的生命歷程中，在美國生活了二十六年又七個月，應該說他成年後的日子有一半是在美國度過的。

一九一四年六月，一個夏日的星期一，胡適訪問康乃爾大學地質學亨利．韋蓮司教授的次女韋蓮司小姐（Miss Edith Clifford Willams 一八八五－一九七一）。這是胡適到美國四年來第一次到女生宿舍。

胡適小時候是在母親這樣家鄉沒有什麼見識的女人身邊長大；到上海讀書後，在風月場中也時有嬉戲，那些老鴇、妓女們的見識也大不到哪裡去；到了美國，可能時時想著自己是有未婚妻的人，想著不違忤母親，寡母的眼睛時時盯著他哩，也不排除自己因襲著沉重歷史而滋生的自卑感和心理障礙，思想上有所顧慮。有了這些無形的壓力，他在年輕女子面前自然也就一時瀟灑不起來了。總之，胡適與女同學幾無往來。從某種程度上說，韋蓮司既是他接觸到的第一個美國女性，又是第一個有不凡見識的女性。

不過，據有關傳記記載，雖然胡適感覺韋蓮司小姐讀書甚多，和自己頗談得來，但胡適當時是拘謹的。韋蓮司問他：「你好像不喜歡和女士交際？」胡適答：「也不全是，我和中年以上的女士還是有交往的。」

胡適給韋蓮司的印象是他不善於與女性交往。胡適似乎自己也意識到了這點，故在日記裡發了一通議論，對自己的性格做了一番檢討，認為有必要改變過去那種孤僻的個性，他說：「余甲辰去家至今甲寅，十年之中，未嘗與賢婦人交際，即在此邦，所識亦多中年以上之婦人，吾但以長者目之耳，於青年女子之社會，乃幾裹足不敢入焉。其結果遂令成一社會中人，深於世故，思想頗銳而未嘗不用權術，天真未全漓，而無高尚純潔之思想，亦無靈敏之感情。吾十年之進鏡，蓋全偏於智識一方面，而於感情一方面幾全行忘卻，清夜自思，幾成一冷血之世故中人，……今後當注重吾感情一方面之發達。吾在此邦，處男女共同教育之校，宜利用此時機，與有教育之女子交際，得其陶冶之益，減吾孤冷之性。」（《胡適留學日記》）可見，這次與韋蓮司的見面對胡適來說，是大有感觸的，他甚至由此注意到了自己的性格弱

點問題。

也許因為與年輕女性交往得少，或一定程度地避免了「泛愛」，韋蓮司還是很快走進了他的生活，他很專注地與韋蓮司往來著。從此，韋蓮司小姐成為與他交往四十八年的紅顏知己。在四冊胡適留學日記中，有四十四頁的內容與韋蓮司有關。

2. 胡適的「舵手」

韋蓮司一九六五年曾為胡適夫人江冬秀提供一份自傳，她一八八五年四月十七日生於紐約綺色佳市，要比胡適大六歲。她的父親是耶魯大學的博士，長期擔任地質學和古生物學教授。母親是一位賢妻良母型的女性，將她的一生奉獻給了家庭。她本人所受的正規教育並不多，剛與胡適交往時，對美術創作感興趣，後來感到自己並沒有太大的才華，完全放棄了繪畫。一九二〇年至一九四六年，她一直擔任康乃爾大學圖書館館員，同時擔負起整理家庭檔案的責任。一九六〇年起，她遷居到巴勒比海東南方的一個小島巴貝多，住在島上首府橋頭鎮。當時這裡還是英屬殖民地，一九六六年才宣告獨立。我們不能說韋蓮司是因為胡適而不出嫁，但事實上她是一個至死不曾嫁人的老姑娘。

韋蓮司不是一個十分漂亮的姑娘，她在致胡適的信中是這樣描繪自己的：「胸部扁平而又不善於持家」，「頭腦不清而又不得體」，「是個又醜又無風韻的女人」，「是個很卑微的人」。然而，她在胡適心目中，卻是個新女性的理想典範。胡適第一個有深入交往的美國年輕女子就是韋蓮司。我以為，事實上韋蓮司也只是一個普通的美國女子，但她因為自身體現著美國的價值觀因而事實上是代表著美國的價值觀而與胡適交往的，她是一顆普通的美國蘋果，但對於從來沒有領教過美國蘋果的人，這顆蘋果自然有了標本的意義；換言之，很大程度上胡適是透過韋蓮司看美國年輕女子甚至美國社會的。總之，韋蓮司代表著足以讓胡適驚喜的別一世界，那別樣的既是美國又是異性的世界。胡適在日記中寫道，韋蓮司「其人極能思想，讀書甚多，高潔幾近狂狷，雖生富家而不事服飾；一日自剪其髮，僅留二三寸，其母與姊腹非之而無可如何也，其狂如此」「……女士見地之高，誠非尋常女子所可望其肩背。余所見女子多矣，其真能具思想、識力、魄力、熱誠於一身者唯一人耳。」「其待人也，開誠相示，傾心相信，未嘗疑人，人亦不敢疑也；未嘗輕人，人亦不敢輕也」。五四新文化運動中，胡適對中國婦女解放問題多有見解，而首先得到啟發的還是美國的韋蓮司。「吾自識吾友韋蓮司女士以來，生平對於女子之見解為之大變，對於男女交際之關係亦為之大變……唯昔所注意，乃在為國人造賢妻良母以為家庭教育之預備，今始知女子教育之最上目的乃在造成一種能自由能獨立之女子」。總之，留學時代的胡適認為，在與韋蓮司的交往中，自己「一直是一個受益者」，韋的談話總是啟發他去「認真的思考」，在致韋蓮司的信中，胡適甚至

稱她為「可以導自己於正確航向的舵手」。

胡適跟韋蓮司之間交流的範圍相當廣泛，涉及政治、宗教、文學、哲學等方面。他們月下散步，湖邊談心，尺牘傳情，雙方都深深地欣賞、愛慕對方。韋蓮司的灑脫獨立的個性吸引著胡適，兩人在朝朝暮暮的敘談中品詩論文。韋蓮司是搞藝術的，正在紐約藝術學校讀書，胡適的文化底子是很厚的，所以他們之間談論藝術、談論天下大事，漸漸的感情越來越深。

3. 友誼還是愛情？

一九一五年秋，胡適轉入哥倫比亞大學，與韋蓮司同在紐約，他們經常約會，還經常通信，短短的兩年，他竟寫給韋蓮司一百多封信。

從一九一四年開始，到一九一七年六月胡適歸國，在這三年中，胡適與韋蓮司之間雖然互相傾慕，但確實是發乎情、止乎禮。陳漱渝先生指出：「這主要是因為胡適有婚約在身，他不忍違拗慈母的意志，『甘心為愛我者屈』。另一方面，韋蓮司的母親也從中作梗。這位虔誠的基督徒雖然對中國留學生關懷有加，對胡適也以『母親』加『朋友』的身分相待，但她卻不能允許胡適這位已經訂婚的異教徒跟她女兒發生戀愛關係。她不允許女兒與胡適單獨相處。胡適抗議說：『韋蓮司喜歡自由。』韋母回答：『這正是我所不喜歡的。』為此，胡適於一九一六年一月二十七日給韋母寫了一封長信，指出『在奴役和自由之間沒有中間地帶』。

至於韋蓮司本人，當時的態度似乎比胡適更加理智，以致胡適對她無心做出了『略嫌無禮』的舉止或動作之後十分惶恐，深怕她『有所誤會』。韋蓮司還告誡胡適，男女之間交流的精華是精神的，而非肉體的，應該從性吸引中掙脫，『轉向對更深含意的友情的重視之中去』。」（《胡適心頭的人影》）

胡適與韋蓮司到底是友誼還是愛情，曾經有不同的見解。唐德剛先生在《胡適雜憶》一書中認為，留學期間胡適真的追求過韋蓮司，假如韋女士有意嫁給他，江冬秀就只好活守寡了，但「適之先生是位發乎情、止乎禮的膽子君子。搞政治，他不敢『造反』；談戀愛，他也搞不出什麼『大膽作風』。」夏志清認為，胡適是「止乎禮」的膽小君子，看樣子並沒有和韋蓮司談過戀愛。唐的觀點是，韋蓮司無意嫁給胡適；夏的觀點是，他們甚至沒有談過戀愛。好在夏志清還說到，如果研究了臺灣「中央研究院」保存的胡適給韋蓮司的信件，真相也可大白。

普林斯頓大學東亞系周質平教授一九九八年三月和一九九九年六月先後整理出版了《胡適與韋蓮司：深情五十年》（北京大學出版社一九九八年版）《不思量自難忘——胡適給韋蓮司的信》（安徽教育出版社二〇〇一年版），特別是後者，披露了臺灣胡適紀念館保存的韋蓮司生前提供的胡適給她的信函、電報和明信片，實現了夏志清先生「真相也可大白」的夙

願。朱洪先生在《胡適與韋蓮司》（湖北人民出版社二〇〇三年九月版）一書的「後記」中，將這個「真相」歸納為三點：一、胡適留美期間和韋蓮司交往甚密，礙於胡適的母親，胡適沒有取消與江冬秀的婚約，婉拒了韋蓮司的追求；二、他們的友誼一直保持到一九六二年二月胡適去世為止，歷時四十八年；三、一九三三年秋天，即胡適畢業後第二次訪美時，他和韋蓮司的關係超越了一般朋友的界限。

一九一七年六月，胡適與韋蓮司分別後，一直到了一九二七年三月才見面，分別將近十年。

一九二七年初，胡適出席中英庚款委員會會議後，經由歐洲赴美，滯留了三個多月。這年三月，胡適重訪綺色佳，與分別十年的韋蓮司重聚。陳漱渝說：「他們在一起的時間雖然不長，但纏綿繾綣，感情發生了深化。其旁證，就是胡適跟韋蓮司分手之後寄了一張明信片，表示整個美洲大陸『也阻隔不了我對綺色佳的魂牽夢繫』。在這裡，『綺色佳』肯定就是『韋蓮司』的同義語。同年四月五日，韋蓮司在致胡適的信中更是充滿了對他們離合聚散的無奈與辛酸。她明確指出胡適跟江冬秀『同是一個不合理制度下的犧牲品』，但她和時表示她雖然喜歡從胡適身上得到心智上的啟發，但並不指望得到任何其他的東西。這封信還透露，她這次跟胡適在一起時，還談到了嫉妒跟愛情的關係。她明確表示不會在信中寫出對胡適妻子不忠的東西。『讓你走，是如此的艱難』——這是韋蓮司跟胡適分手時的心語，說明他們內心都經歷了理智與激情的劇烈搏鬥。」

4.「超越了一般朋友的界線」？

此後，身處異地的胡適與韋蓮司常有書信往來，共敘衷腸。一九三三年胡適做為文化使者應邀訪美時，這對有情人終於「超越了一般朋友的界線」。

一九三三年六月十八日至十月五日，胡適三度赴美，主要是應芝加哥大學之邀演講《中國文化的趨勢》及儒教的新趨勢，又去加拿大參加太平洋國際學會第五次大會。在此期間，四十三歲的胡適跟四十八歲的韋蓮司再度相逢。此時，他們之間的關係是顯然發生了質變。確鑿的證據就是韋蓮司致胡適的兩封書信。她在一九三三年九月十三日的信中寫道：「我整好了我們那個小得可憐的床……我想念你的身體，我更想念你在此的點點滴滴。我中有你，這個我，渴望著你中有我。」在這封信的開頭韋蓮司痛心地說：「我沒法照顧我們的後代。」在同年九月二十七日致胡適的信中她又寫道：「你已經全然的瞭解了我，胡適——你是不是更喜歡那個幻象中的女子呢？她也許很美妙，但她畢竟是我，那個胸部扁平而又不善於持家的我，那個頭腦不清而又不得體的我，是這個我觸摸到了你的身體和眼睛。我簡直不能相信，你竟愛上了這麼一個可憐的東西，然而，你的愛卻裹住了我。」（周質平：《胡適與韋蓮司》）

透過上述文字，我們清楚地看到在胡適與韋蓮司之間已經發生了什麼事情。此時，近五十歲的韋蓮司感到似乎又回到童年，她多麼希望能跟胡適快快樂樂地白頭偕老！在韋蓮司的生命史上，胡適是她唯一鍾愛的男人，「唯一一個願意嫁的男人」。她明確向胡適表白：「我崇拜你超過所有的男人……」在感情達到高潮的時候，韋蓮司無視橫亙在她跟胡適之間時空距離，她覺得那道隔離她跟胡適的高不可測的石牆頃刻之間就會坍塌。但回歸冷靜和理智的時候，韋蓮司又清醒地認識到，無情的現實使她不可能得到全部的胡適。她對胡適說：「在我一生之中，有一種苦行僧的傾向，對於我自己非常渴望的東西，我寧可全部放棄，也不願僅取其中的一小部分。」但實際上，在跟胡適交往的全過程中，她所能取的畢竟只有「其中的一小部分」，而不可能像她指望的那樣，「像兩條溪流，奔赴同一山谷」。

此後，亦有美國男人向韋蓮司求愛，也許是曾經滄海難為水吧！她一律婉拒了。一九五三年七月，胡適夫婦同訪綺色佳，在韋蓮司寓所住了將近一個月。

一九五八年七月，在胡適準備離美赴臺就任「中央研究院」院長前夕，韋蓮司特意給江冬秀打製了一套銀製餐具，請工匠在上面鐫刻了「冬秀」二字。她還一反原本豪放的作風，過於謙遜地給江冬秀寫了一封短信：「我感謝妳接受像我這樣一個沒有訓練又沒有價值的人做為妳的朋友。」

一九六二年二月二十四日下午六時三十分，胡適對他的院士同仁說著「大家再喝點酒」時突然倒下了……凶信像惡浪一樣狠擊了巴貝多島上的韋蓮司，但她蒼老的心沒有被擊碎——

> 親愛的胡夫人：
>
> 多年來，妳一直生活在一棵大樹的餘蔭之下；在妳年輕的時候，也曾築巢枝頭……而今，這棵大樹倒下了……我最珍惜的，是對妳的友誼的追懷，和對這棵大樹的仰慕……

一九六二年十月十五日，胡適遺體歸葬臺北南港「中央研究院」門口對面的舊莊墓園。七十七歲的韋蓮司不能越洋來參加葬禮，她委託胡祖望，在她這位相知五十年故友的墓前，獻上「一個小小的不顯眼」的花籃，花籃裡有十束花，「每五朵分裝成一束，也許可以用白色而芬芳的水仙，或類似的花朵」；此外，「我想捐一筆錢，做為你父親文章英譯和出版的費用。這件事不必說出去，就簡單的匯入中研院做為這個用途的基金就行了。」（一九六二年十月一日，致胡祖望函）

捐贈出版基金事，早在一九五九年時韋蓮司就有了構想。她在當年十二月十一日祝賀胡適六十八歲生日的信中曾說「長久以來，一直有一件在我心中想告訴你的事」，「我有些不自量力，也有些猶豫，想幫你做一件事」，「我想為你重要著作的出版和英譯盡些微薄的力量，

比如，你早年所寫那些具有啟發、充滿活力和創造力的作品，都是用中文寫的」。她認為英譯胡適這些著作，需要花錢，當時她預想自己會死在胡適之前，因此她「確定，在我身後，有筆款子專門用做這個目的」。「這筆款子也許不過幾千塊錢，但如果應用得當，可以用這筆款子做為開始，逐年遞加，結果可以成為一筆可觀的基金」。第二年，一九六〇年七月九日，韋蓮司在給胡適談動遷巴貝多島計畫的信中，又一次提到「我稍早提到出版（你的著作）的計畫，你的看法如何？」

韋蓮司雖出生教授之家，但此時父母、兄弟均亡故，自己也早已退休，僅靠有限房租維持清淡的晚年生計，這幾千美元的「基金」，數目並不太大，但肯定是她一生的積蓄，份量可不輕，所以當年胡適在世時，也許不忍拂她的好意，也許想得更遠，因為這是一個龐大的計畫，沒有正面答覆，「容我考慮過後，再寫信給妳」（一九五九年十二月二十二日）。以後便迴避了此事。如今他突然走了，韋蓮司念念不忘，覺得祭奠於他墓前，沒有比這筆「基金」更現實更有人情味的了。

韋蓮司還有一份更為厚重的「喪儀」，就是整理並無條件奉獻了胡適生前寫給她所有的書信。

胡適早年留學期間（特別一九一五年、一九一六年）思想感情變遷的「真我真相」（胡適語），多留跡在他給韋蓮司的百餘件書信中，這是研究胡適的第一手珍貴資料。韋蓮司出於對胡適的摯愛，悉心保存了胡適給她的書信。這些信件基本上分兩組：一、一九一四年—一九一八年，計六十函；二、一九二三年—一九四五年，計信三十六函，明信片、電報若干。這些信函中，最早的一封是一九一四年十一月二日寫的，最後一封是一九六一年四月二十三日，這是胡適因心臟病第二次住院，出院後暫住臺北福州街二十六號臺大學人住宅樓，進行病後觀察休養的第二天寫的。看來韋蓮司仍是他心中最重要的人。在當時，他對身邊人說：「這次病好了，希望能在這撿來的十年中，做一些更實際的工作。」可見胡適對生的要求是強烈的，但天不遂人願，只有十個月的時間，他匆匆走了。韋蓮司清點、整理後，在郵寄原件之前，為保證安全，在巴貝多島對上述信件全部進行了複印，於一九六五年一月初寄往臺北江冬秀。

「除了我曾經做為這批信件的收信人以外，我這一生沒有任何重要性。」韋蓮司在寄出這批信件後，應江冬秀要求介紹自己生平時說：「我非常希望不要公開我的身分，我無非只是一個幸運的胡博士書信的接受者。」

這些都是二十世紀上半葉頗屬陳舊的故事了，但想想「一個八十歲的老小姐，整理了伴著她度過了五十個年頭的書信，而今要將這批書信寄給萬里之外寫信人的妻子。這裡頭有半世紀的深情，五十年的寂寞。多少悲、歡、聚、散，都伴隨著信件的寄出而成為空寂！」（周

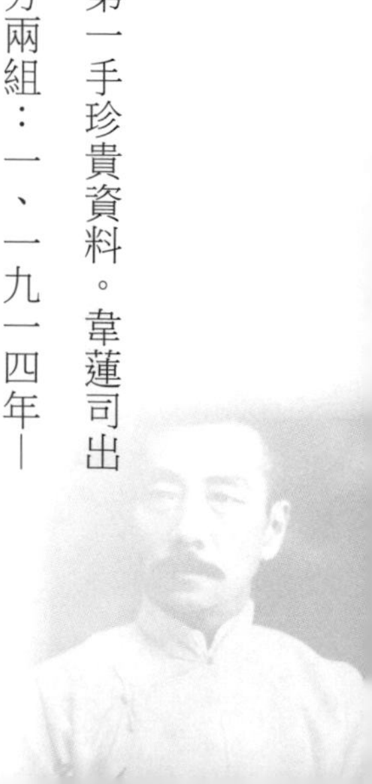

質平語）

一九六五年以後，韋蓮司孤獨地面對加勒比海的「浩瀚的海洋和無邊的天際，看驚濤拍岸」，空寂地又生活了六年，在和胡適歸天的同個月裡，於一九七一年二月二日，走了，享年八十六歲。

五、胡適與陳衡哲：愛與友誼之間？

1. 新文學運動第一個女作家

留美期間，關於胡適的愛戀，除了韋蓮司之外，不得不提及的還有中國留學生陳衡哲。

陳衡哲（一八九三—一九七六），歷史學家、小說家、散文家。筆名莎菲。湖南衡東石灣人。其祖父陳梅村是清朝進士，共有十三個子女，陳衡哲的父親是幼子，也擔任過清朝的官吏，共生五個子女，陳衡哲排行第二。她在《自傳》裡說：「我的祖父是湖南衡山人（按：後劃為衡東），但因我的祖母和母親都是江蘇武進人，我自己又是生在那裡的，所以就算是武進人。」陳衡哲從小聰慧好學，自幼受從政兩廣的舅父的影響，遊歷廣東，接受新思潮。十八歲隨舅父到上海，就讀蔡元培創辦的愛國女校。為抗父母包辦婚姻，逃到鄉下姑母家，得到支持。一九一四年清華學堂招收留美女學生，經過考試，她入美國瓦沙女子學院，專修西洋歷史，兼學西洋文學。她給自己取了一個美麗的英文名字 Sophia，即中文的「莎菲」。一九一八年在瓦沙女子學院獲文學學士學位後，又進芝加哥大學繼續學習。一九二〇年獲碩士學位，並回國到北京大學任教。曾先後擔任過北京大學歷史系、南京東南大學歷史系、四川大學歷史系教授。陳衡哲先後出版的學術專著有《文藝復興史》、《文藝復興小史》、《西洋史》（上下冊）等。陳衡哲是中國現代文學第一代女性作家，與謝冰心、凌淑華、馮沅君、黃廬隱、蘇雪林一樣馳名。「作家而兼學者」的陳衡哲，文學只是她治史之外的「餘事」，她曾表白過：「我既不是文學家，更不是什麼小說家，我的小說不過是一種內心衝動的產品。它們既沒有師承，也沒有派別，它們是不中文學家的規矩繩墨的。它們存在的唯一理由，是真誠，是人類情感的共同與至誠。」做為作家，她的創作並不豐富，只有短篇小說集《小雨點》，散文《陳衡哲散文集》（上下兩卷）和用英文寫作的《一個中國女人的自傳》等，胡適讚譽她「身上每一個細胞都充滿著文藝氣息」，她是新文學史上頗有貢獻的女作家。

2. 胡適愛女的名字

說起胡適與陳衡哲，當從唐德剛的《胡適雜憶》說起。唐德剛認為胡適與陳衡哲的關係，當與曹佩聲、韋蓮司無異。胡適曾愛慕陳衡哲，但他至死不承認，卻給自己的女兒取名叫「素斐」，素斐即 Sophia，也即「莎菲」，正是陳衡哲的英文名和筆名。

胡適與陳衡哲有沒有愛情？這是一個問題。如果有的話，那也只能是柏拉圖似的精神戀愛。這種精神上的愛戀、心靈的軌跡，胡適還是掩飾不掉的。唐德剛寫道：

胡適之先生平生最反對人取洋名字。但是他卻把他自己的偏憐獨女取個洋名字叫「素斐」！……「素斐」者，Sophia也，「莎菲」也！「為憐綠羅裙，處處憐芳草！」這位多情的博士一九二七年重訪美洲，二月五日在僕僕風塵之中，做了這個「醒來悲痛」的夢！是「夢見亡女」嗎？對的！他夢見「素斐」了。

我把胡公那首詩裡的他那「亡女」的名字，換成英文……就明白了！

Sophia，不要讓我忘了，

永久留作人間痛苦的記憶。

這不是一首纏綿悱惻的一石雙鳥，悼亡，懷舊之詩嗎？……

夏志清對唐德剛「道破胡適為愛女取名用心良苦這一點」十分心折，他在為唐著作的序中說：「他騙過江冬秀，給自己的女兒取名素斐（Sophia），雖不能說紀念他和陳衡哲那段舊情，至少也希望女兒長得像瓦莎學院優等生莎菲一樣的聰明好學，而一點也不像她生母那樣的庸俗。」

3. 「朋友之『友』不可友」

那麼，胡適和陳衡哲之間到底是怎樣一種關係？發生過什麼嗎？做為背景，在敘說胡適與陳衡哲之前，應該先說一番「三個朋友」——胡適、任叔永、陳衡哲——之間的往事。

任叔永與胡適是中國公學的同學，一九一一年赴美留學又與胡適同在康乃爾大學，又同為《留美學生季報》的編輯，彼此交情甚厚。任叔永收到莎菲寄來的稿子《來因女士傳》，編輯與作者，他們就這麼相識了。任叔永雖然早有妻室，但不失時機地在第一時間追求陳。接著，莎菲參加了任叔永任社長的「中國科學社」（胡適、趙元任、楊杏佛、胡達等均為第一批社員），並為該社的雜誌《科學》寫稿。總之，任叔永認識、追求陳衡哲在先。

從現在的若干史料看，胡適在很大程度上傾慕陳衡哲。當時，胡適在美國留學學生中，屬出類拔萃者，處處演說，時時發表英文文章，人又生得瀟灑英俊，因此，深得女孩子歡心，陳衡哲似乎也不例外。然而，胡適是一個很遵循傳統道德的君子，他知道任叔永正在追求陳衡哲，「朋友之『友』不可友」是當時留學生很講究的一項俠義傳統。任叔永可以說是胡適的老大哥，革命黨，莎菲小妹是老大哥介紹的，君子胡適豈能奪人之愛？他不會做違背這一傳統的「第三者」。更何況胡適是一大孝子，母親已在家鄉給他與江冬秀女士訂下了婚約，

他也不會輕易違抗母命。夏志清說：「但我認為假如胡適尚未訂婚，他一定會努力去追求莎菲女士的；論才情任不如胡，看樣子莎菲也會嫁給胡適的。」這是一種合乎情理的假設，現在的事實是，胡適已經訂婚。應該說，這一點，書生胡適不如他老大哥任叔永有魄力，任不是訂婚不訂婚的問題，而是已有妻室，照追不誤！

一九一六年十月，經任叔永牽線，胡適才與陳衡哲通信。一九一七年四月七日，又由任叔永陪同，胡適與陳衡哲才見了第一面。胡適在《藏暉室札記》中這樣記著：「四月七日，與叔永去普濟佈施村訪陳衡哲女士。吾於去年十月始與女士通信，五月以來，論文論學之書以及遊戲酬答之片，蓋不下四十餘件。在不曾見面之朋友中，亦可謂不常見也。此次叔永邀余同往訪女士，始得見之。」這也是胡適在北美讀書期間與陳衡哲唯一的一次見面。五月二十二日，胡適博士論文口試後，六月初便匆匆回國，徑往老家績溪與江冬秀完婚去了。

4.「芝麻綠豆」中或有愛情？

最讓後人津津樂道的是胡適致陳衡哲的那四十多封書信。從一九一六年十月開始書信、詩文往來，在五個月多一點的時間裡，胡適寫給陳衡哲的信有四十多封，每個月有將近十封的信，有人據此認定胡陳戀愛了。胡適自己也覺得這不是尋常之事，一九一七年四月七日的日記記載：「吾去年十月始與女士通信，五月以來，論文論學及遊戲酬答之片，蓋不下四十餘件。在不曾見面之朋友中，亦可謂不常見者也。」這些信中，不僅有嚴肅的學術探討，表示他們有不少意氣相投之處，而且還有戲言與調侃，這大約正是胡適所言的「不常見」之處吧。對此，唐德剛先生在《胡適雜憶》中有一段「古怪」的「酸話」：「這些算不算『情書』呢？當然不算。他們青年男女信上所談的只是文學、哲學和日常生活上芝麻綠豆小事而已。但是怎樣寫才算是情書呢？林姑娘的『題帕詩』也不過是偶然間的文學創作罷了；而『魯迅』與『廣平兄』所通的《兩地書》，卻連『文學』也談不上；他們所談者，芝麻綠豆小事而已！」「芝麻綠豆」中有情愛或愛情？唐德剛所言「芝麻綠豆」之「遊戲酬答之片」是些什麼東東呢？我們不妨試舉一列：一九一四年十一月一日，胡適寄給陳衡哲女士信中云：

妳若「先生」我，我也「先生」妳。
不如兩免了，省得多少事。

十一月三日，陳衡哲即以詩歌方式，答胡適信時駁問：

所謂「先生」者，「密斯特」云也。
不稱你「先生」，又稱你什麼。

不過若照了，名從主人理，
我亦不應該，勉強「先生」你。
但我亦不該，就呼你大名。
還請寄信人，下次來信時，申明要何稱。

胡適讀後又回信云：

先生好辯才，駁我使我有口不能開。
仔細想起來，呼牛呼馬，阿貓阿狗，有何分別哉？
我戲言，本不該，
「下次寫信」，請妳不用再疑猜。
隨妳稱什麼，我一一答應響如雷，
絕不再駁回。

雙方的感情還是很親密的，有一點魯迅調侃許廣平、許廣平逗魯迅的味道。別開生面，新鮮活潑，諧趣十足！這似乎有點「兩地書」了，有點朦朧的情愫了，所以，讓唐德剛有了上述之「怪話」。我認為，唐德剛要表達的意思是，胡適與陳衡哲是在是與不是之間，說是又不是，說不是又有點是，不好說。

但是，唐德剛自己也不否認這樣一個現實，即，當時不只是胡適與陳衡哲通信，而是任叔永的朋友都和她通信：「……顯然是在莎菲的同意之下，任君的好友——胡適、梅光迪、朱經……都和她魚雁常通，『談詩論文』起來，通信的幅度由三角、四角乃至多角！」胡適的信也許多了點，但有了「多角」，有什麼可說的呢？胡適曾在《〈嘗試集〉自序》中追述當年在美國一班朋友討論語言、文學問題的往事，他說：「至今回想當時和那班朋友，一日一郵片，三日一長函的樂趣，覺得那真是人生最不容易有的幸福。我對於文學革命的一切見解，所以能結晶成一種有系統的主張，全都是同這一班朋友切磋討論的結晶。」胡適所言，是對唐德剛所敘事實的補充，他們通信不僅是「多角」的，探討的多是「文學革命」等問題。

但是，便是在「這一班」中，還是有區別甚至大有區別的。這班朋友中，任叔永、梅光迪、朱經農並不贊成胡適的文學主張，胡適說：「那時候，叔永、梅覲莊、朱經農都和我辯論文學革命的問題；覲莊是根本反對我的，叔永與經農也都不贊成我的主張。我在美國的時候，在這個問題上差不多處孤立的地位。」（《〈小雨點〉序》）胡適寫下的那首著名的《蝴蝶》：「剩下那一個，孤單怪可憐」，就表達了當時的心情。他希望在寂寞中找到一個半個同行的「伴侶」。陳衡哲便是他理想的思想上精神上的伴侶。胡適坦言：「民國五年七八月間，我同梅、

任諸君討論文學問題最多，又最激烈。莎菲那時在綺色佳過夏，故知道我們的辯論文字。她雖然沒有加入討論，她的同情卻在我的主張的一方面。……她不曾積極地加入這個筆戰；但她對於我的主張的同情，卻給了我不少的安慰與鼓舞。她是我的一個最早的同志。」（《〈小雨點〉序》）陳衡哲雖然不參加論戰，但她卻以她獨特的方式，也是強有力的一種方式支援了胡適文學革命的主張，即，用自己創作的實績客觀上支持了胡適的觀點。胡適當時正在辦一個留學生的雜誌，陳衡哲就給他投稿，從實踐上支持胡適的新文化運動。陳衡哲當時也寫了很多白話詩和白話小說，這些白話作品使得胡適感到找到了知己。胡適接著說：「當我們還在討論新文學問題的時候，莎菲卻已開始用白話文做文學了。《一日》便是文學革命討論初期中的最早的作品。《小雨點》也是《新青年》時期最早的創作的一篇。」

胡適稱陳衡哲為「最早的同志」，還表現在對她創作才華、創作個性的瞭解上。一九一六年，任叔永正擔任《留美學生季報》主編，收到了陳衡哲寄來的兩首五絕，一首是《月》：「初月曳輕雲，笑隱寒林裡；不知好容光，已映清溪水。」另一首是《風》：「夜間聞敲窗，起視月如水；萬葉正亂飛，鳴飆落松子。」任叔永看後，覺得自己「在新大陸發現了新詩人」，立即把詩抄寄胡適，要他猜是何人所作（任叔永在為《小雨點》寫的序中則說，他故意騙胡適說「是我作的」）。胡適回信說：「兩詩絕妙。……《風》詩吾三人（任、楊及我）若用氣力尚能為之，《月》詩絕非我輩尋常蹊徑。……足下有此情思，無此聰明。杏佛有此聰明，無此細膩……以適之邏輯度之，此新詩人其陳女士乎？」一語中的，果然不出胡適之所料。當時，對這「最有趣的故事」，任叔永甚至有了點懷疑，說：「我不曉得適之當時是否已經曉得莎菲此作，而故意做一種迷離惝恍的說話。」胡適辯解說：「這句話是冤枉的。因為當時我確不曾有先讀此詩的好福氣，但因叔永寄來要我猜是不是他做的，引起了我的疑心，故一猜便中了。」（《〈小雨點〉序》）對這「最有趣的故事」，夏志清在唐德剛的《胡適雜憶》的序中說：「任叔永如未把此信轉寄陳衡哲，也一定會把胡適評語抄給她看的。她看到後，一定感到十分光榮，且視胡適為生平知己。當時美國東部，留學生間成績最優異的要算上趙元任、胡適二人，但胡適到處演說，發表英文文章和讀者投書，風頭比趙更健。這樣一位當代才子盛讚其詩才，莎菲怎可能不被其感動？」此事可見其心靈相通相知程度，同時，也為文學之途中的「最早的同志」加上了一個絕妙的注腳。陳衡哲是胡適的紅顏知己、文學同道，這種情感自然比生活中的朋友濃一些，又比情人淡一些。如果機緣巧合，或許他們能發展為戀人。可是，弱水三千，只取一瓢飲。胡適在認識陳衡哲多年之前，他已和江冬秀訂婚。

胡適和陳衡哲先後歸國，也先後結了婚，他們的感情應該歸於內斂或平靜？從大體上說，是這樣的。但是，他們兩位都有著豐富的精神世界，他們內心怎麼想，誰知道呢？

5.《絡綺思的問題》

不過，胡適和陳衡哲都是靠文字維生的人，隨著時間的推移，人們總可以在歷史的長河中看到蛛絲馬跡。陳衡哲的小說《絡綺思的問題》似乎就是在無意間露出了這蛛絲馬跡。

陳衡哲的小說不多，她的小說與散文也很難區別，因此，百花文藝出版社出版的《陳衡哲散文選》，把她《小雨點》中的小說大部分當作散文選入。她的小說的散文化或散文化的小說，就決定了她很少寫自己不熟悉的生活（《巫峽中的一女子》是例外，也是失敗之作）。美國求學時的生活和童年生活是她寫作的兩大題材來源。從某種意義上說，她的小說與郁達夫等人的作品一樣，有著很濃的自敘傳色彩，即使情節不是她真實生活的寫照，至少也是她自我感情的體驗或是一種曲折寄託。《絡綺思的問題》就屬於這一類作品。在作品主人公洛綺思和瓦德身上，清晰地投射著胡適與陳衡哲的身影。

關於《絡綺思的問題》，人們在提到胡適的婚戀問題時必定要提到它，整個描述過程大同小異。對幾個版本做過對比後，我以為，各種版本都是出自夏志清為唐德剛的《胡適雜憶》所做的序。夏志清是表述得最為完整的。

陳衡哲返國後，在一九二四年十月號《小說月報》上發表了一篇題名《洛綺思的問題》的小說，夏志清認為這篇小說影射了陳、胡兩人之間不尋常的關係，至少也透露了陳自己對胡的一番愛慕。唐德剛曾提到，胡適到老還一口咬定莎菲女士「當時抱的是獨身主義」，夏志清說：「我相信莎菲的確對他說過這樣的話，而洛綺思的『問題』即是知識女子的獨身問題。」小說的原來樣子已無法看到，因為出版前陳衡哲聽取胡適的意見，已把初稿加以增刪。胡適在《小雨點》序上寫道：該小說「我和叔永最先讀過，叔永表示很滿意，我表示不很滿意，我們曾有很長的討論，後來莎菲因此添了一章，刪改了幾部分。」（胡適：《〈小雨點〉序》）莎菲別的小說，胡適都很滿意，唯獨這篇他堅持要刪改，還和任氏夫婦做了「很長的討論」，夏志清認為，這「絕非技巧上的問題，而是胡適心虛，恐人家看出小說裡有所影射」。

其實，小說男女主角都是美國白種人，任叔永就給他太太瞞過了。男主角瓦德白朗是位哲學教授，洛綺思是同校同系的研究生。夏志清說：「洛綺思的原名似應做 Lois，但也必然使我們聯想到愛洛綺思（Heloise），那位因熱戀老師而青史垂名的女學生。陳衡哲專攻歐洲史，對中世紀的人物很熟悉。她寫過一篇介紹僧尼孽侶《亞波拉與愛洛綺思》的文章，收入《衡哲散文集》（一九三八）。亞波拉（Abelard）最後屈服於教會的權威而甘願與愛洛綺思永別，陳衡哲對他的懦弱表示非常憤慨。盧騷的長篇小說《新愛洛綺思》（Julieou La Nouvelle Heloise，一九六三），不知陳衡哲有沒有讀過。女主角和她的家庭教師熱戀，後來嫁了人還是愛著他。她的丈夫非常開明，竟邀太太舊情人和他們一起長住。假如莎菲真的私下裡愛過胡

適，任、陳、胡三人持久的情誼倒真有些像盧騷小說裡的三主角。」

陳衡哲筆下的洛綺思當然是個獨身女子。「獨身主義」在當年西洋職業婦女間是一個極時髦的風尚，莎菲在瓦莎那幾年，通信的男友這樣多，她明言抱獨身主義是很可信的。那時留學美國的中國女子人數極少，總想回國創一番事業，不輕易談婚嫁。夏志清認為，「當然也很可能，陳衡哲獨在胡適面前表明獨身主義，表示她對任叔永並不在乎，想用『激將法』鼓起胡適的勇氣來，同江冬秀解除婚約，一心一意追她自己」。任叔永一九一六年暑假開始追莎菲，但他和胡適一樣，也是翌年夏季即返國的。兩人返國後，同樣只能以通信方式和莎菲保持友誼。

可是，一九一七年底，胡適即和江冬秀結了婚，從此莎菲死了一條心，雖然她和任叔永結婚已是一九二〇年下半年的事了，在她修完芝大碩士學位返國之後。胡適結了婚，總不得不鄭重其事的寫封信給他的瓦莎女友，表明一番心跡。假如莎菲一直在愛他，希望他返國後和江女士解除婚約，收到這封信，心裡該是十分難受的。她那時候的心境，即給了她寫《洛綺思》這篇小說的最初靈感，雖然她把這則故事藏在心頭好多年，才敢把它寫下來。

在小說裡，瓦德和洛綺思互相愛慕三年之後，宣告訂婚。但洛綺思怕結婚生子妨礙她的學問事業，旋即反悔。瓦德竟答應解除婚約，淒然說道：

「洛綺思：我的愛妳，我的崇拜妳，便是為著妳是一個非常的女子。若是為了我的緣故，致使妳的希望不能達到，那是我萬萬不能忍受的。妳應該知道我並不是那樣自私的人。若能于妳有益，我是什麼痛苦都肯領受，什麼犧牲都能擔當……」

三、四個月之後，堂堂哲學教授瓦德白朗竟和「一位中學校的體操教員」結了婚。蜜月之後，他寫封表明心跡的信給洛綺思：

我的親愛的朋友：

瓦德結婚了！蜜妮——這是我的妻子的名字——是一個爽直而快樂的女子，雖然略有點粗魯。她當能於我有益，因為我太喜歡用腦了，正需她這樣一個人來調調口味。有許多我的朋友們，以為我應該找一個志同道合的人來做終身的伴侶。我豈不願如此，但是，洛綺思，天上的天鵝，是輕易不到人間來的。這一層不用我說了，妳當能比我更為明白。

我不願對於我的妻子有不滿意的說話，但我又怎能欺騙自己，說我的夢想是實現了呢？我既娶了妻子，自當盡我丈夫的責任，但我心中總有一角之地，是不能給她的。那一角之中，藏著無數過去的悲歡，無限天堂地獄的色相。我常趁無人時，把它打開，回味一

回，傷心一回，讓它把我的心狠狠地揉搓一回，又把它關閉了。這是我的第二個世界，誰也不許偷窺的。它是一個神祕的世界，它能碎我的心，但我是情願的；它有魔力能使我貪戀那個又苦又酸的泉水，勝於一切俗世的甘泉。

我的朋友，請妳恕我的亂言。我實願有一個人，來與我同遊這個世界。我怎敢希望這個人是妳呢？但妳卻是這個世界的創造者，沒有妳便沒有它，所以它是純潔的，出世的，不染塵滓的。

我不多寫了。我要求妳明白，瓦德雖是結了婚，但他不曾因此關閉了他的心；尤其是對於洛綺思，他的心是永遠開放著的。

我永遠是妳的，瓦德

但他寫完這封信之後，忽然又覺得不妥。他更自思量，覺得他和洛綺思的交情，是不應該這樣的。洛綺思不是他的一個敬愛的朋友嗎？但這信中的情意，卻是已經越出朋友範圍之外了。這豈不是把洛綺思待他的高尚純潔的感情，拋到污泥中去了嗎？他將何以對她呢？他將何以對世上的女子呢？固然，他是有權可以保存這個心中的祕密的；固然，他的已碎的心是不怕再受傷損的，但他卻無權去傷害他人的心。他只應把這個祕密的種子保存在他自己的心中，不應把它種到肥土裡去，讓它去受那日光雨露的滋養；因為它所開的花，是要給洛綺思以極大的痛苦的。他想到這裡，便決意把這粒種子收回他的心之祕處去，永不讓它再見天日了。

於是瓦德寫封比較大方的信寄給她，表示「除了切磋學問，勉勵人格之外，在他們兩人中，是沒有別的關係可以發生」的了。

假如胡適返國後，曾和陳衡哲透過情書，那麼他在完婚之後，寫一封如怨如訴的信給她，調子一如引文裡的那封未寄之信，是很可能的。當然，也很可能胡適一直抱著「朋友之『友』不可『友』」的宗旨，從未和莎菲透過情書，而這篇小說僅表示在陳衡哲的想像中胡適應該寫一封這樣的信給她。她不僅對胡適沒有勇氣追她表示失望（怎能輕信她會抱「獨身主義」的話呢？），也對胡、江兩人的結合，表示極大的憐憫。當世第一才子，怎可和一個纏足村姑胡亂結了婚呢？美國沒有纏足女子，在陳衡哲的想像中，江冬秀變成了一個「中學校的體操教員」，比她再「粗魯」的女子，就更不適合哲學教授太太的身分了。信中有好些話，諸如「我不願對於我的妻子有不滿意的說話，但我又怎能欺騙自己，說我的夢想是實現了呢？」

小說中的瓦德跟當年的胡適一樣，也是一位哲學教授。他心裡摯愛著女研究生洛綺思。他在給洛綺思的一封信中是這樣袒露心跡的：「我不願對於我的妻子有不滿意的說話，但我又怎能騙自己，說我的夢想是實現了呢？我既娶了妻子，自當盡我丈夫的責任，但我心中總有一

角之地，是不能給她的。那一角之中，藏著無數過去的悲歡，無限天堂地獄的色相。我常趁無人時，把它打開，回味一回，傷心一回，讓它把我的心狠狠地揉搓一回，又把它關閉了。這是我的第二個世界，誰也不許偷窺的。」陳衡哲在小說中道破的，不正是胡適婚後內心的隱祕嗎？我想胡適初讀原稿，一定感慨萬千。胡、陳兩人可能沒有透過情書，但「洛綺思的問題」本身就是一封莎菲表明心跡的情書。這部小說的初稿完成後，胡適敏銳地發現作品中有作者個性的浸入，作者的丈夫也說作品中有妻子的真經驗在內。陳衡哲聽到這兩面的意見「覺得有點embarrassed（難堪）」。胡適自己倒緊張起來，硬叫她把小說加以增刪。「添了一章」，瓦德不再出現，小說重點放在多少年後老處女洛綺思的身上了。陳衡哲還承認，她藉這篇小說表現的是一種「柏拉圖式的友誼」。

唐德剛認為胡太太是同時代「千萬個苦難少女中，一個最幸運、最不尋常的例外」，這句話說得很對。但德剛認為胡適自己也是「『三從四德』的婚姻制度中，最後的一位『福人』」，倒不見得。夏志清認為，「胡適如能同陳衡哲這樣的女子結婚，當然生活要美滿得多。且不說住在紐約那幾年，胡適定不下心來做研究；即在二〇、三〇年代，胡適自己太忙，太太沒有現代醫藥常識，也不知如何管教子女，弄得愛女夭折，二兒子思杜從小身體虛弱，教不成器——一個家庭裡產生了這兩大悲劇，總不能算是美滿的。……假如太太是莎菲，素斐也不至於夭折了。」

對陳衡哲，胡適是心中有「鬼」的，如果沒有「鬼」，人家寫的是小說，各人有各人的表述，為什麼非要刪呢？這是不是有點「此地無銀三百兩」的意思？胡適心中的「鬼」是一直糾纏著他的，到了四十多年後，莎菲已綠葉成蔭，兒孫滿堂了，有人問時為「中央研究院」院長的胡適，想請他談談當年與陳衡哲的「關係」，他硬說陳當年抱的是獨身主義，並不鍾情於任何人。這也是掩耳盜鈴之舉。胡適正是知道他的朋友任叔永在追求陳衡哲，所以才躲得遠遠的，以成全自己成為孝子，成為「舊道德的楷模」。莫非陳衡哲專門只對胡適獨身？對任叔永卻不獨身？胡適總是想掩飾什麼，迴避什麼，這個儒弱的書呆子！

我以為，陳衡哲或許真的有對胡適說她是「獨身主義者」。在任叔永狂追陳衡哲的時候，在胡適礙於「朋友之『友』不可『友』」的時候，陳衡哲這麼對胡適說，言外之意是：任叔永追我是沒用的，不會有結果的，因為我是一個獨身主義者。這事實上是對任的否認，不也同時為胡適開啟了一條門縫嗎？一個東方女性，是不太可能這樣表達的：胡適，我不愛任叔永，我愛的是你啊！

陳衡哲後來的不獨身，反過來可以證明她在胡適面前的「獨身主義」，是為了給胡適提供一個可能性。

戀愛老手的胡適會讀不懂陳衡哲「獨身主義」？他裝瘋賣傻罷了！不敢愛或不能愛，也就罷了，陳衡哲寫一篇小說還要刪改，過了四十多年，還用所謂「獨身主義」做自己的擋箭牌，如此，陳衡哲是可以恨胡適的，甚至是可以蔑視胡適的，至少，陳衡哲可以看不起胡適這樣的男人！

陳衡哲是非常懂胡適的一個女人，也是一個敢於批評胡適的女人。若干年後，她說過這樣的話：「林語堂說胡適是最好的上卷書作者（按：胡適的《中國哲學史》和《白話文學史》都是只有上卷而無下卷），這話幽默而真實。胡先生太忙了，少去證婚，少去受捧，完成未完成的下卷書多好！」胡適應酬多，耽誤了做學問的寶貴時間。我以為，這話裡面還包含著這樣的意思：胡適太入世了，也因為太入世，被誤了許多許多。「少去證婚，少去受捧」，不是極為關注他的女人，不是極為愛他的女人，是不容易說出這樣「切近」的話的。

6. 傳說與辯白

紙包不住火。胡適與陳衡哲的那些舊事還是為世人知道了，既然為世人知道了，就不免加油添醋。一九三四年八月十二日，胡適到任叔永、陳衡哲夫婦家做客。任氏夫婦拿了一本《十日談》旬刊第二十六期給胡適看。該刊闢有一個專欄《文壇畫虎錄》，刊登了署名「象恭」

的一篇文章：《陳衡哲與胡適》。文章說，陳衡哲在美國留學時「看中了」胡適，「自投送門」「要求結為永久伴侶」。胡適因為有包辦婚姻在身，便順水推舟，將陳衡哲介紹給他的朋友任鴻雋。然而強扭的瓜不甜，任、陳結婚之後，夫妻的感情「總還是淡淡的」。任叔永夫婦在胡適面前表露了對這篇文章的憤怒，認為這是「惡意的造謠毀謗」，胡適閱後也認為這是一篇「全無根據的攻訐文字」。八月十三日，他寫了一封《致〈十日談〉編者》，對「象恭」的說法進行駁斥與澄清。胡適在信中主要談了四點：

一、留美時他跟陳衡哲並不在一個城市。雙方通信雖多，但只見過一次面，待到重見時已經是「使君有婦，羅敷有夫」了。

二、他結識陳衡哲是透過任鴻雋的介紹，並非他把陳衡哲介紹給任鴻雋。《十日談》的文章恰巧顛倒了事實。

三、留美時陳衡哲奉行「不婚主義」，所以不會跟人談婚論嫁。他當時對陳衡哲只是懷有一種「很深的和純潔的敬愛」，只是十分重視跟陳衡哲之間的友誼。

四、「象恭」的文章中有許多顯然是存心攻訐的字句，如「自投送門」，又如「任先生夫婦的感情總還是淡淡的」，因此他要求編輯向有關人一一致歉。

任陳夫婦把這文章給胡適看，這一舉動值得玩味。如果他們自己也不相信這些胡言亂語，

似乎也沒有必要讓胡適看了；他們讓胡適看，有沒有包含著這樣的意思：這些傳言的源頭，是不是與你胡適多少有點關係呢？是不是應該由你胡適出面做一些澄清的工作呢？現已證實，胡適這封信是先寫草稿，交任、陳二位修改添注，再送回胡適親筆抄寫，又送任、陳再讀一遍，方始寄發的，代表了他們三人對這一段人生經歷的共同表態。胡適如此認真對待此事，任陳夫婦也接受胡適的認真，也給人留下想像的空間。

同年八月三十日，《十日談》第三十九期原封不動地刊登了胡適的這封抗議函，也承認象恭的文章措詞「的確有失於輕薄之處」，但卻強調「問題的焦點，只在是否有此事實而已」。今天看來，「象恭」文章似也無大錯。

我想，大約陳衡哲也知道了胡適就是這樣一個人，愛惜羽毛超過愛惜愛情，且她已經與任叔永生兒育女，步入了正常的生活，過去的事既已埋葬，而且胡適又修飾得天衣無縫，她也不想成為「花邊新聞」的人物了。陳衡哲也知道外間關於她跟胡適的種種傳言。她在給胡適的信中曾表示：「名譽是重於生命的，尤其是在我這樣一個女子看來。」我的理解是，我既然得不到愛情，當然沒有必要搭上名譽，陪著做無聊的展品。陳衡哲用她的高貴來保護她自己以及她的家。陳漱渝說：「做為一個受到西方文化薰陶的東方女性，陳衡哲的情感有『開放』的一面，但更有根深蒂固的『傳統』一面，所以她不可能像韋蓮司和羅維茲那樣成為胡適的戀人。」我要補充說，她不可能在胡適有裹腳女人在家的情況下，哪怕再與胡適有什麼精神上的波瀾。

陳衡哲生前曾對晚輩學人說：「人家都說適之當年對我怎樣怎樣，我有些舊時的信件，將來可以發表的，現在還不到時候。到那時你們就知道了。」（《敬懷莎菲女士陳衡哲教授》，臺灣《傳記文學》第三十五卷第三期）陳漱渝先生說：「現在，我們在胡適存留在中國大陸的檔案中可以讀到陳衡哲給他的六十七封信，其中包括討論《洛綺思的問題》的三封信。現存的這些信件除了談詩論學，大多是交流彼此的生活狀況，乃至傾訴彼此的心情、病情，但自然都不是世俗意義上的情書，證明她跟胡適都很注意不使感情『越出朋友範圍之外』。」（《胡適心頭的人影》）

話回到胡適為女兒的取名，胡適的女兒叫「素斐」，確實如唐德剛所言，是為了莎菲，這有胡適的日記為證。一九二一年七月三十一日，胡適在日記中記有這樣的話：「得冬秀一信，知叔永、莎菲新得一女。因重到雞鳴寺，作一詩賀他們。」詩曰：

重上湖樓看晚霞，
湖山依舊正繁華。
去年湖上人都健，

添得新枝姊妹花。

胡適在詩尾加注說：「三個朋友（胡適、陳衡哲、任鴻雋）一年之中添兩女，吾女名素斐，即用莎菲之名。」

彷彿真有愛情，彷彿愛得深沉，也愛得痛苦，他紀念已死的昨天，竟然還要瞞過妻子為女兒取名；他為女兒取名，竟然還要紀念已死的昨天。如此，真讓人也染上悲哀之情了。夏志清說得好：「假如在《夢見亡女》詩裡，胡適真如德剛所說的『一石雙鳥，悼亡、懷舊』，那麼他寫詩時最不可告人的感觸即是：假如太太是莎菲，素斐也不至於夭折了。」為什麼呢？因為胡太太沒有現代醫藥常識，誤了閨女的病，令人嘆惋的是，「素斐」還不滿五歲就去世了。女兒夭折成為胡適心靈的隱痛。女兒夭折，江冬秀是要負一定的責任的。

有文章說，素斐夭折後，任鴻雋、陳衡哲夫婦送他們的女兒給胡適做乾女兒。由此可見，兩家交情很深。

胡適唯一的女兒素斐——早早死了。

胡適如果有對陳衡哲的愛——那一定也同時死去了。

六、胡適與曹佩聲：無奈之愛

胡適是有一點賈寶玉的，他可以在幾個女人之間穿梭，在情愛與愛情之間遊移。他的空間要比賈寶玉大得多，賈寶玉折騰來折騰去，也就是大觀園中那些個小女子，胡適與陳衡哲談情愛時或許可以與韋蓮司談愛情？與曹佩聲泛舟西湖時，也可以輕鬆自若地讓陳衡哲同行；曹佩聲墮胎後去了美國，還可以安排韋蓮司予以關照。此外，還有徐芳、還有羅維茲——太過紛繁，不說也吧。與此同時，他還可以到處宣揚他的「怕老婆主義」，與小腳女人江冬秀周旋得有條不紊，把一個家基本上安排得妥妥貼貼，繼續正人君子，繼續當他的「新文化舊道德的楷模」。當過駐美大使的胡適，辦起「女性外交」來，也是一流的，誰叫他是一個大帥哥又整天和藹可親保持親切的微笑呢?!

胡適這樣又有愛又有性的，又朦朧又委婉的，愛過之後又當甩手掌櫃，在「新文化」這邊有羅曼蒂克美名；在「舊道德」那邊是不離不棄的楷模，在同時代的文化人中，陳獨秀做不到，徐志摩做不到，郁達夫也做不到……又矮又小，一生臭臉的魯迅，用韓石山的話說，那更是連想也不敢想了。

胡適一生中的女性，愛他最深、用情最苦的當屬小他十一歲的「表妹」曹佩聲了。

1.「糜哥，糜哥……」

曹佩聲也是安徽績溪人，一九〇二年生。是與胡適的上莊村僅一水之隔的七都旺川村一位徽商富家小姐。通常，人們寫到她與胡適關係的文章時，都以她的大名「曹誠英」相稱，但胡適口上和通信以及她的同時代人都是稱她的字佩聲，所以我這篇文章取「曹佩聲」。曹佩聲小名麗娟、單娟。

他們還有些沾親帶故，胡適的三嫂是曹佩聲的胞姊，因此他們是姻親表兄妹。一九一七年，胡適歸鄉結婚時，胡母馮氏讓曹佩聲做伴娘。新郎表哥儀表堂堂，他的舉手投足，不凡氣度，一一攝入娟表妹的眸中。不少學者認為，早在胡適的婚禮上，曹佩聲就已經愛上了胡適。有的書這樣寫道：「胡曹之戀萌芽於這次婚禮。胡適無意中瞥見陪伴江冬秀的女儐相中，有一對似曾相識的眼睛老盯著自己，他情不自禁地回視片刻，女儐相報以嫣然一笑，親切地叫了一句『糜哥哥』，紅著臉轉過了身子。望著這一笑，胡適癡了。」胡適原名嗣糜，這「糜哥哥」有一點史湘雲叫「寶哥哥」一般讓人受用。然而，作者不在現場，又如何知道這樣的細節呢？只能算是傳記文學的推測，至多是合理的想像。也有的先生寫這一場景時則說：胡適「並沒有注意到那個小姑娘，那一束脈脈含情的眼波。」應該說，胡適對這位比自己小十一歲的伴娘很有好感，曹佩聲也很景仰大名鼎鼎的年輕學者胡適。這次婚禮上的邂逅，註定了他們後來漫長的苦澀戀情。

在母親懷曹佩聲的時候，曾與鄰村（宅坦）胡家指腹為婚，及她長到十六歲，便與該家公子胡冠英完婚。這在當時的皖南是極為普遍的。

曹佩聲的二哥曹誠克留學美國，初時，他無法勸阻妹妹的親事，但理解身處困境的妹妹，託了南洋路礦學校同學的幫助，讓曹佩聲於一九二〇年到了杭州，就讀於浙江女子師範學校。翌年，她的丈夫胡冠英與汪靜之等績溪人也來到了杭州，就讀浙江第一師範學校。

曹佩聲婚後三年未曾生育，夫妻感情也不好，胡冠英的母親為了續香火，讓兒子娶了二房。一九二三年春，曹佩聲與胡冠英離婚。

胡適婚禮之後，曹佩聲與胡適有過往來。胡適要回北京了，她要求胡適下次回鄉時，從北方帶點菊花種子給她。這不過是說說而已，後來胡適真的從信裡寄給她一些花種。曹對表兄的好意十分感謝。一九二一年五月，在杭州女師讀書的安徽籍學生擬編輯《安徽旅杭學會報》，曹佩聲自告奮勇，請著名教授胡適為他們寫發刊詞。胡適很爽快地答應了她的要求。胡適在五月五日的日記中記道：「作書與……曹佩聲表妹（佩聲為《安徽旅杭學會報》乞序），我以徽浙學術史甚可研究，故允之。」同年七月二十八日，胡適在上海把序言寫好後，寄給曹佩聲。

2.「七年之癢」

所謂「七年之癢」是當下的「潮詞」，這裡借來一用，完全是巧合。胡適與江冬秀於一九一七年冬天結婚；到一九二三年四月，胡適到杭州煙霞洞休養與曹佩聲再次相見，一九二四年春提出與江冬秀離婚，也差不多六、七年時間，如果胡適知道，他的婚姻不幸被大幾十年後的「潮人」言中，大約也會苦笑一聲？

此前胡適與江冬秀處得怎樣，不是我們要深究的。我們在談到江冬秀時，有介紹胡適於一九二〇年十二月寫的《我們的雙生日——贈冬秀》詩，胡適在病床上唸給「冬秀賢姊」聽，冬秀只怪他生病了還寫什麼詩，要把這詩給撕了。我只知道「無後主義者」的胡適接二連三地生兒育女，婚姻應無大的波瀾，但大約也是日趨平淡吧！就像當下的中美關係，好也好不到哪裡去，糟也糟不到哪裡去。

一九二二年，已經聲名鵲起的胡適，可謂一地雞毛，身心俱疲。胡適因身體不適，曾短期住進協和醫院。據朱文楚在《胡適家事與情事》（團結出版社二〇〇七年十二月版）一書記載，這一年，胡適過得實在吃力！

二月，出版他的《章實齋先生年譜》。

三月，應上海《申報》五十週年紀念，撰寫《五十年來中國之文學》，該文涉及到五十年來的白話小說和近五年「文學革命」的敏感話題。同月，他做為「不贊成世界語的人」卻給俄國盲詩人愛羅先珂演講世界語做翻譯。三個月內為推廣白話文學，他兩次去天津，在南開大學做《國語文學史》演講。被推選為北大《國學季刊》主任編輯。

四月，為美國山格夫人演講《生育制裁的什麼與怎樣》做翻譯。當年胡適就是一位節制生育的熱情宣傳者。四月二十五日，他被選為北大教務長及英文學系主任。

五月，《努力週報》創刊，他任主編。「努力！努力！阻力少了！武力倒了！中國再造了！」他創作《努力歌》代發刊詞。緊接著，他籌畫、聯絡社會賢達蔡元培、王寵惠、羅文幹、湯爾和、陶知行、王伯秋、梁漱溟、李大釗、陶孟和、朱經農、張慰慈、高一涵、徐寶璜、王征、丁文江十六人聯名發表《我們的政治主張》，刊登在《努力》第三號上，提出「好政府」目標，改革、改良中國政治、學術、文化……北京政府惱怒，不肯放過胡適。這邊他要應戰梁漱溟挑起的「玄學與科學」之爭，那邊有南方《學衡》復古勢力滾滾而來。又一次文言文、白話文的大戰，胡適哪能不揮戈？還有後起之秀《創造季刊》郁達夫回應……

一九二二年的是是非非，把胡適累倒了，他得了一種叫神經緊張的病，連續坐著工作兩三個小時，就會腰背痠痛。他長夜失眠。七月痔瘡發了，去開了刀，手術七天後才回家。十一月又病倒了，疑似患了糖尿病。

當年有規定，凡在國立大學教書滿五年的，可休假一年。於是，這年十二月，胡適向北大請了一年病假，並在《努力週刊》發表請長假啟事。接著，他住進了協和醫院。一九二三年開始幾個月，胡適還在北京，為雜事纏身。他的《努力週報》，他甩不開。他的哥大同學陶知行（行知）來信勸他「帶著圖書家眷搬到廬山去住」。他的女友陳衡哲熱情邀他去杭州，同遊西湖，因為他們發起成立的「科學社」今年在杭州開年會。

胡適下決心擺脫煩惱，於四月二十一日啟程，到天津過一宿。二十二日南下，二十三日到上海，住在任叔永、陳衡哲夫婦家。在上海參加「新學制課程起草委員會」。兩天後，於二十九日到杭州去了。

這一次在杭州行程只有四天（四月二十九日—五月三日）。赴杭同行的有：任陳夫婦、朱經農、楊杏佛、趙志道、唐擘黃，共七人，分別住里西湖的新新飯店和旗下湖濱的環湖飯店。

青年詩人汪靜之聞訊，迅即邀集了在杭州的績溪人曹佩聲、胡冠英、程幹埏、程本海、汪恢鈞及曹佩聲的同學北京人吳洞業共七人，去拜訪胡適他們，然後一起遊西湖。也正是這次杭州的相逢，在胡適和曹佩聲雙方感情的湖水中投下了頗能蕩起波瀾的石子，並開始了日後頻繁的書信聯繫。

此時的曹佩聲剛離婚不久，「鎮日閒柴扉，不許閒人到，跣足蓬頭任自由」（曹佩聲詞），情緒極為低落。一樣情緒低落的胡適為了調整身心，來到了杭州——一切如有天助，一切彷彿上蒼的悉心安排。

汪靜之晚年回憶說，「一九二三年春適之師來杭，住在新新旅館，我去拜訪」，「我與佩聲等三人曾陪適之師乘小艇遊西湖」，「曾在三潭印月與適之師共五人合影」（《我與胡適之先生的師生情誼》）。不管是十四個一行遊湖也好，還是五人行、三人行，總之在這樣熱鬧的情況下，曹佩聲可沒有機會向這位自己一直暗戀著的糜表哥傾訴衷腸；但可以肯定的是，胡適已經從汪靜之，或者績溪老鄉，乃至胡冠英口中，正面或側面瞭解了曹佩聲那淒然的處境了。

五月三日，胡適回到上海之後，寫下了那首語含雙關的淒婉的《西湖》：

七年夢想的西湖，
不能醫我的病，
反使我病的更利害了！
然而西湖畢竟可愛。
輕煙籠著，月光照著，

我的心也跟著湖光微蕩了。
前天，伊也未免太絢爛了！
我們只好在船篷陰處偷窺著，
不敢正眼看伊了！
最後是密雲不雨的昨日：
近山都變成遠山了。
山頭雲霧慢騰騰地卷上去。
我沒有氣力去爬山，
只能天天在小船上蕩來蕩去，
靜瞧那湖山諸峰從容地移前退後。
聽了許多毀謗伊的話而來，
這回來了，只覺得伊更可愛，
因此不捨得匆匆就離別了。

此詩當即刊登在他的《努力週報》第五十三期上，是五月二十三日面世的。詩人似乎是寫西湖，但處處寫曹佩聲，寫他們分手七年後的思戀。對此，曹佩聲當然是心領神會的。在大庭廣眾面前，他們似乎沒有單獨接觸的機會，因而「我們只好在船篷陰處偷窺著」，也因為心有所思，故而「不敢正眼看伊了」！遭「毀謗」、「太絢爛」、「更可愛」的伊怎麼會讀不出其中三味？此後，他們開始了密集的「地下活動」，這在胡適的日記中也有蛛絲馬跡可尋：五月二十四日「得書」中有佩聲。五月二十五日，「作書與佩聲」。六月二日，「收信佩聲二」。六月五日，「收信」中有佩聲。六月六日，「發信」中有佩聲。雖然胡適纏綿於曹佩聲的綿綿情意之中，但胡適的日記是要留給後人看的，他把這些內容都做了「技術處理」。

之後新學制課程起草委員會會議復會，胡適回上海出席。會議結束後，六月八日，顯然他們已經在往來書信中約好，胡適再度來到杭州，在煙霞洞的和尚廟租房住下。當時杭州女師也放暑假，曹佩聲就以陪伴胡適養病為名，也到煙霞洞住下。在這裡，他們的感情迅速升溫，是「驅不走的情魔」，是「吹不散我心頭的人影」（胡適詩《祕魔崖月夜》），也是他們一生中最為纏綿熱烈的一段戀情，以致有了結晶。

來杭州的第二天，六月九日起，胡適的日記突然中斷了——中斷竟有三個月之久！直到九月九日，才以《山中日記》續筆。

陶行知是勸他「帶著家眷」去旅遊，可是，胡適或許也因為「家眷」折騰得他不得安生？總之，他把江冬秀們扔在北京，隻身一人休假去了。結婚六、七年，正是愛情這爬爬蟲最容易乘虛而入的時候。於是，在西子湖畔，煙霞洞中，他遭遇了致命的愛情。

3.「神仙生活」

胡適的「愛情」火把又復點燃了，於是西子湖邊，煙霞洞上又出現了一對有情人。胡適心花怒放，做了許多詩來傾訴他的愛情。

一九二三年六月八日至十月五日，胡適在杭州度過了他一生中從未經歷過的他自認為的「神仙生活」。他在《多謝》一詩中寫道：「多謝妳能來，慰我山中寂寞，伴我看山看月，過神仙生活。」煙霞洞在南高峰下，洞中有精巧的石刻，洞高二〇〇餘米，峰高三〇二米，可鳥瞰西湖全景。在這一段時間內，雖然徐志摩、高夢旦、陶行知、任叔永、陳衡哲、朱經農、汪精衛、馬君武等友人探訪過胡適，但長期陪伴在他身邊的卻是曹佩聲。曹幫他做飯、洗衣服，有空時陪胡適遊山玩水，心血來潮時做首白話詩表表心意，或是唱首曲兒給哥聽，總之玩得十分開心，胡適十分沉醉入迷！

從這一時期胡適的創作和日記中，可以隱約窺見他跟曹佩聲交往的蛛絲馬跡，比如，一起「看日出」、「下棋」、「喝茶」、「觀潮」、「看桂花」、「遊花塢」、「遊李莊」、「講了一個莫泊桑的故事」、「在樓外樓吃蟹」等。還值得一提的是，他在日記中稱曹佩聲為「娟」。是年秋，他們下山了，曹佩聲仍回學校讀書；胡適到上海。之後，他們仍保持聯繫，曹常到上海去看胡適。

4. 徐眼觀曹

徐志摩與胡適相處甚洽，稱胡適為「老阿哥」、「恩人哥」，他們無話不談。

胡適是一個言行十分謹慎的人。他跟曹佩聲熱戀期間的作品大多祕不示人。從徐志摩日記中可知，胡適將《煙霞雜詩》拿給徐志摩跟陸小曼看時，徐故意問：「尚有匿而不宣者否？」胡適赧然，曰有；然未敢宣，以有所顧忌。

這年的七月三十一日，胡適寫了一首《南高峰看日出》，詩末附記云：「晨與任白濤先生、曹佩聲女士在西湖南高峰看日出，後二日，奇景壯觀，猶在心目，遂寫成此篇。」顯然，這首詩是胡適為他跟曹佩聲留下的一份文字紀念。徐志摩在煙霞洞與胡適住了一些時候，他也發現胡曹已經有了曖昧的幽情了。做為胡適知己的徐志摩最能洞察他的這點小技巧，他斷言：「凡適之詩前有序後有跋者，皆可疑，皆將來本傳索隱資料。」

一九二三年九月二十八日，適農曆「八月十八（錢塘江）大潮日」，老家在海寧的徐志

摩自上海發起，帶來了汪精衛、馬君武、任叔永、莎菲、朱經農和藩薩大學史學教授Miss Ellery，赴海寧觀大潮，胡適和曹佩聲應邀赴約。觀潮時，熱情天真的徐志摩，對胡適與曹佩聲當眾獻殷勤，還寫了條子「佩聲女士——望潮，適之——怡」；他「還替曹女士蒸了一個大芋頭，大家都笑了」。觀潮後，徐志摩在煙霞洞過夜，「與適之談，無所不至，談書談詩談友情談愛談戀談人生談此談彼：不覺夜之漸短」，當然免不了談曹佩聲。詩人敏銳，慧眼獨到，對胡適說：「適之是轉老回童了」。看來胡適是向徐志摩默認了他對曹佩聲的愛情。

一九二三年十月二十日，胡適在日記中寫道：「娟來。我們四人同出遊湖，在樓外樓吃飯。」這「四人」還有徐志摩和朱經農。徐志摩在日記中寫道：「曹女士貪看柳梢頭的月。我們把桌子移到視窗，這才是持螯看月了！夕陽裡的湖心亭妙；月光下的湖心亭，更妙。曹女士唱了一個《秋香》歌，婉曼得很。」新月詩人寫月下佳人，有幾分豔羨，卻也活靈活現。

正是這位徐志摩，似乎對胡曹之戀有幾分興奮哩，一回到北京，興致來了，鬆了口，竟對嫂夫人江冬秀洩漏了煙霞洞中藏嬌的祕密。「洩密」的還有胡適的侄兒胡思聰。於是，有了江冬秀舉刀揚威的一幕。

5. 汪靜之與曹佩聲

其實，戀愛中的女人是昏頭昏腦的。曹佩聲體驗到了從未體驗過的快樂。她的幸福溢於言表。如果不是情勢所迫，她巴不得向全世界宣佈她與胡適的幸福。返校不久，她便把「洞中神仙生活」對兩小無猜的汪靜之說了，說胡適已經與她好上了。汪靜之的初戀情人正是曹佩聲。她甚至無法考慮汪靜之的感受。不過，晚年汪靜之回憶時說，他不以為醋，反為她高興。第二年春天，胡適到杭州三次，有時住在新新旅社，有時住在湖濱聚英旅館，都是套房。胡住外間，曹住裡間。有客人來，曹就躲裡間，算是公開化了。胡適有時到上海來，也通知曹佩聲去。——「這些事都是曹佩聲親口告訴我的」——汪靜之說。

曹佩聲與汪靜之的關係非同尋常。曹佩聲的嫂子與汪靜之的母親為「乾姊妹」。汪靜之與曹佩聲同年生，又是同鄉，還有親戚關係，雖然輩份不同，但兩小無猜，從小極為要好。汪靜之說，「曹佩聲是我的第一個戀人。我和她是從小在一塊兒長大的」。他的「指腹為婚」的未婚妻是曹佩聲大哥的女兒，後來這個姑娘在十二歲時死去了，而汪靜之還是常到曹家去玩，「到十五歲時我就懂事了，很喜歡她，就寫了一首詩給她，表示愛她的意思。她看了我的詩，說：『你發瘋了！我是你長輩呢！是你的姑姑。這樣的詩我不要，還給你！』後來我還寫了兩首詩給她，她都還給我了。但她和我兩人一直都是很好的，我們從來沒有發生過衝突。」這是浪漫而無奈的愛情，並未結出果實。

曹佩聲後來與汪靜之等都到杭州讀書。她繼續大大方方地與汪靜之往來，一個又一個地給

汪靜之介紹女友，一起遊西湖，從湖濱到三潭印月，再到劉莊，再到西冷印社、孤山，一共介紹了八個！汪靜之由此創做了著名的詩集《蕙的風》。為此，汪靜之對胡適外孫程法德先生等人說：「我出名主要是寫愛情詩寫出來的。所以我說我一生的幸運都是曹佩聲給我的。」最終，還是有了結果，汪妻符竹英又是曹介紹的。

曹佩聲曾一度參加汪靜之、潘漠華、馮雪峰、柔石、魏金枝等人組織的「晨光文學社」活動。汪靜之說：曹佩聲「是屬於那種不很漂亮，但有迷人魅力的女人。」

他們一直有著很好的關係，她成為他心目中永遠的情人。

至於汪靜之與胡適，也值得一提。汪是胡適提攜一躍成名的少年詩人：他的新詩集《蕙之風》胡為之作序，推薦亞東出版，曾風行一時。再者，他們都是安徽績溪同鄉，見面當然要向胡適做一些請教，或是談一些家常話。胡適在他們面前算是長輩，他們生活上和學業上有困難，胡適都會樂於相助的。總之，汪靜之是曹佩聲和胡適都信得過的人。

我之所以透過有關資料介紹了這麼多汪靜之與曹佩聲的關係，繞了這麼大的彎子，是為了證明汪靜之是曹佩聲最靠得住的人，汪靜之的有關回憶是靠得住的。後面我將要說到的，曹佩聲後來將日記等遺稿交給汪靜之，也可以證明。

6. 「家庭革命」

一九二四年，胡適和曹佩聲的關係日趨明朗，在滬杭求學及謀生的親友大都知道這事。胡適跟曹佩聲熱戀的時候，確實曾動過「家庭革命」的念頭。他在《怨歌》的結尾激昂慷慨地寫道：「拆掉那高牆，砍掉那松樹，不愛花的莫栽花，不愛樹的莫種樹！」這裡的「高牆」是指封建禮教的阻隔，松樹是象徵遮擋「雨露和陽光」使愛情之花「憔悴」「早凋」的封建勢力。但是，一旦回到他的原配夫人江冬秀身邊，做為書生的胡適就變成洩了氣的皮球，一點動彈能力都沒有了。

江冬秀知道真相後與胡適大吵大鬧，並把曹佩聲送她的相片給撕了。

胡適在這年春天，開始向江冬秀提出離婚，江冬秀不聽則已，一聽勃然大怒。她從廚房中拿把菜刀，說：「離婚可以，我先把兩個孩子殺掉。我同你生的孩子不要了。」當下嚇得胡適面如土色。江冬秀也不避親近的人。一次，胡適的遠房表弟石原皋在場，江冬秀說起此事，想及自己十多年的等待，忍受種種流言蜚語，真是越想越氣，越說越怒，隨手抓了把裁紙刀要向胡適擲去。多虧石原皋勸住，才未釀成家庭血案。

除石原皋所言，還另有旁證。一九八八年七月初，《胡適周圍》的作者沈衛威先生曾收到胡適的侄外孫（同父異母兄長的外孫）程法德先生的一封信，信中談了他對沈衛威《胡適

的婚外情》一文的觀感，並向沈提供了鮮為人知的資料，其中有兩段是這樣寫的：

一九四六年，冬秀寄居我家三樓（上海四川南路五十號）。她有時至我母房中做私人談話時，以她一人寓滬而感嘆流淚（按此時胡適因擔任國民黨政府的駐美大使，雖早已離任，但仍旅居美國，兩個兒子均在美國求學），提起當年胡適、曹誠英一事時，雙手緊握拳頭，咬牙切齒地怒罵曹誠英是「狐狸精」不已。她對家母說：「當年妳叔叔（胡適）是要同我離婚的，我就這樣懷裡抱著思杜（時二歲），一手拉著祖望（時五歲），一手拿著菜刀，對妳叔叔說：『你要同我離婚，我母子三人就死在你面前。』」當時我已是十二、三歲的少年，在一邊聽著不寒而慄。冬秀平時對我們外孫很和藹、慈祥的，此事冬秀不只憶述一次，故我印象甚深。

家父知此事甚詳，他曾告訴我，一九二三年春（沈衛威按：應是夏秋），胡適去杭州煙霞洞養病（肺病），曹誠英隨侍在側，發生關係，胡適當時是想同冬秀離異後和她結婚，因冬秀以母子同亡威脅而作吧，結果誠英墮胎後，由胡適保送到美國留學，一切風波平息（墮胎一事胡適僅告家父一人）。

如此情形，胡適拿她沒辦法，也就不提了，但思想上一直悶悶不樂。有一天，胡適借酒澆愁，一連喝了十碗酒，也無法擺脫心中痛苦，於是寫信給冬秀的大姊江潤生，向她訴說自己的苦衷，表示還是要離婚。江回信勸解，她說：「我願你們平心靜氣和好吧。人生數十年光景，歡樂能幾許……我也知道我妹妹性子浮躁，望你還是容忍她些。看上人面上，與小孩們情面，再者十年後做阿翁、阿姑之時，那就很樂意的了。我勸你回想嘗試集《如夢令》第一首、第三四及末句子，（即：「難道不關情？」「怕是因情生怨。」「他日憑君發遣。」）自然而然不生氣，這也算是早年你應許的簽兆。」這封信說得有理有情，十分感人，胡適一直保存著，可能是起了作用的。

潑辣的江冬秀掌握了胡適的弱點：愛名、愛面子，尤其珍惜一頂做為青年導師的帽子。何況江冬秀的背後還有像梁啟超這樣的一代學術宗師做為後盾。胡適這位具有真性情的人在愛情和榮譽面前處於了兩難。一場癡戀由此而止。

胡適的悲劇在於，在愛情面前，不敢堅定地選擇自己所愛的人。在胡適的人生中，更重要的不是愛情，而是事業，是自己國學大師的形象。所以，當愛情受阻時，他是很難有不顧一切的犧牲精神的。胡適此時所想的，不是像浪漫詩人一樣為愛情而犧牲，而是如何大事化小，小事化了，不要傳出去讓別人笑話。

「忽聞河東獅子吼，柱杖落手心茫然。」家有悍妻，胡適又能如何呢？他只好讓曹佩

聲墮胎，答應保送她赴美留學，此事才告終。「一枝濃豔露凝香，雲雨巫山枉斷腸。」就此事，胡適留下了不少情詩，其中一首無題詩可見胡適「膽小君子」的本色：

隱處西樓已半春，
綢繆未許有情人。
非關木石無思意，
為恐東廂潑醋瓶。

胡適不提離婚的事，江冬秀也不鬧了，大家平安相處。後來江冬秀常到「亞東」去領胡適的稿費，有時也風趣地說：這點錢太少，是不是給曹佩聲拿走了。說得大家哈哈一笑。

7. 孤魂苦盼歸客

「寧願不自由，也就自由了」，胡適復歸固有軌跡，繼續當他的「舊道德的楷模」。胡適甚至是冷漠的，一九三六年他到綺色佳看望韋蓮司時，事先寫信給韋蓮司，要她不必在他到來時，讓曹佩聲來她家住，並說他與曹佩聲並不很熟悉。胡適是為了忠於家庭、忠於江冬秀嗎？如果是這樣，他似乎也不應該與韋蓮司有什麼瓜葛。不料癡心戀著胡適的曹佩聲在美國沒有見到胡適，竟因此鬧了場大病。我想，這場大病，與其說是因為沒有見著胡適而落下，不如說是絕望于胡適或是一時的絕情！

曹佩聲對胡適，一直是癡心不改，一往情深，鴻雁不斷，品嚐著苦澀的婚外情情。年輕時愛上中年男人的女人，往往像張愛玲一樣，把自己「變得很低很低」，「低到塵埃裡」，還要開一朵絕望的豔麗的花，卑賤已極地不無驚懼與迷戀地帶著死屍的腥味、燦爛地向著中年以上的臭男人微笑——走上了一條不歸路。曹佩聲可能絕望於胡適的離不了婚，可能絕望於胡適的讓她去墮胎……然而，當此時成了彼時，濤聲依舊，癡心依舊，這就是女人啊，這就是愛上了中年男人的女人啊！

因江冬秀不答應離婚，曹佩聲與胡適就不能結婚。據說這事她是主動者，宣揚出去也不太好，加之胡適多方慰勉，也就不逼胡適離婚了。但是，他們還是暗中往來，書信不斷。為了防避他人偷看，他們通信時都是不寫名字的。這可由一九二五年七月曹給胡的信得到證明。她說：「糜哥：……我們現在寫信都不具名，這更好了。我想人家要拆也不知是你寫的。」這時曹已於杭州師範畢業要回家鄉去，因此她說：「我們在假期中通信，很要留心，你看是嗎？不過我知道你是最謹慎而很會寫信的，大概不會有什麼要緊。」信的後部分激情來了，她說：「糜哥，在這裡讓我喊一聲親愛的，以後我將規矩的說話了。糜哥，我愛你，刻骨的愛你。我回家之後，仍像現在一樣的愛你，請你放心。」最後一句是：「祝我愛的糜安樂」。

可見曹對胡的愛情，是相當癡迷的。

曹佩聲沒有胡適，沒有家，但胡適似乎成了她的「宗教」，她的精神的憩園。一九二五年，她考取南京東南大學，選擇了胡適未竟的專業，讀農學院。畢業後留校（中央大學）當農學助教。一九三四年由她二哥支助（當然也有胡適的因素）留學美國，再一次選擇了胡適母校康乃爾大學——胡適唯讀了一半的大學——攻讀遺傳育種專業。

曹佩聲往美國時，胡適在這年八月八日，專門寫信給他在綺色佳的親密女友韋蓮司說：「我冒昧的向妳介紹我的表妹曹誠英。她正擬去美國進研究所學育種學，她可能會在康乃爾待兩年。她在南京中央大學所做的研究工作是棉花種子的改良；她的老師，大部分是康乃爾的畢業生，鼓勵她去康乃爾進修。她是自費生，由她在天津北洋大學教書的哥哥資助她。（因此）她得節約過日子，還得學口語英文。妳能在這兩方面給她一些幫助和引導嗎？」也真虧胡適付出此舉。這位充滿文學氣質、富有才氣的新女性應該加入「湖畔詩社」才是，或許會在中國詩壇、文壇上升起一顆耀眼明星。但是，她為「糜哥」走上了一條艱鉅而又充滿魔力的學術僻徑。

一九三七年，曹佩聲學成歸國，任安徽大學農學院教授。未幾，抗日戰爭全面爆發，她流亡入川，任四川大學特約教授。國難當頭，遍地哀鴻，胡適遠在美國當大使，曹佩聲無處可吐衷腸，無一人可傾聽她的心音。大後方物質條件艱苦不說，她總需要有個「男人與她」共赴國難呀，但她兩次經人介紹的戀愛失敗了（她並不知道，一次因為江冬秀在上海向男方親戚講了她許多「破話」而告吹），精神遭慘重打擊，一度思想苦悶到了極致，因此上了峨眉山遁入空門。「孤啼孤啼，倩君西去，為我殷勤傳意。道她末路病呻吟，沒半點生存活計。忘名忘利，棄家棄職，來到峨眉佛地。慈悲菩薩有心留，卻又被恩情牽繫。」穈哥，你聽得到嗎？曹佩聲這首寫於一九三九年七夕的無題詞，寄到美國，落到胡適手中，但沒有地址，讓正在為支援國內抗戰而奔走的胡適乾著急。遠水救不了近火，幸好她那在重慶的二哥曹誠克聞訊趕上山，苦苦勸導，終於把她帶來陪都重慶，被復旦大學農學院聘為教授（一九四二年），從此定位復旦，一直到一九五一年全國院系調整。

過不久，她先後遇到了她的同學朱汝華、好友吳健雄，抒長短句，由她們帶往美國，交給胡適。

魚沉雁斷經時久，未悉平安否？萬千心事寄無門，此去若能相遇說他聽。朱顏青鬢都消改，唯剩癡情在。念年辛苦月華知，一似霞棲樓外數星時！（《虞美人》，寫於一九四三年）

另一首詞只做了上闋：

闊別重洋天樣遠，音書斷絕三年（曹自注：從吳素萱即吳健雄女士帶來信後算起）。夢魂無賴古纏綿。芳蹤何處是，羞探問人前。（《臨江仙》，寫於一九四四年）

抗日戰爭勝利後，她隨復旦大學回到上海。她是個鍾情女子、學者教授，並不關心政治，但因為胡適的特殊地位，因而時時以「糜哥」為軸線打聽國共兩黨戰爭的現狀，尤其是解放戰爭的進程。

北平和平解放前夜，一九四八年十二月十五日，胡適夫婦在傅作義部軍官護送下乘車到南苑機場，上了蔣介石派來的飛機，飛向南京。

這些日子裡，曹佩聲天天望眼欲穿地關注著胡適的動態。胡適曾三次去過上海：一次是送江冬秀等女眷去臺灣，一次是與梅貽琦到上海會陳光甫，一下火車即被接去霞飛路上海銀行招待所——兩次都如「喪家」之忙亂，曹佩聲哪能攀見。第三次是去臺灣安置家眷後返回上海，三月底四月初，他與長子胡祖望被績溪老鄉胡洪開（上海「胡開文筆墨莊」老闆）邀去吃徽州餅、敘鄉情。曹佩聲聞訊，欲邀汪靜之（亦任教復旦大學）同去送別。汪說：「妳一人去送行才對。這一次生離，等於死別，妳和他有許多情話要互相傾訴，我去對你們倆談話不便，我就不去送別了。」曹佩聲到場作陪，頗多拘謹，分別幾多歲月，思念之湖快乾涸了……

而今她凝視這位望眼欲穿的心上人，已是危樓將覆的國民政府的「總統府資政」，昔日泱泱君子風度早失，長衫袖子也有些磨損了，面色憔悴、神情不安。曹佩聲一往情深、至誠至義地說：「糜哥，蔣介石已經回奉化去了。你不要跟他走下去了！」

胡適當然沒有聽曹佩聲的話，也沒有勸她出走。四月六日，在上海公和祥碼頭乘船，獨自去了美國。從此兩人鴻雁斷絕。

曹佩聲回到復旦滿臉是淚對汪靜之說：「我再三勸他不要走，挽留不住。我哀哭留他，勸不回頭。」說著，傷心地哭出聲來了。

關於曹佩聲的日記等遺稿，還要有所交代。

抗戰初，曹佩聲因急於向內地逃亡，把六本日記放在上海亞東圖書館老闆、績溪同鄉汪孟鄒處，記汪孟鄒的侄女汪協如保管。並告訴汪協如說：「我不在了，妳看過燒掉！」這幾本日記，在上海淪陷後，日本憲兵搜查亞東圖書館時丟失。後來聽人說這幾本日記在上海街頭賣，五角錢一本，汪協如立即去買，結果被人先買走了。書信等資料，曹佩聲一直帶在身邊。一九六八年，她離開瀋陽農學院後，一度住在杭州汪靜之家。一九六九年回績溪時，將這些資料留給了汪靜之夫婦，曹佩聲「命令」他們在她死後「一定要燒掉」。

一九七二年，曹佩聲赴上海治病。她已是肺癌晚期的病人了，自知來日無多，沒有返回

鄉里，住友人家。翌年一月十五日，她客逝在心上人胡適誕生的這個城市，享年七十一歲。胡適也活了七十一年，不過是早她十一年在臺灣逝世的。受寄她遺物的汪靜之在杭州聞這噩耗，「我是服從她命令的」，「我就把它燒掉了」。一縷青煙，帶走了哀婉的斷腸生涯和她沒有訴完的故事。

曹佩聲留下遺言，要求將她的骨灰埋葬在旺川村口，通往上莊的公路旁。績溪的鄉親理解這層意思，他們照辦了。當年，「若無人指點，誰會注意這個孤零零的小墓？這裡埋著一顆孤寂的心、一段無盡的相思」（美國胡適學家李又寧教授語）。現在，「曹誠英先生之墓」的墓碑樹起來了，凡去上莊參觀胡適故居的海內外朋友，熟悉胡適情事的，都不會漏掉這一景點。他們在這裡下車，朝這座孤墳站立默思。

嗚呼，孤魂苦盼歸客，要是「糜哥」魂歸故里，也一定會先在這裡與「娟表妹」相會的。

第三章　胡魯與娼

「五四」新文化運動的「三巨人」陳獨秀、胡適、魯迅，似乎與娼家都有過或多或少的聯繫。說起來，陳獨秀走得最遠，身體力行，多有實踐，此是題外話，不說也吧。我們還是說說胡適與魯迅。

一、「從叫局到吃花酒」

胡適比魯迅年輕許多，但胡適與娼家打交道，要比魯迅早許多，也要豐富多彩一些。《中華讀書報》二〇〇九年二月四日有一篇陳占彪的文章，題目叫《胡適的叫局與吃花酒》，標題取得比較委婉；此文在中國新聞網上刊佈時，文章名改為《胡適一生狎妓次數不算少：打牌吃花酒》，似乎會直白一些。此文系統介紹了胡適狎妓的經歷。陳占彪從胡適的日記等原始資料入手，為我們勾勒了胡適這方面的史跡。

胡適狎妓，是「從喝酒又到叫局，從叫局到吃花酒」，時間是在一九〇九年冬到一九一

〇年春，地點是上海。

一九〇九年十月初，胡適所寄身的中國新公學解散。這是胡適自一九〇四年到上海以來第一次感到生活無所依靠、精神無所寄託時候。「余自十月一日新中國公學淪亡以來，心緒灰冷，百無聊賴」(《胡適日記全編》，曹伯言整理，安徽教育出版社二〇〇一年版)，不幸這時他的「家事敗壞到不可收拾的地步」，就那麼一點薄產，兄弟還要分家，母親病倒，親人亡故。只有十八、九歲的胡適生活潦倒，「邇來所賴，僅有三事，一曰索，索債也；二曰借，借債也；三曰質，質衣物也。」(《日記》)他感到「前途茫茫，毫無把握」。「在那個憂愁煩悶的時候，又遇到一班浪漫的朋友，我就跟著他們墮落了」(《胡適文集》，歐陽哲生編，北京大學出版社一九九八年版)。這裡，說「浪漫」似乎欠妥，應是「無聊」才對。浪漫與墮落是不能畫等號的，人無聊了，則容易墮落。於是看戲、打牌、逛窯子成為胡適排遣自己的三大方式。

事情源自新公學一個叫何德梅(Ottomeir)的混血兒，此人父親是德國人，母親是中國人，什麼都會。他住東屋，胡適與林君墨、但怒剛等幾位朋友同住西屋，這東西屋又是通的。另外，離胡適不遠，還有個唐桂梁，此公係唐才常的公子，時值革命失敗，也情緒低落，自暴自棄。所謂近朱者赤，近墨者黑，「跟好學好，跟衰學衰」，情緒一低落，朋友一教唆，胡適這個小年輕就學壞了。於是，他便跟這幫狐朋狗友一起昏天黑地，吃喝嫖賭，無所不為。「何德梅常邀這班人打麻將，我不久也學會了。我們打牌不賭錢，誰贏誰請吃雅敘園。我們這一班人都能喝酒，每人面前擺一大壺，自斟自飲。從打牌到喝酒，從喝酒又到叫局，從叫局到吃花酒，不到兩個月，我都學會了。」據他自云：「我那幾個月之中真是在昏天黑地裡胡混。有時候，整夜的打牌；有時候，連日的大醉。」（《文集》）

醉生夢死。這些劣跡，胡適日記中一一記載，這一點，胡適是有盧梭一樣直面自己的勇氣的，這裡，我就不一一列舉了。不過，陳占彪認為，胡適並沒有走得太遠，他們也僅止於叫叫局，吃吃花酒，打打牌而已。據不完全統計，此段時間，他接觸過的妓女計有趙春閣、花瑞英、金韻籟、白玉茹、陳彩玉等人。要說明的是，逛窯子也並非只意味著皮肉交易。喝茶、打牌、作詩、獻唱、陪聊亦是娼妓的種種服務項目，而胡適們也止於「打茶圍」、「叫局」、「吃花酒」，用陳占彪的話說，只是在「池塘」走來走去，鞋子有點濕，但最終沒有「落水」。

一九二一年，胡適應高夢旦等人的再三請求，為上海商務印書館做一籌劃，九月四日，「回寓，恰值主人之子振時邀了陳景韓（冷血）、李松泉（哈佛學生，以善變戲法出名）和兩個葡萄牙人（能說中國話，大概是中國婦人生的）在家吃茶。他們邀我加入。後來始知這幾個人都講究照相，今天是來照園中風景的。那兩個葡萄牙人又招了兩個妓女來照相；我聽他們的談

話，大概這幾個人都是常在一起嫖賭的人。我因張丹斧七月間曾作一篇《取而代之》的文，使我覺得很對不起陳冷血，故我不便即辭出。」「最後他們把在座的人合照了一張，我也不便拒絕。」（《日記》）此時的胡適已不是十來年前的胡適了，他只是被合影了而已。

二、把視察窯子當作補課

胡適每到一地，似乎都喜歡到該地的窯子裡看看。一九二二年，胡適到濟南參加「第八屆全國教育會聯合會討論新學制」會議。十月十三日，日記裡這樣寫：「我就到濟源裡去看看濟南的窯子是個什麼樣子。進去了三家，都是濟南本地的，簡陋的很；大都是兩樓兩底或三樓三底的房子，每家約二人至四人不等，今夜因電燈滅了，只點油燈，故更覺簡陋。十時半回寓，早睡。」（《日記》）一九二五年九月底到十月初，胡適應武昌大學和武昌商科大學邀請去做演講，他忙中偷閒，與朋友們一起又要看看窯子的生活了。「有一天夜裡，小朋、達夫、金甫和我把周老先生（鯁生）拉去看漢口的窯子生活；到了一家，只見東牆下靠著一把大雞毛帚，西牆下倒站著一把笤帚，房中間添了一張小床，兩個小女孩在上面熟睡。」「又有一天，孤帆得了夫人的同意，邀我們去逛窯子，到了兩家，較上次去的清潔多了。在一家的席上，有一個妓女是席上的人薦給金甫的；席散後，金甫去她房裡一坐，她便哭了，訴說此間生活不是人過的，要他救她出去。此中大有悲劇，因是意中的事。此女能於頃刻之間認識金甫不是平常逛窯子的人，總算是有眼力的。那夜回寓，與達夫、金甫談，我說，娼妓中人閱歷較深刻，從痛苦憂患中出來，往往 more capable of real romance(擅長談情說愛)，過於那些生長地安樂之中的女子。」(《日記》)胡適少見下層社會的不幸，把視察窯子當作補課，當作體驗生活的機會。只是，也不曾見胡適留下關於娼妓生活的作品，或是研究娼妓生活的文章，有點可惜。

此外，可圈可點的還有一些，此不一一。

應該指出的是，胡適是有悔過之心的。七年留美生活使得他明白某些人視為風流韻事的逛妓院，其實是人類最為醜陋的道德之一。一九一四年六月三十日，他始提倡禁嫖。「吾國人士從不知以狎邪為大惡。其上焉者，視之為風流雅事，著之詩歌小說，輕薄文士，至發行報章(小報)，專為妓女作記室登告白。其下焉者，視之為應酬不可免之事，以為逢場作戲，無傷道德。」「今日急務，在於一種新道德，須造成皆知女子墮落為天下最可憐之事，令人人皆知賣良為娼為人道大罪，令人人皆知狎妓為人道大惡、為社會大罪，則吾數千年文教之國，猶有自贖之一日也。」(《胡適留學日記》)有點空洞，但畢竟提高了思想覺悟。

三、魯迅的「邀一妓」

胡適諸如此類的風流韻事，在魯迅一生事蹟中幾乎找不到蹤影。我們可以想像，魯迅這樣一個不修邊幅的人，頭髮雜亂如刺蝟一樣，穿著學生時代就穿著的破衣褲，因為不常洗衣，衣領油黑；吃了點心，掀起衣襟揩擦油手；到銀行取錢，職員要專門打電話核實此人是不是周樹人；挑擔的理髮匠見他頭髮長了，問他要不要理髮；在大街上，有人把他看成鴉片鬼，問他要不要買菸；他還病病歪歪，骨瘦如柴，手無縛雞之力……這樣一個人，他如果進了煙柳巷，不被人扔出來，那才怪了！

然而，魯迅一生中，也確實有「邀一妓，略與聊」的經歷，為此，資深美女作家蘇雪林還掀起一場不大不小的風波，搞得滿天下都知道，彷彿魯迅就是一個「嫖男」，是一個道貌岸然的偽君子。

蘇雪林在一九八八年十一月號《香港月刊》拋出《大陸颳起反魯風》一文。文中說：「據最近的太陽報，有李石城所撰《魯迅召妓引起轟動》一文，言有人在魯迅日記發現一則小記事『某月某日，召妓發洩』，有個讀者便驚叫起來，說道：『魯迅原來是這樣下流！看他外表像孔老二，居然也搞起玩妓女的事』又有一個讀者說『魯迅不是一個完人，因為他生活作風不正派。』」

李石城何許人也，不得而知。他依據「有人」的「發現」，撰文攻擊魯迅。蘇雪林又拾其牙慧廣為流佈，用心更其陰險，讓我不得不想到，這是不是她長期寡居的結果。對此，李允經在香港《明報》一九八九年第六期發表了《為魯迅一辯》一文，對李石城和蘇雪林進行了有力的批駁。李允經說：

> 魯迅日記中是否有過關於他和妓女的交往記載呢？有的。一九三二年二月十六日，記有「往青蓮閣飲茗，邀一妓略來坐，與以一元」，這原來是對於妓女的同情，可是一到李石城、蘇雪林筆下，便被篡改為「召妓發洩」。莫非除此而外，李、蘇等人還會在魯迅日記中別有「發現」嗎？當然絕不可能。那麼為什麼要篡改呢？這除了粗心、無知而外，就只能是居心叵測，惡意中傷了。
>
> 同年，魯迅還作有《所聞》一詩。詩中對妓女的同情，雖不能斷言是來自二月十六日的所見所聞，但也不能說絕無關聯。詩中寫道：「華燈照宴敞豪門，嬌女嚴裝侍玉樽。忽憶情親焦土下，詳看羅襪掩啼痕。」那時，適值上海「一・二八」戰後，由於日本帝國主義的狂轟濫炸，一些親人死於戰亂，驟然淪為孤兒的少女，不免落入酒肆，賣唱維生。在這種情況下，魯迅邀來一談，「與以一元」這難道就是嫖妓嗎？按照這種邏輯，豈不是只要和妓女見過面、說過話的男人就都成了嫖客了嗎？遺憾的是，這種荒唐的邏輯，我實在

不敢苟同。我想李石城也未必就不曾與妓女見過面、說過話，久居臺灣的蘇雪林女士也未必就沒有和嫖客見過面、說過話，但我是絕不會因此就斷言他們是嫖客或妓女的。

李允經引十六日《魯迅日記》，還沒有引全，這天下午，魯迅「同三弟往漢文淵」買書若干。之後去吃飯，「日記」是這樣寫的：「夜全寓十人皆至同寶泰飲酒，頗醉。複往青蓮閣飲茗，邀一妓略來坐，與以一元。」魯迅和周建人逛書店逛累了，叫出一家人一起到外面吃飯，酒喝多了一點，想去喝喝茶。試想，一家人一起出來，吃完飯，做為長子的魯迅會支開全家人，自己獨自去喝茶嗎？這於情理不符。我推測，魯迅也不大可能帶著全家人去喝茶，應該是讓周建人一起去。「略來坐」，已經寫得很清楚了，隨便坐坐，聊聊天，僅此而已。

蘇雪林晚年在臺灣生活，她對胡適極為景仰，想必已經讀過胡適的大多文字，胡適明文記載的以上光輝事蹟，她不置一詞，發現了魯迅的這點史跡，如同發現了新大陸一般，如此迫不及待傳播，這是什麼心態呢？如果說胡適逛窯子是體驗生活的話，魯迅為什麼就不能與妓女聊聊以瞭解民情呢？況且，胡適去了N次，並沒有留下體驗生活的結果，陳占彪說：「胡適逛窯子也許不光是為了狎玩，他把妓院做為瞭解一地風土人情，瞭解中國社會的一個視窗。」然而，胡適「純粹為了『看看』而『看看』的因素也許是不能忽略的，他在日記中也簡略地記載了這些妓院的基本情況，但問題在於，不知他到底瞭解到了什麼樣的民情。這裡也許有著某種隱密的衝動，因為某種情緒也許在體察社會民情的幌子的自我安慰下才能得到正當的展開」。魯迅去了一次，還有了上面所引那首頗有人道情懷的詩。蘇雪林太過性急，撿到一根稻草就當作大砲，她甚至沒有耐心去查一查魯迅日記，想出魯迅的醜，結果是誰出醜呢？我相信讀者自有公論。

胡適的N次狎妓與魯迅的唯一一次「邀一妓」之區別是顯而易見的。我不是褒魯而貶胡，哪怕胡適真的嫖娼了，說得直白一點，哪怕胡適真的和妓女上床了，又能說明什麼呢？陳獨秀經常嫖娼，但不會因此而不成為新文化運動的巨人；徐志摩也嫖過娼，但似乎並不影響做為「英美派」的他對陸小曼的一往情深。我陳述的只是事實。

四、一樣的關懷

不過，在對待妓女的態度上，胡適和魯迅卻有著共同的關懷，換言之，他們對受凌辱的女性有著一樣深廣的同情。

胡適對於妓女也不如一般人歧視和鄙夷的態度，對她們頗為尊重和同情。在他眼裡，妓女首先是個人。所以，當他聽說高一涵接了個妓女做老婆，就馬上寫信給他的老婆江冬秀，

叫她不要歧視人家。他請江冬秀千萬不要看不起高一涵所娶的女子，勸她善待此女。「她也是一個女同胞，也是一個人。她不幸墮落做妓女，我們應該可憐她，絕不可因此就看不起他」。另外，他致書高一涵，「勸他新娶之後，戒絕賭博，多讀書，繼續學問的事業。」（《胡適日記全編》）高一涵為了胡適的見解和寬慰，感激涕零，回信給胡說：「誰知你竟能超脫一切俗見，竟於寬恕之外，來勉勵我前進，真使我感愧無地！」（《胡適日記信編》）胡適認為，「我們中國的人，從前都把那些女人當作男子的玩物一般。」正是在這一點上，他與魯迅走得很近了。

首先，魯迅是反對嫖娼的。一九二八年四月九日在致李秉中的信中，魯迅談到這一問題。在回答「結婚然否問題」時，他說：「但據我個人意見，則以為禁慾，是不行的，中世紀之修道士，即是前車。但染病，是萬不可的。十九世紀末之文藝家，雖曾讚頌毒酒之醉，病毒之死，但讚頌固不妨，身歷卻是大苦。於是歸根結柢，只好結婚。結婚之後，也有大苦，有大累，怨天尤人，往往不免。但兩害相權，我以為結婚較小。否則易於得病，一得病，終身相隨矣。」禁慾不行，嫖娼會得病，也不行，最後，只能選擇結婚。魯迅提倡過正常人人的生活。這裡，魯迅還只是站在男性的立場說話。

胡適和魯迅都認為，在很大程度上，中國舊有的嫖娼責任主要在於嫖男，而不在於妓女。

魯迅說：「我們中國是大人用的玩具多：姨太太，雅片槍，麻雀片……」（《花邊文學·玩具》）這裡，魯迅已言明，女性和菸槍一樣，是大男人的「玩具」之一。魯迅認為，在私有制的社會條件下，女性成了商品。「自從金錢這寶貝出現以後，男人的進化就真的了不得了。天下的一切都可以買賣，性慾自然並非例外。男人們化幾個臭錢，就可以得到他在女人身上所要得到的東西。而且他可以給她說：我並非強姦妳，這是妳自願的，妳願意拿幾個錢，妳就得如此這般，百依百順，咱們是公平交易！蹂躪了她，還要她說一聲『謝謝你，大少』。這是禽獸幹得來的嗎？所以嫖妓是男人進化的頗高的階段了。」（《准風月談·男人的進化》）魯迅挖苦嫖客，說的是反話，實際上是指斥他們是禽獸不如的東西！顯然，在嫖男和妓女之間，魯迅把批判的鋒芒指向嫖男，同時指向男權社會。魯迅又說：「私有制度的社會，本來把女人也當作私產，當作商品。一切國家，一切宗教都有許多稀奇古怪的規條，把女人看作一種不吉利的動物，威嚇她，使她奴隸般的服從；同時又要她做高等階級的玩具。正像現在的正人君子，他們罵女人奢侈，板起面孔維持風化，而同時在偷偷地欣賞著有肉感的大腿文化。」（《南腔北調集·關於女人》）在魯迅眼裡，女人們常說的「臭男人」還真不是東西，一邊玩女人，一邊維持著風化！人們常說：又要做婊子，又要立牌坊。這也是針對女人而言的，倘若針對男人，那應該是：又要嫖娼，又要當正人君子。在《關於女人》中，魯迅進一

步說：「自然，各種各式的賣淫總有女人的份。然而買賣是雙方的。沒有買淫的嫖男，哪裡會有賣淫的妓女。所以問題還在買淫的社會根源。這根源存在一天，也就是主動的買者存在一天，那所謂女人的淫靡和奢侈就一天不會消失。男人是私有主的時候，女人自身也不過是男人的所有品。」在中國，長期以來，人們蔑視的眼光是對著妓女的，而對妓女的相對物嫖男，似乎不存在一樣。我們罵人時，通常罵某人是婊子，是妓女，有沒有罵某人是嫖客呢？基本上沒有吧?!

魯迅是看透了中國的男人的。在《關於婦女解放》一文中，魯迅說：「孔子曰：『唯女子與小人為難養也，近之則不遜，遠之則怨。』女子與小人歸在一類裡，但不知道是否也包含了他的母親。後來的道學先生們，對於母親，表面上總算是敬重的了，然而雖然如此，中國的為母的女性，還受著自己兒子以外的一切男性的輕蔑。」（《南腔北調集》）話反過來說，我們正面地積極立論，魯迅是希望以對待母親的態度來推及一切的女性。男人不應該把女人看作自己的私有財產，不應該看作玩物，也不要看作自己的附庸，而應該把她當作獨立的人，和自己平行的並立的人，是人生艱難旅途上的親密伴侶，應該在她們脆弱的時候幫助、尊重她們，並且記著我們的母親，是她把我們帶到這個世界上來，以母愛的太陽照耀著我們幸福的童年。凡不欲施於母親者，也不可施於一切的女性。

第四章　「無後主義」的破產

一、魯迅：實的「無後主義」

魯迅與胡適本來都是不想要後代的，然而，他們都有了後代。我們先看看魯迅是怎麼說的。一九三一年三月六日致李秉中的信中說：

> 孩子生於前年九月間，今已一歲半，男也，以其生於上海之嬰孩，故名之曰海嬰。我不信人死而魂存，亦無求於後嗣，雖無子女，素不介懷。後顧無憂，反以為快。今則多此一累，與幾隻書箱，同覺笨重，每當遷徙之際，大加擘畫之勞。但既已生之，必須育之，尚何言哉。

魯迅是傳統文化的掘墓人之一。傳統文化「不孝有三，無後為大」之類，對魯迅是不會有任何約束力的。況且，魯迅的祖父、父親都早已過世，身為長子，一般也不會有人向他施加這方面的壓力。所以，沒有孩子，魯迅自然「素不介懷」——不當一回事！不僅如此，他把小孩看作與書箱一樣笨重，是一種累贅；沒有小孩則沒有後顧之憂，反而感到快樂。在他看

來，小孩與他的書一樣，總有割捨不下的牽掛。

一九三一年四月十五日，在還是致李秉中的信中，又一次談到這一問題：

生今之世，而多孩子，誠為累墜之事，然生產之費，問題尚輕，大者乃在將來之教育，國無常經，個人更無所措手，我本以絕後顧之憂為目的，而偶失注意，遂有嬰兒，念其將來，亦常惘悵，然而事已如此，亦無奈何，長吉詩云：己生須己養，荷擔出門去，只得加倍服勞，為孺子牛耳，尚何言哉。

「生今之世」，魯迅是深為瞭解的，勞苦大眾如華老栓，如祥林嫂，如阿Q；讀書人老派者像孔乙己，新派的像涓生和子君，還有那無地徬徨的孤獨者魏連殳；至於先知先覺者，那只配送上刑場，為什麼被殺頭呢？被殺頭的總是壞人，他們被殺頭了，所以必定是壞人，於是，他們的血只能沾了饅頭治病，至於那心肝，還可以暴炒了，供兵丁下酒……如墓場一樣的中國，如鐵屋子一樣的中國，在這樣的土地上留下子嗣，那不是在鐵屋子中留下一個苦苦掙扎的將死之人嗎？那不是留下無邊的牽掛和千古的揪心嗎？雖然對魯迅來說，「生產之費，問題尚輕」，把孩子帶到只生產暴君和奴才的土地，是魯迅所不願意的。

教育也是問題，「國無常經」，從「廢黜百家，獨尊儒術」，再到張勳復辟，袁世凱奠孔，中國向無教育，只有教化。所謂中國教育者，便是如何把活生生的「天人」馴化成一個奴性十足的然而卻有一定技能的能服務於統治者的有用之人，即「用人」。歷朝歷代的統治者雖然花樣百出，一會兒這樣馴化，一會兒那樣馴化，但萬變不離其宗，都是洗腦，洗腦的目的是為了達到奴化的作用。在這樣的國家，「個人」當然「更無所措手」。魯迅「念其將來」，能不「惆悵」？能不憂心忡忡？所以，魯迅的兒子周海嬰說：「我是意外降臨於人世的。原因是母親和父親避孕失敗。」

魯迅的立足點是自己之外的孩子，魯迅看到的是一個不適合人類生存的中國和這塊土地上生長的以極權集團和奴才為主體的社會族群，是缺少自由的空氣和陽光的讓人窒息的鐵屋子。把一個鮮活的生命帶到這樣的鐵屋子或是墳場中，是對生命的摧殘，是有罪的。魯迅的「無後」是「實的無後」。

二、胡適：虛的「無後主義」

我們再來看看胡適對子嗣問題的態度。早年胡適曾經有「無後主義」思想。胡適十七歲讀中國公學時，於一九〇八年十月五日在第二十九期的《競業旬報》發表了一篇時評《論繼

承之不近人情》，該文論述的是，有鑑於他兒時眼見三哥出繼給珍伯父家的痛苦情景，認真地「從一個真問題上慢慢的想出的一些結論」。這位初出大山的青年，「如今要薦一個極孝順永遠孝順的兒子給我們中國四萬萬同胞。這個兒子是誰呢？便是社會。」「你看那些英雄豪傑仁人志士的名譽，萬古流傳，永不湮滅，全社會都崇拜他們，紀念他們，無論他們有子孫沒有子孫，我們紀念著他們，總不少減。」「一個人能做許多有益於大眾有功於大眾的事業，便可以把全社會都成了他的孝子賢孫。」由此出發，逐漸形成了胡適的「無後主義」和「社會不朽」的思想。

留學時期，一九一四年胡適著文《家庭的個人主義》，批判中國封建家族嗣續傳統的六個流弊，公開提出「無後」和「遺產不傳子孫」的主張，推崇英國大哲學家培根的「社會為妻為子」、「無後者乃最能傳後」的「無後」主張，又從《左傳》（魯襄公二十四年）的叔孫豹「立德、立功、立言」的對話中獲得啟發，確立了「三W的不朽主義」（「三W」即Worth、Work、Words，即立德、立功、立言）。

「三W不朽主義」到了一九一八年十一月他母親逝世時，在巨大悲痛打擊下，胡適對生死進行深一層的哲學思考，修正為「社會不朽論」（《不朽——我的宗教》，一九一九年二月十五日《新青年》六卷二號）。他在許多「不朽」中，過濾了「小我」，留存了「大我」，說：

「『小我』是會消滅的，『大我』是永遠不滅的。『小我』是會死的，『大我』是永遠不死，永遠不朽的。『小我』雖然會死，但是每一個『小我』的一切作為，一切功德罪惡，一切言語行事，無論大小，無論是非，無論善惡，一一都永遠留存在那個『大我』之中……故一切『小我』的事業、人格、一舉一動、一言一笑、一個念頭、一場功勞、一樁罪惡，也都永遠不朽，這便是社會的不朽。」胡適的「社會不朽」，「承認善的不朽，也承認惡的不朽」，我的注腳是，在胡適看來，羅斯福是不朽的，希特勒也是不朽的。

從以上所引胡適言論看，胡適有「無後主義」思想時，還十分年輕，這些言論，雖然有受一定的現實的啟發，比如，他三哥的出繼，但總體上看，還是出於書生意氣的就思辨而思辨。胡適的著眼點在於，我雖然無後了，沒有了繼續人，但如果我做到了「立德、立功、立言」，那麼，這個社會就有很多我的「孝子賢孫」，那我就從另一意義上不朽了。這裡，胡適更關注的是個人的發展、人格的自由獨立、個性價值尊嚴為精神核心的「健全的個人主義」，以及個人的成就和在歷史上的地位——不朽。

較之魯迅之沉鬱，之憂憤，胡適基本上屬於書生清談。但無論如何，胡適也生下了小孩，而且是接二連三，讓他的「無後主義」徹底破產了。

有的人活著，但已經死了；有的人死了，卻仍然活著。胡適的「無後」思想，我的理解是，

不一定要由子孫來繼承自己的生命，只是活著的生命有什麼意義呢？所以，他的終極追求是自己的不朽，因為不朽了，他永遠活著，也無所謂兒孫不兒孫，有後還是無後。胡適的立足點是自己，與他平時常說的，一個人把自己照顧好了，就是對社會的最大貢獻的思想是吻合的。如果一個人能做到「不朽」了，顯然，對社會的貢獻那是更大了。生不生小孩，與自己的不朽，兩個概念羼雜在一起，所以，在我看來，胡適的「無後」是「虛的無後」。

雖然魯迅是不朽的，但魯迅一生中，向來沒有像胡適這樣對「不朽」有著明確的孜孜不倦追求。魯迅持的是平常心，期望中國有所進步，他甚至希望他的文章「速朽」。一九二六年十一月十八日在致許廣平的信中，魯迅說：「要是我，實在是『身後名，不如即時一杯酒』……」魯迅對身後名看得很淡，他是灑脫的，這也是魏晉風度之一種吧。當然，這是由胡適的「無後」引申的題外話了。

三、父母無恩於孩子

我們從魯迅史跡可以看出，魯迅確實因為「偶失注意」，才有了嬰兒，因為此後魯迅便沒有再生了，周海嬰是獨子。胡適只是文字功夫，說說而已。胡適與江冬秀一九一七年十二月三十日結婚後，一九一九年三月十六日長子胡祖望出生，如果他真的是「無後主義者」，有了胡祖望之後，亡羊補牢，猶未晚矣；然而，一九二〇年八月十六日女兒胡素斐落地，一九二一年十二月十七日次子胡思杜來到人間，生產週期為十五至十七個月，他是一發而不可收拾，使得「無後為大，著書為佳」的胡博士不過四年時間，便有了五口之家！

胡祖望出生四個多月後，胡適寫了一首新詩《我的兒子》：

我實在不要兒子，
兒子自己來了。
「無後主義」的招牌，
於今掛不起來了！
譬如樹上開花，
花落天然結果。
那果便是你，
那樹便是我。
樹本無心結子，
我也無恩於你。

但是你既來了，
我不能不養你教你，
那是我對人道的義務，
並不是待你的恩誼。
將來你長大時，
這是我所期望於你：
我要你做一個堂堂的人，
不要你做我的孝順兒子。

雖然「兒子自己來了」是沒有道理的，兒子是不會自己來的，是爸媽尋歡作樂的結果，但胡適畢竟是新派人物，認知到上一代對下一代並無恩澤，只有義務與責任，不求後輩的回報，只希望他們如魯迅所言，到寬闊光明的地方去，此後幸福地度日、合理地做人，做得像一個人，一個堂堂正正的人。

在孩子教育問題上，胡適與江冬秀是有不一致之處的。胡適的長子胡祖望是在美國長大，接受了美國的教育，言行舉止時有西方風格，在對待傳統觀念上，也與江冬秀多有不同觀點。江冬秀動輒責怪孩子，以致造成隔閡。一九三四年「蒙古王公出殯」，胡家的汽車受阻，接受胡適無神、無後主義思想的胡祖望直愣愣地對江冬秀說：「媽，妳死了就埋，絕不擺儀仗隊阻礙交通！」江冬秀吃不消了，母子間有了裂痕。所以當大兒子一到美國，江冬秀跟著去信就罵他了。胡適收到這封信，隱匿了下來，反省自己，並提出「做朋友」的看法，規勸道：「冬秀，妳對兒子總是責怪，這是錯的。我現在老了，稍稍明白了，所以勸妳以後不要總是罵他。」「我和妳兩個人都對不住兩個兒子。現在回想，真想補報，只怕來不及了。以後我和妳都得改變態度，都應該把兒子看作朋友。他們都大了，不是罵得好的了。妳想想看，我這話對不對？」（一九三九年九月二十一日致江冬秀信）

魯迅也認為父母無「恩」於兒女。父母之所以以恩人自居，那是「老人本位」的思想在作怪，而不是「孩子本位」。魯迅說：

> 「父子間沒有什麼恩」這一個斷語，實是招致「聖人之徒」面紅耳赤的一大原因。他們的誤點，便在長者本位與利己思想，權利思想很重，義務思想和責任心卻很輕。以為父子關係，只須「父兮生我」一件事，幼者的全部，便應為長者所有。尤其墮落的，是因此責望報償，以為幼者的全部，理該做長者的犧牲。（《我們現在怎樣做父親》）

在這篇文章中，魯迅還批評中國父母把「生育」這樣的「常事」，當作「天大的大功」。

為什麼父母無恩可言呢？魯迅認為，「所生的子女，固然是受領新生命的人，但他也不永久佔領，將來還要交付子女，像他們的父母一般」，就是說，父母生了孩子，孩子也要生他的孩子，「但祖父子孫，本來個個都只是生命橋樑的一級，絕不是固定不易的。現在的子，便是將來的父，也便是將來的祖」，如此世世代代承傳，何功之有？對於子女，義務思想須加多，而權利思想卻大可切實核減，以準備改作幼者本位的道德。況且幼者受了權利，也並非永久佔有，將來還要對於他們的幼者，仍盡義務。

因為無恩於孩子，父母與孩子的關係是平等的。許廣平在《魯迅先生與海嬰》一文中說到魯迅對海嬰極為摯愛，「把人家兄弟之愛易作父子之愛的」。按照中國的舊道德，「父為子綱」，父子之間是隸屬關係，貓鼠關係，魯迅把父子之愛變成了兄弟之愛，那就近於一種朋友關係，就平等了許多。魯迅曾經讚賞蕭伯納的看法：「朋友最好，可以久遠的往還，父母和兄弟都不是自己自由選擇的，所以非離開不可……」（《南腔北調集·看蕭和「看蕭的人們」記》）魯迅死得早，沒有看到周海嬰的成人，但從魯迅的一貫主張看，從魯迅的一向為人看，他強調人與人之間是平等的關係，他堅決反對人與人之間的主奴關係，魯迅若是看到周海嬰成人了，也一定會像汪曾祺一樣，抽菸時分一根給兒子，為兒子的菸點上火，畢竟，「多年父子成兄弟」。

魯迅之愛子，和胡適一樣，反對「恩」，而代之以平等，代之以「誠」與「愛」。

當然，胡適的詩《我的兒子》是有理性上的漏洞的，當年，就有讀者汪長祿責備胡適「把『孝』字看得與做人的信條立在相反的地位」，「一定要把『孝』字驅逐出境，劃在做人事業範圍之外，好像人做了孝子便不能夠做一個堂堂正正的人。」事實上，一個堂堂正正的人，總是格外講孝道的。胡適在《每週評論》第三十四—三十五期發表了《關於我的兒子一詩和汪長祿的通信》，見解要比詩更為深刻一些：

> 我們糊裡糊塗的替社會添了一個人，這個人將來一生的苦樂禍福，這個人將來在社會上的功罪，我們該負一部分的責任。說得偏激一點，我們生一個兒子，就好比替他種下了禍根，又替社會種下了禍根。他也許養成了壞習慣，做一個短命浪子，他也許更墮落下去，做一個軍閥的走狗。所以我們「教他養他」，只是我們自己減輕罪過的法子。

這裡，胡適和魯迅一樣，有了「罪感」，一個孩子，如果危害社會，那父母是應該有「罪感」的。其實，何止於此，一個孩子如果不能自立於社會，父母也是有「罪感」的；一個孩子，在不適合生存的土地上掙扎，一生受了那麼多的苦，父母還是要有「罪感」的。

在我看來，生了一個孩子，就是父母尋歡作樂以後生下的一個大罪。中國人一向是無罪

感的，幾千年來，自己尋歡作樂，生下一串一串的孩子，接著就要作威作福，極為無恥地以孩子的恩人、債主自居，不時地要孩子孝順自己，「他們以為父對於子，有絕對的權力和威嚴；若是老子說話，當然無所不可，兒子有話，卻在未說之前早已錯了」，這是因為「中國親權重，父權更重」（《我們現在怎樣做父親》）。父要子亡，子不得不亡。中國的父親，幾千年來都是屌父親、屌男人。由這樣「有出息」的屌男人組成的是中國上層的極權集團，如狼似虎；由這樣「沒出息」的屌男人組成的是奴才和奴隸階層，如豬似羊。

四、胡思杜之死及其他

這裡，要順帶說一說胡適小兒子胡思杜的死。胡思杜於一九四七年十月十二日由美國回國。胡適沒有允許他到自己做校長的北京大學教書。山東大學歷史系來聘他，胡適知道是因為自己的面子關係，只同意讓他進該校圖書館工作。直到一九四八年夏，國民黨政權風雨飄搖，胡思杜由青島回到北平。八月三十日，胡適安排「思杜今天到北平圖書館去做工。」（《胡適日記》一九四八年八月三十日）

一九四八年十二月十一日，中國人民解放軍東北、華北野戰軍聯合發動平津戰役，北平城已被團團圍住，傅作義接受和平解放談判的條件，行將起義。十四日，胡適還在校正《水經注》。蔣介石派來專機接他去南京。十五日，胡適偕江冬秀決定離平南下，但就在他們身邊的小兒子胡思杜卻明確表示要留在北平，他說：我又沒有做什麼有害共產黨的事，他們不會把我怎麼樣，讓我迎接北平解放，同時看管東廠胡同家中父親的一百二十箱書籍。江冬秀十分難過，立即整理了一皮箱金銀細軟給兒子。說是將來結婚時好派上用場。這天下午六時四十五分，胡適夫婦在傅作義派來的副官和軍士的護送下，匆匆只帶了二十六回《石頭記》手抄本和正在考證的《水經注》，乘車到南苑機場，上了飛機，夜十時，抵達南京故宮機場。

北平解放後，一九四九年九月，胡思杜被安排進華北革命大學學習，編在政治研究院二班七組。據說原北平市最後一任市長何思源也在同一期學習。在濃濃的政治氛圍薰陶下，胡思杜要求進步的願望很強烈。據他舅舅江澤涵教授（新中國成立前回到北平，任北大數學系主任）對胡適研究專家沈衛威博士回憶說，思杜「去（華北革大）學習前，他把冬秀留給他的一皮箱細軟和金銀首飾等存放在我們這裡。等他學習、改造結束後，他來把這一皮箱東西取走了，說是要把這些東西上交給共產黨。」華北革大結業後，胡思杜被分配到唐山鐵道學院政治理論教研室，執教中國革命史。這時他也常去澤涵舅舅家，「說要與他父親劃清界限，並積極要求加入共產黨組織。他上交母親留給他的東西，就是向共產黨組織表示他的忠心。

他還寫了批判他父親的文章。」（江澤涵回憶）

這裡的「批判父親文章」，是指他的結業「思想總結」的第二部分。不知何方決定，又透過什麼管道，被一九五〇年九月二十二日的香港《大公報》以《對我父親——胡適的批判》為題發表了。

誠如胡思杜在該文中所說，他是「經過學代選舉前兩次檢討會」，「結合社會發展史、國家與革命、中國革命簡史的學習，鄧拓、何干之等同志的著作，自己鬥爭的結果」來批判父親胡適的——

> 我的父親出身沒落官吏士紳之家，在一九〇四年到一九一〇年時，他還是個學生，一九一〇年去美國（時年二十歲），美國的物質文明和精神文明，使一個從半封建半殖民地社會來的人迅速的被征服，他的長期教育環境使他的立場逐漸轉移到資產階級。

胡思杜在文章中說，胡適「一九一九年以後，日益走入歧途，提倡易卜生主義，以充實他的『問題論』，介紹實驗主義來對抗唯物主義」。胡思杜歷數胡適在中國每個歷史時期的「罪行」。「從階級分析上，我明確了他是反動階級的忠臣，人民的敵人。在政治上他是沒有什麼進步性的。」尤其在抗日戰爭時期——

他在一九三八年終於做蔣政權駐美大使，做了一個蔣政權得力的官吏。他在任中簽定了種種的商約，使美帝可以繼續取得「四大家族」從人民手中掠奪的「專賣品」。簽定多次借款，這些借款可以使蔣政權增強「威信」，可以購買武器彈藥來防共滅共，也可以使四大家族多一筆資本，在更廣的範圍內盤剝人民的血汗。他嚴謹不苟地為他的老闆服務著。

胡適的出走，這個小兒子是這樣分析的——

> 他對反動者的赤膽忠心，終於挽救不了人民公敵的命運。全國勝利時，他離開了北京，離開了中國，做了「白華」，他還盛讚「白俄居留異士精神之可佩」。
>
> ……這次出走，並在美國進行第三黨活動，替美國國務院掌管維持中國留學生的鉅款（四百萬美元，收受這筆錢的人大都是反動份子，民主個人主義者的資助和養成費），甘心為美國服務。

胡思杜在劃清和老子的界線後，也實事求是地表明自己的階級立場——

> 今天，受了黨的教育，我再不怕那座歷史的「大山」，敢於認識它，也敢於推倒它……
>
> ……在決心背叛自己階級的今日，我感受了在父親問題上有劃分敵我的必要，經過長

期的鬥爭，我以為在思想上大致劃分了敵我，但是在感情上仍有許多不能明確隔開的地方，除了自己隨時警惕這種感情的危害性以外，我並要求自己樹立工農大眾的感情來。在瞭解工農的偉大，自己勝利的參加土改後，我想一定會決絕消極狹隘的、非無產階級的個性感情的。

對於父親胡適的去從，胡思杜表示——

在他沒有回到人民的懷抱來以前，他總是人民的敵人，也是我的敵人。……今天瞭解政府的寬大政策，對於一切違反人民利益的人，只要他們承認自己的錯誤，向人民低頭，回到人民懷抱裡來，人民是會原諒他的錯誤，並給以自新之路的。

胡思杜這篇批判父親文章一見報，海外反響當然強烈，但一般輿論認為「做偽者代為捉刀」。胡適學生、摯友、臺灣大學校長傅斯年相隔一周（九月二十九日）即致信臺灣《中央日報》說，「胡思杜對於求學一事，沒有任何興趣，且心理上亦不無影響」，「尚屬天性醇厚」，那篇文章「絕非思杜之混混沌沌者所能做出」，「此文一定與其他共產黨誹謗讀書人的文字一樣，是共產黨自己把文章寫好，最客氣是強迫別人簽名，更可能簽名也是別人代勞的」。「別人代他寫文，我們也不必責備他了」。傅氏的公開講話，實質起代言作用的，因為誰都知道他與胡適關係密切。

胡適當然也讀到了這篇文章，似乎沒有什麼公開反應，只是將該文剪了下來，貼在自己九月二十七日的日記頁上，並附批道：「小兒此文是奉命發表的。」該文見報前十天（九月十一日），已遷居到美國紐約的江冬秀曾收到胡思杜的信，信中說「書都還存在北大，安好無恙」，並希望父親「少見客，多注重身體」。寫如此有人情味的信，肯定在那篇批判文章之後，因為文章是在華北革大改造後的「思想總結」。

但在新政權建立後的大陸，這樣文章的價值就非同一般了。國內論者都認為，長達十多年的大陸批判胡適運動，其序幕，應是胡思杜這篇文章。那年月，運動中衍生的悲劇故事已見多不怪了，而批胡（適）悲劇第一齣，恰恰是胡思杜，恰恰中了胡適一九一九年在解釋他的「無後主義」時所假設的「說得偏激一點，我們生一個兒子，就好比替他種下禍根……」如今，不就成了讖語？

胡思杜與胡適決裂後，雖然為人一團和氣，言談很「革命化」，馬克思主義、列寧主義掛在口上，然而還是難逃劫數。一九五七年夏秋間，在如火如荼的反右鬥爭中，上吊自盡了。

胡適的女兒早早夭折了，此後，只剩下長子胡祖望。

胡適自己無法實行「無後主義」，但他的「主義」卻後繼有人。他和江冬秀唯一的繼承人是大兒子胡祖望。胡祖望與四川人曾淑昭結婚，育有一子胡複。胡複幼年患小兒麻痹症，

留下跛足後遺症。他早年就讀皮伯岱大學，學鋼琴；曾任美國勞工部爭議司司長，可以說是美國華人中的一顆耀眼的星。然而，胡複卻是一個獨身主義者，至今還沒有結婚，真正承襲了胡適的「無後主義」。不過，胡複的「無後」——如果繼續實行「無後主義」的話，無後也就切實的無後，估計無法像胡適要求的那樣，達到「無後」而「不朽」的境界。

至於魯迅，生了周海嬰，周海嬰也沒有貫徹魯迅的思想，生了周令飛，周令飛生了一個女兒。魯迅「偶失注意」，似乎兒孫滿堂了。

第五章 「做最上等的人」與「尋點小事情過活」

希望孩子成為什麼樣的人，應該能折射出為人父母者的價值取向。在這一點上，胡適和魯迅是有著巨大的區別的，胡適希望他的孩子成為社會精英，「做最上等的人」；魯迅則較有平常心，他在文壇行走多年，見多了正人君子們的種種醜陋嘴臉，看夠了上層社會的墮落，不希望孩子成為空頭文學家或空頭美術家，他只希望孩子實實在在做人，「尋點小事情過活」。

一、「做最上等的人」

胡適一生，做的都是「最上等的人」，是皇上和總統的朋友，因而，他對孩子也有一樣的要求。一九二八年他就任中國公學校長兼文理學院院長。從這年二月開始，江冬秀帶著七歲的小兒子胡思杜，去老家績溪主持修築祖墳，於是家中只剩下胡適、祖望父子倆了。應好友丁文江的太太的邀請，胡適於二月二十四日攜祖望去蘇州做演講。在蘇州的日子裡，胡適、胡祖望父子倆相處得很融洽，玩得很開心，他嚐到做父親的滋味。他們住在丁太太任教的蘇州小學裡，受到很好的招待。胡適這位名人，在30個小時內被安排六次演說。接著，「二十六

日去遊鄧尉山，那天是星期天，轎子都沒有了，我們走上山，丁太太姊妹都走不動了，我也倦了，還有一位史監督，也倦了。在元墓山的廟裡等候轎子，直到天黑，轎子方才回來。抬到光福鎮，一家旅館都找不到，後來住在一家壞旅館……祖望很好，這回遊蘇州，我吃了苦，他卻很高興。二十五日他跟丁大哥上了一天課，他很喜歡那學堂，先生們也喜歡他。下學年似可以把他送到蘇州去上學」（一九二八年二月二十九日致江冬秀函）。所謂「上了一天課」，大約是胡適去演講，丁文江帶著胡祖望在他妻子的小學裡聽聽課，或是玩耍。

胡適發現胡祖望喜歡丁太太那個小學，第二年暑假，與妻子商量後，決定將才十歲的兒子送去，過獨立的寄宿讀書生活。八月二十六日，在致胡祖望的信中，胡適寫道：

> 功課及格，那算什嗎？在一個班要趕在一班的最高一排。在一校要趕在一校的最高一排。功課要考優等，品行要列最優等，做人要做最上等的人這才是有志氣的孩子。但志氣要放在心裡，要放在功夫裡；千萬不可放在嘴上，千萬不可擺在臉上。無論你志氣怎樣高，對人切不可驕傲。無論你成績怎麼好，待人總要謙虛和氣。你越謙虛和氣，人家越敬你愛你；你越驕傲，人家越很恨你，越瞧不起你。

大約是胡祖望向父親報告考試及格了，胡適才有了「功課及格，那算什麼」之說。如果功課是優呢？胡適會不會像當今某些家長，又有別的說詞？難說。這既是胡適的期望，也是胡適的為人方式。

胡適生命深處，有一個了不得的光點，就是「徽州朝奉」的精神。績溪是徽州府六縣之一。自古以來，有稱徽州地方人窮志不窮。徽州人自立自強，自重自尊，做人韌性很大，認準一個目標，百折不撓攀進。胡適尚在美國留學時，稟母親書中曾保證道：「吾鄉俗話說『徽州朝奉，自己保重』，我現在真是自己保重了。」（一九一八年二月二十三日）這裡，胡適也是用「徽州朝奉」的精神來要求胡祖望。至於志氣要放在心裡，那是胡適一向的為人風格，屬小有城府一類。

二、魯迅遺言

我們知道，魯迅臨去世前，留下了一個著名的遺言，這就是收在《且介亭雜文末篇》中叫《死》的那篇文章。對於孩子的未來，魯迅自然是希望「後來居上」的。他說過希望他兒子做父親做得比他還好。但是，對子嗣未來謀生的手段，魯迅卻寫下了這樣的遺言：「孩子長大，倘無才能，可尋點小事情過活，萬不可去做空頭文學家或美術家。」魯迅的意思很明白，寧可做一個能自食其力的勞動者，也不要做那種徒有虛名、華而不實之徒。王得後先生在《「兩地書」研究》一書中對這一條遺囑有過很深刻的評論，他說：「這條遺囑在文藝界是非常有

名的。循名責實，人們相約不要做『空頭』文學家和美術家，著重在『空頭』二字。」他深入地分析道：「我相信，魯迅多半是想到了自己在文學藝術界的影響吧？這種影響是有可能給予子嗣以某種庇蔭的。這種庇蔭，不來自世襲的權勢，而來自『父榮子貴』的封建主義傳統，徹底否定這個傳統，依靠自己，像千千萬萬勞動者及其子嗣一樣，依靠自己謀生存，求發展。」

三、終於當不成「最上等的人」

胡適要求孩子做「最上等的人」，什麼樣的人算是「最上等的人」呢？他沒有展開論述，但像胡適這樣，一生大約應算是「最上等的人」吧？倘若以胡適本人為標竿，似乎不好說他的孩子完成了他下達的指標。胡適的長子是有一點出息的，蔣介石政權搬到臺灣前後，胡祖望曾在他岳父駐泰國曼谷的一家公司任工程師。一九五三年遷居臺北以後，往返於臺灣、美國間，曾任臺駐美經濟機構代表。一九六〇年胡祖望一家定居美國。中美建交後，臺在美國的官方機構被撤除，胡祖望就在美國與朋友合股經營一家工商服務公司，他的一家就定居在美國首都華盛頓賓夕法尼亞大街的一棟花園別墅裡。胡祖望的兒子胡複早年就讀皮伯岱大學，上面提到了，曾任美國勞工部爭議司司長，也算美國華人中的一顆耀眼的星吧！胡適兒孫，較之胡適，雖不好說「君子之澤，五世而斬」，但離「最上等的人」似乎還有一點距離。

至於胡適的「小三」胡思杜，那不僅比胡適有很大的距離，比兄長和侄兒也有不小的距離。胡思杜像胡適當年那樣，喜歡政治，而江冬秀是極力反對的，一九三九年七月三十一日胡適寫信給妻子：「小三要學政治，也不要緊。小孩要學什麼，說不定後來都改變了。」他要冬秀轉告，既然學政治，還是國內為妥。一九〇四年三月二十日他又寫信對江冬秀說：「我想叫小三到昆明去上學。小三要學社會科學，應該到昆明去準備考北大清華。我此時沒有能力送兩個兒子去美國上學。所以想小三跟一位朋友到昆明去，跟著澤涵暫住，考進學堂後搬住學校。」次日，他寫信對胡思杜說：「你是有心學社會科學的，我看國外的大學在社會科學方面未必比清華、北大好。所以我勸你今年夏天早早去昆明，跟著舅舅（按指著名教授江澤涵，時在西南聯大任教），預備考清華、北大。」「學社會科學的人，應該到內地去看看人民的生活情況。」

但是，胡思杜就是想去美國留學。這一來，胡適十分尷尬了。他的大使月薪只有五百四十美元。一九三八年十二月他心臟病發作，住院七十七天，醫療費用四千多美元都是由好心朋友幫助墊付的。一九三九年九月祖望來美國讀書，胡適十一月十四日致信江冬秀，說了自己的煩惱：「大兒子現在進了大學，每年要一千二百美金。我明年要是走了，我就得想法子去到什麼用金子的地方，教一年書，替大兒子掙兩年學費。不然，大兒子就得半路上退學。一

個兒子已是如此，加上太太和小兒子，就更不自由了（現在要想從國內寄美金給兒子留學，是萬萬不可能的）。」胡適甚至感到了生活的壓力，似乎無力供胡思杜也來美國留學。

可是，一九四一年五月，受胡適之託照管胡思杜的胡適至交竹垚生（時任上海泰山保險公司經理）去信說：「小二（指思杜）在此念書（指東吳大學），無甚進境，且恐沾染上海青年惡習，請兄趕快注意。」胡思杜不僅沒有努力做「最上等的人」，還像胡適年輕時一樣，成了「問題青年」，因此胡適還是讓「小三」去了美國。

小兒子既然來了，胡適就得設法張羅。胡適把他送到費城的海勿浮學院（Haverford College）去就讀。該校的院長康福教授（Prof.w.w.Comfort）是胡適當年康乃爾大學的法文教師，兩人友誼甚篤。「小三來了，至少四年，我要走開就得替他籌劃一筆學費、用費，那就不容易辦了。就得設法去賣文字，或者賣講演，替兒子籌備一點美金。」於是胡適目的明確地「從現在起，要替他儲蓄一筆學費，凡我在外面講演或賣文字收入的錢，都存在這個儲蓄戶頭，做為小兒子求學費用。」（一九四一年四月十日致江冬秀函）。他希望小三用功讀書，多掙學分，利用「三個暑假（期）」，把四年課程用三年半讀完畢業，這樣就節省一個學期的學費了。但是胡思杜並沒有讀好書，後來轉學到中部的印第安那大學，用錢少了一半，但一個學期內他根本沒有去上課，期間還到一家健康學校去減肥，把父親匯給他的錢全部去跑馬跑光了，欠了一身債。結果為了兩張支票，差點被員警找去，被胡適的一位朋友救了出來，發現他的口袋裡全是當票，其中一張是老子回國時留給他的一架打字機的當票。胡思杜在美國讀了兩個大學，都沒有畢業。終於當不成「最上等的人」。

四、魯迅的孫子賣爆米花

魯迅的兒子周海嬰，現在也是一個名人了，一生在搗鼓他的無線電，似乎不好斷定是否屬「尋點小事情過活」之類，不說也吧。二〇〇一年九月，周海嬰寫了一本《魯迅與我七十年》，其中談到他的兒子，也就是魯迅的嫡孫周令飛賣爆米花一事，倒是蠻有趣味的。

二十世紀八〇年代初，曾經發生了一件給國人帶來不小震撼的事：魯迅的孫子周令飛竟然從日本跟一個「身分可疑」的臺灣姑娘張純華到臺北結婚去了。一時間，境外媒體大肆炒作，港臺報刊稱周令飛是「海峽兩岸第一個闖關者」。周令飛的出走，讓周海嬰夫婦傷透了腦筋。周海嬰說：「最讓我們擔心的，還是兒子在那邊的言行舉止，即政治表現。我們估計國民黨當局很可能要利用他，各種政治色彩的媒體，也不會輕易將他放過，臺灣社會又是如此複雜，因此我們無時無刻都在心中默禱著：要頭腦清醒，千萬不能做出什麼出格的事，成為人家的反共工具啊！」

周令飛在「那邊」的言行舉止怎樣呢？

在從日本飛往臺灣前，周令飛向媒體發表了三點聲明，其中第一條是：此舉純粹為了愛情，而沒有任何別的企圖。時過境遷，現在回頭看，我以為，周令飛確實如他所說，「純粹是為了愛情」。周海嬰在書中寫道，周令飛剛到臺北那陣子，有人企圖利用他。媒體一片喧嘩，有的將他赴臺的行動乾脆名之為「投奔自由」。加之「美國之音」一類外電競相渲染，他似乎真的成了個「叛逃者」。面對如此複雜的情勢，他雖然孑然一身，仍能從容自如地應對各種誘惑和「圍攻」。面對記者們別有用心的誘導，他絕不授予任何他們想要得到的片言隻語。有的媒體企圖邀他去為其工作，他立即警惕地意識到有可能被利用而予婉拒。他一向熱衷於攝影藝術，寧願改行學習經營之道，當起他岳父開辦的百貨公司的協理，也不做「出格」的事。

我們試想，當年，卓長仁這樣一個劫機犯，都可以成為「投奔自由」的「戰士」，都可以成為一個關於大陸的什麼研究所的研究員，魯迅的孫子要想謀個體面的工作，應是絕無問題的，不是還有「媒體企圖邀他去為其工作」嗎？可是，周令飛毅然放棄了。

周令飛在他岳父開的百貨公司做事。後來，因為修地鐵，百貨門口臨時搭起了圍欄，交通受到妨礙，顧客隨之大減，生意每況愈下，資金滯擱，只好關門了事。周令飛的岳父為了躲債逃去日本，只能靠周令飛這個外來的女婿料理一切後事。

周令飛與張純華夫婦一下子變得上無片瓦、下無立錐之地。便是在這樣艱難的日子裡，周令飛也沒有做「出格」的事。他們買了一臺爆米花機，將爆好的米花批發給攤販，以此度日。魯迅的孫子竟然落到了賣爆米花的地步，這當然是一大新聞！周海嬰寫道：「這事給那些無聊記者獲悉，寫文章拿我兒子當笑話，說什麼想不到魯迅的孫子竟落到在臺北賣爆米花過日子的地步。但我兒子不以為然，心想我本分做生意，靠勞動吃飯，這給祖父丟什麼臉？照樣他幹他的。」

其實，周令飛的賣爆米花，不正是魯迅說的「尋點小事情過活」嗎？僅憑這點，我認為，周令飛是不愧為魯迅的後人的，如果他「出格」，在臺灣當個空頭文學家或美術家，應是一件輕而易舉的事。這裡，不僅是有無才能的問題，更是有無操守的問題。周令飛不僅沒有給魯迅丟臉，實際上正是遵從了魯迅的遺願，是照魯迅的遺囑辦事。

依靠自己謀生存，求發展，正是魯迅這條遺囑的實質內容。周令飛客觀上實踐了魯迅的遺囑。後來，他夫婦倆完全靠自己的雙手，「終於創造了這樣一個雖不算富裕、卻也舒適安逸的家」！周令飛對舞臺藝術情有獨鍾，攝影又是他的專長，經過幾年努力，一本沉甸甸的長達五十萬字的著作《夢幻狂想奏鳴曲——大陸舞臺四十年》問世，並在臺北《中國時報》連載。周令飛有一個願望，他不願意被人加上「魯迅的孫子」這種定語。他不願靠祖上「庇蔭」

生活。他要創造自己的事業，走自己的路，體現自己的人生價值。對此，周海嬰不無欣慰地說：「我想，這也是父親所願意看到的。」是的，這確實是魯迅所願意看到的。

寧可賣爆米花，也不願做「出格」的事，這有魯迅的遺風在，這有魯迅的硬骨頭精神在，有如此風骨，我相信周令飛會有更美好的未來——不過，話說回來，哪怕他永遠賣爆米花吧，哪怕他永遠生活在社會的底層吧，他在人格上也比那些空頭文學家和美術家來得更健全，他的生活也比病態者更接近真實和自然。老舍說：「在我看來，（我的）兒子做木匠、瓦匠，或做寫家，是同樣有意義的，沒有高低貴賤之別。」「我願自己的兒女能以血汗掙飯吃，一個誠實的車夫或工人一定強於一個貪官污吏。」

人人生而平等，這是西方所謂「普世價值」之一，胡適在美國折騰了那麼多年，怎麼還會有「做最上等的人」的思想呢？這些文字，是胡適與孩子的通信，我相信他演講做文章時，應該不會這麼說、這麼寫的。我們不能苛責胡適，胡適雖然是「最上等的人」，但並沒有以人上人自居，他的朋友中，就有賣芝麻餅的小販袁飏。儘管如此，透過胡適與魯迅的這一對比，我要說的是，魯迅是有平民情懷的，是有閱盡滄桑後的平常心的；同樣做為「英美派」的胡適，比起徐志摩、梁實秋，要少許多「洋氣」和「貴族氣」，但比起魯迅，他確實還是高高在上的正人君子。

第二輯

文化政治篇

第一章　魯胡「五四」前後的交往

一、同一個戰壕的戰友

在「五四運動」興起之前，胡適在《新青年》二卷五期發表《文學改良芻議》之後，魯迅與胡適有著比較一致的思想觀點與共同的主張，即：反對文言文，提倡白話文；反對舊道德舊禮教，提倡科學與民主。此外，他們在文學、學術實踐上也有很多共同點和互補之處，他們的步調是一致的。在反對舊文化，宣導新文化的過程中，他們密切配合，互相呼應：或是胡適首先發難，魯迅緊緊跟上，並作進一步的闡發；或是兩人同時從不同的角度和側面，對某一問題做深入的論述。

關於宣導文學革命，胡適的《文學改良芻議》一文成為新文學運動的發難信號。此後，他陸續又寫做了《歷史的文學觀念論》、《建設的文學革命論》、《易卜生主義》、《什麼是文學》等等文章，在否定的舊文學的基礎上，形成了系統的文學革命論。魯迅關於文學革命的意見，在總體上沒有超出胡適，但在創作新文學的實踐方面，卻有自己的獨特的貢獻。魯迅在《〈自選集〉自序》一文中說：「我做小說，是開手於一九一八年，《新青年》上提倡『文學革命』的時候的。」魯迅認為，這些提倡「文學革命」的「戰士」「雖在寂寞中，想頭是不錯的，也來喊幾聲助助威吧。首先，就是為此」。魯迅認為，「這些也可以說，是『遵命文學』。不過我所遵奉的，是那時革命的前驅者的命令，也是我自己所願意遵奉的命令，絕不是皇上的聖旨，也不是金元和真的指揮刀。」很明顯，魯迅所遵的是提倡文學革命的先驅者的命，這主要指的是陳獨秀，當然包括了胡適。魯迅的「遵命」之作，切實地顯示了文學革命的「實績」，也彌補了胡適所自以為的「提倡有心，創作無力」的缺憾。

到了一九二七年，即不少人認為他們已經分道揚鑣了以後，魯迅在《無聲的中國》一文中，仍然對胡適的功績給予實事求是的歷史評價：

> 要恢復這多年無聲的中國，是不容易的，正如命令一個死掉的人道：「你活過來！」我雖然並不懂得宗教，但我以為正如想出現一個宗教上之所謂「奇蹟」一樣。
>
> 首先來嘗試這工作的是「五四運動」前一年，胡適之先生所提倡的「文學革命」。「革命」這兩個字，在這裡不知道可害怕，有些地方是一聽到就害怕的。但這和文學兩字連起來的「革命」，卻沒有法國革命的「革命」那麼可怕，不過是革新，改換一個字，就很平和了，我們就稱為「文學革新」吧，中國文字上，這樣的花樣是很多的……然而，

單是文學革新是不夠的，因為腐敗思想，能用古文作，也能用白話作。所以後來就有人提倡思想革新。

這裡，魯迅把「文學革命」，看作宗教上的「奇蹟」一樣，無異於讓死掉的人活過來。這也不是危言聳聽，新文學運動實際上是對死的封建文學的革命。當然，魯迅也指出，只有文學革命是不夠的，還要有思想的革命。

胡適在理論上提倡文學革命的同時，決心以實驗主義的方法來實驗白話作詩的可能性。他努力去嘗試，終於將零星寫成的近七十首新詩結集為《嘗試集》，成為中國現代文學史上第一部白話詩集。胡適孤軍奮戰時，魯迅給予他極大的支持和配合。魯迅說：「我其實是不喜歡做新詩的——但也不喜歡做古詩——只因為那時詩壇寂寞，所以打敲邊鼓，湊些熱鬧；待到稱為詩人的一出現，就洗手不做了。」（《集外集．序言》）魯迅做新詩實在是為了給胡適助威，給對新詩持懷疑態度的人一個有力的回擊。一九一八年五月十五日，他以「唐俟」的筆名在《新青年》上發表了《夢》、《愛之神》和《桃花》三首白話詩，以後又發表過三首。

當胡適遭到「學衡派」與「甲寅派」的圍攻時，魯迅挺身而出，撰寫《估學衡》與《答KS君》等名文，給予胡先驌、章士釗等人以有力的回擊。

在學術研究方面，魯迅與胡適之間，曾經過從甚密，相互切磋。從《魯迅日記》中我們知道，《中國小說史略》出書前後，魯迅曾反覆徵求胡適的意見。胡適在寫作《中國章回小說考證》的過程中，也多次向魯迅請教。他們在討論學術問題時，凡是認為正確的便欣然表示同意；錯誤的便明言直說，從不含糊其詞，拐彎抹角；有疑問的，也不苟同，提出商榷意見。這在魯迅的《中國小說史略》、《中國小說的歷史變遷》與胡適的《中國章回小說考證》裡，都有明確的記載。

胡適對魯迅也多有讚譽之詞，仰慕之情。

魯迅發表了《狂人日記》以後，胡適便給予熱烈的讚賞與高度的評價，稱譽魯迅是「白話文學運動的健將」。胡適在一九二二年所寫的《五十年來中國之文學》一文中，回顧了五四運動前後的小說創作情況時指出：「這一年多（一九二一年以後）的小說月報已成了一個提倡『創作』的小說的重要機關，內中也曾有幾篇很好的創作。但成績最大的卻是託名『魯迅』的。他的短篇小說從四年前的《狂人日記》到最近的《阿Q正傳》，雖然不多，差不多沒有不好的。」一九二二年八月十一日，胡適在日記中還寫道：「周氏兄弟最可愛，他們的天才都很高。豫才兼有賞鑑力與創作力，而啟明的賞鑑力雖佳，創作較少。」胡適是最早認識魯迅小說的價值的人之一。不言而喻，胡適對魯迅小說的推崇，不僅肯定了魯迅在文學史上的崇高地位，而且對推動當時的白話文學的創作，起到了不可忽視的良好作用。

對於魯迅前期雜文，特別是在《新青年》發表的《隨感錄》，胡適對其中有些篇章，表示了極大的讚賞。如《隨感錄．四十一》關於「學學大海」、「擺脫冷氣」、「有一分熱，發一分光」這段寓意深刻的話，胡適說，看了這段文字，感動得「一夜不能好好的睡，時時想到這段文章」（《胡適來往書信選【上冊】》，中華書局一九七九年版）。

我們從胡適在一九一九年二月致錢玄同的信中知道，胡適原先「曾經擬過幾條辦法」，「很想做一部《中國小說史》」。據胡適說，「可惜沒有試辦的工夫」，終於未能遂願。事隔三年，魯迅的《中國小說史略》出版了，胡適對此不是心懷嫉妒，而是報以熱情的誇獎，認為「這是一部開山的創作，搜集甚勤，取材甚精，斷制也甚嚴，可以替我們研究文學史的人節省無數精力」（《白話文學史．自序》，團結出版社二〇〇五年十二月版）。

二、居中調停的「和事佬」

五四落潮以後，魯迅與胡適的關係開始有了小裂痕。一九二六年前後，「現代評論派」陳西瀅與魯迅發生激烈論戰。胡適與陳西瀅同是「現代評論派」的，以胡適的思想傾向來說，當然是更親近陳西瀅。即便如此，胡適並沒有介入這一爭論，更沒有對魯迅進行任何公開的指責，反而於同年五月自天津寫了致魯迅、周作人和陳西瀅的信，居中調解，他說：

> 你們三位都是我很敬愛的朋友，所以我感覺你們三位這八九個月的深仇也似的筆戰是朋友中最可惋惜的事。我深知道你們三位都自信這回打的是一場正義之戰；所以我不願意追溯這戰爭的原因與歷史，更不願評論此事的是非曲直。我最惋惜的是，當日各本良心的爭論之中，不免都夾雜著一點對於對方動機上的猜疑；由這一點動機上的猜疑，發生了不少筆鋒上的情感；由這些筆鋒上的情感，更引起了層層猜疑，層層誤解。猜疑愈深，誤解更甚。結果便是友誼上的破裂，而當日各本良心之主張就漸漸變成了對罵的筆戰。……親愛的朋友們，讓我們從今以後，都向上走，都朝前走，不要回頭睬那傷不了人的小石子，更不要回頭來自相踐踏。我們的公敵是在我們的前面；我們進步的方向是朝上走。（《胡適來往書信選［上冊］》，中華書局一九七九年版）

從這封信可以看出，胡適是持息事寧人的態度，而不是支持陳西瀅繼續攻擊魯迅。胡適對魯迅還是比較尊重的。

三、「雙簧信」

當然，「五四」前後，魯迅與胡適，在很多具體問題上也有很多見解不同，但這些矛盾，都不是非常激烈的，更談不上尖銳對立。

魯迅與胡適分歧的第一次具體表現，是對《新青年》「雙簧信」的不同看法。所謂「雙簧信」，是由錢玄同、劉半農兩人合夥幹的。當時，《新青年》同人「頗以不能聽見反抗的言論為憾」（劉半農語），如魯迅所說：「他們正辦《新青年》，然那時彷彿不特沒有人來贊同，並且也沒有人來反對。」雜誌最怕辦得寂寞，捧也好，罵也好，熱鬧起來才是雜誌的活路，寂寞久了，沒人贊同沒人反對久了，就自行消亡了。怎麼辦呢？為了引起文學革命的論戰，他們從鬥爭策略著眼，一九一八年三月，《新青年》第四卷第三號上，在《文學革命之反響》的標題下，同時刊出了王敬軒給《新青年》編者的一封信和劉半農的覆信。王敬軒本無其人，此信係錢玄同綜合當時舊文人反對新文化運動的種種謬論寫成。劉半農在覆信中對這些謬論做了痛快淋漓的駁斥，給新文化運動的反對者以迎頭痛擊。

這兩封雙簧信發表後，激怒了封建衛道者，林琴南者流也跳出來鼓噪了。在當時的思想界和文學界引起了巨大震動，新文化運動的宣導者與封建主義守舊派短兵相接的鬥爭由是展開。新文化運動方面的戰鼓擂得更緊了。

胡適做為《新青年》的編輯之一，對「雙簧信」的內幕自然是清楚的，但很不以為然，視之為「輕薄」之舉，認為這樣做「有失士大夫身分」，這種「不登大雅之堂」的文章，不應該發表，「憑空閉產造出一個王敬軒」並不值得辯論。但魯迅的態度則相反，魯迅認為此舉無可非議，因為「矯枉不忌過正；只要能打倒敵人，嬉笑怒罵，皆成文章」。不過，他們的分歧並沒有公開化，也沒有發生衝突，屬於各說各話。其實，這也只是鬥爭方法問題的爭論，甚至只是編輯策劃的問題，並不影響他們在反對封建文化方面的一致性。

四、《新青年》的編輯方針問題

一九二〇年前後，魯迅與胡適在關於《新青年》的編輯方針的討論中出現了不同意見。事情的經過是這樣的：從一九二〇年春天開始，陳獨秀有把《新青年》變為上海共產主義小組的機關刊物之意，因而在同年四月二十六日自上海致函在北京的李大釗、胡適等十三位主要撰稿人，其中問到「編輯人問題」：「（一）由在京諸人輪流擔任；（二）由在京一人擔任；（三）由弟在滬（繼續）擔任？」（《胡適來往書信選［上冊］》，中華書局一九七九年版）北京的主要撰稿人如何回答，不得而知。不過，最後採用了協力廠商案，從一九二〇年九月起，《新青年》成了上海共產主義小組的機關刊物，由陳獨秀在上海主編。《新青年》改刊

後，編輯方針即有相應改變，更多地宣傳共產主義和馬克思主義學說。起先，胡適對此也不怎麼在意，還繼續為《新青年》寫一些詩文。到同年月十二月中旬，情況有了變化。由於上海國民黨當局下令郵局停寄《新青年》，而此時陳獨秀又將赴廣州，於是即致函在京的李大釗、胡適、魯迅等人，通報說：「此間編輯事務已請陳望道先生辦理，另外新加入編輯者，為沈雁冰、李達、李漢俊三人。」（《胡適來往書信選〔上冊〕》，中華書局一九七九年版）十二月十六日，陳獨秀離滬赴粵的那一天，又專門致函胡適等人，謂：「新青年色彩過於鮮明，弟近亦不以為然，陳望道君亦主張稍改內容，以後仍以趨重哲學文學為是，但如此辦法，非北京同人多做文章不可。」（《中國現代出版史料甲編》，中華書局一九五四年十二月版）胡適收到此信後，於本月二十七日夜回信陳獨秀說：「《新青年》『色彩過於鮮明』，兄言『近亦不以為然』，但此是已成事實，今雖有意抹淡，似亦非易事。北京同人抹淡的工夫決趕不上上海同人染濃的手段之神速。現在想來，只有三個辦法」，即：

1．聽《新青年》流為一種有特別色彩之雜誌，而另創一個文學的雜誌，篇幅不求多，而材料必求精。我秋間久有此意……2．若要《新青年》「改變內容」，非恢復我們「不談政治」的戒約，不能做到。但此時上海同人似不便做此一著，兄似更不便，因為不願示人以弱。但北京同人正不妨如此宣言。故我主張趁兄離滬的機會，將《新青年》編輯的事，

> 自九卷一號移到北京來。由北京同人於九卷一號內發表一個新宣言，略根據七卷一號的宣言，而注重學術思想藝文的改造，聲明不談政治。
>
> 孟和說：《新青年》既被郵局停寄，何不暫時停辦，此是第三辦法。但此法與《新青年》社的營業似有妨礙，故不如前兩法。
>
> 總之，此問題現在確有解決之必要……

信末，胡適又特別註明：「此信一涵、慰慈見過。守常、孟和、玄同三人知道此信的內容。他們對於前兩條辦法，都贊成，以為都可行。」（《中國現代出版史料甲編》，中華書局一九五四年十二月版）

據胡適說，陳獨秀收閱此信後「頗多誤解」，於是胡適在次年的一月二十二日又給在京的李大釗和魯迅等人寫信，信中解釋說：他原先對《新青年》編輯方針的基本意見是主張移回北京，聲明不談政治，或另辦一個「專關學術藝文的雜誌」，因為「今《新青年》差不多成了Soviet Russia的漢譯本」，但為了避免陳獨秀的誤解，現在只「盼望《新青年》『稍改變內容，以後仍以趨重哲學文學為是』（獨秀函中語）。我為了這個希望，現在提出一條辦法：就是和獨秀商量，把《新青年》移到北京編輯」。（《中國現代出版史料甲編》，中華書局一九五四年十二月版）

對於胡適這一最後的意見，李大釗等人贊同，魯迅和周作人認為，可以讓《新青年》分裂為京、滬兩家，甚至不必爭《新青年》的「名目」或「金門招牌」。（參見胡適一九二一年一月二十二日致李大釗等人的信後面有關收信人的批語，收入《中國現代出版史料甲編》，中華書局一九五四年十二月版）魯迅一九二一年一月三日致函胡適又進一步表示：在《新青年》移回北京後，「至於發表新宣言，說明不談政治，我卻以為不必。這固然小半在『不願示人以弱』，其實則凡《新青年》同仁所做的作品，無論如何宣言，官場總是頭痛，不會優容的。此後只要學術思想藝文的氣息濃厚起來——我所知道的幾個讀者極希望《新青年》如此——就好了」。

對於這一段往事，有論者臆造了魯迅和胡適的所謂「衝突」，說胡適「蓄謀已久」，「挑起爭論」，「妄圖使《新青年》編輯部遠離當時中國共產黨籌建活動的中心地——上海。他以為，一旦遷到北京，他就可以糾集黨羽，為所欲為，篡改《新青年》的方向，控制《新青年》雜誌」，「它的實質，是資產階級右翼跳出來分裂新文化運動的統一戰線，是爭奪新文化運動的陣地和領導權」云云。可是，以上史料表明，這場討論是陳獨秀挑起的，而不是胡適；對於《新青年》八卷一號「色彩過於鮮明」的看法，並主張「稍改變內容」，也是陳獨秀首先提出的，胡適、李大釗和魯迅均表示了某種程度的同感，胡適建議把《新青年》移回北京辦，也為李大釗、魯迅等人所同意，並不是胡適要搞分裂。他們都贊成「學術思想藝文的氣息濃厚起來」。他們的小分歧僅僅在於：如果《新青年》雜誌移回北京或另辦一個類似的雜誌，有無必要發表一個「不談政治」的聲明？應該說，這絕構不成所謂的「衝突」。

當然，《新青年》時期，魯迅對胡適的認知也有模糊不清的感覺，上面我們已經提到過了，魯迅在《憶劉半農君》中有這樣一段文字：

> 《新青年》每出一期，就開一次編輯會，商訂下一期的稿件。其時最惹我注意的是陳獨秀和胡適之。假如將韜略比作一間倉庫吧，獨秀先生的是外面豎一面大旗，大書道：「內皆武器，來者小心！」但那門卻開著的，裡面有幾枝槍，幾把刀，一目了然，用不著提防。適之先生的是緊緊的關著門，門上粘一條小紙條道：「內無武器，請勿疑慮。」這自然可以是真的，但有些人——至少是我這樣的人——有時總不免要側著頭想一想。半農卻是令人不覺其有「武庫」的一個人，所以我佩服陳胡，卻親近半農。

到底有沒有武器呢？有什麼武器呢？心存疑慮。在魯迅的眼裡，胡適的透明度是不高的，雖然「佩服」，卻親近不起來了。

五、「整理國故」的不同見解

魯迅和胡適之間，還有一個關於「整理國故」的不同見解。

「整理國故」的口號，其實是新文化陣營首先提出的。當時北京大學舊派學生在封建舊文化維護者黃侃、劉師培等人支持下，成立了「國故社」，扯起了「昌明中國故有之學術」的旗幟，企圖以研究「國故」為名，行復古之實。面對這一情勢，由李大釗、陳獨秀、胡適和魯迅支持的北大進步學生組成的「新潮社」，針對「國故社」的倒行逆施，提出了「整理國故」的口號。新潮社成員毛子水首先發表《國故和科學的精神》一文，指出研究國故，必須用「科學的精神」對國故加以「整理」，反對「國故社」以封建思想「保存國粹」。這樣，就形成了新舊兩派關於研究國故的截然不同的兩種目的和方法，並開展了一場激烈的爭論。封建頑固派認為，「國故」即「國粹」，必須予以保存和發揚，不得做絲毫的變更。整理國故派則堅持要用科學的精神和方法，對「國故」進行整理，以剔除糟粕，保存精華。胡適是新潮社的支持者之一，在毛子水的文章發表以後，胡適就寫信給毛子水，談了自己對「整理國故」的看法。當毛子水發表第二篇文章《〈駁「新潮：國故和科學的精神」〉訂誤》，將胡適的來信《論國故學》附在該文後面。胡適的觀點是：整理國故實在很必要，應當用科學的方法去指導國故研究；研究學術史的人，應當用「為真理而求真理」的標準去批評各家的學術。胡適在基本精神上與毛子水是一致的，在某些方面尚有發揮。可見，整理國故的口號並不是胡適首先提出來的，而且，最初它的內容也是正確的，是革新派對守舊派的一次鬥爭。

魯迅做為「新潮」的支持者，在「整理國故」口號提出之初，以及對「國故」和「新潮」兩社關於研究國故之事，沒有發表意見。我們知道，在理論上魯迅也並沒有完全否定「整理國故」的必要性，他曾明確指出：「中國要作家，要『文豪』，但也要真正的學究。」（《准風月談·我們怎樣教育兒童的》）就實踐方面看，魯迅當時正潛心研究中國古典小說，並與胡適有密切的交往，出版了《中國小說史略》。在「整理國故」方面，他採用的是剔其糟粕，去粗取精的科學方法。因此，我們可以說魯迅是在實踐上支持了新潮社「整理國故」的主張的。

一九一九年七月，胡適發表了《多研究些問題，少談些「主義」》一文，站在資產階級的立場上，提倡知識分子應該「費心力去研究」「具體的」「實際問題的解決」，而不是從政治上探討用「如無政府主義、社會主義和布林札維克主義等等」來從根本上解決中國問題，胡適說這是「我既然無法避免談政治」而對政治問題的主張（唐德剛譯注《胡適口述自傳》），提出「多研究一些問題，少談些主義」；同年十二月胡適又發表了《新思潮的意義》，提出「研究問題，輸入學理，整理國故，再造文明」。一九二三年在北京大學《國學季刊》的《發

刊宣言》中，胡適更系統地宣傳了他的「整理國故」的主張。胡適勸青年「踱進研究室」，「整理國故」。他沒有區別從事學術研究的青年與一般的青年，泛泛而論，因而授人以柄，給戴上「企圖誘使知識分子和青年學生脫離現實的革命鬥爭」的帽子。在「整理國故」的問題上，胡適採用的是實驗主義的方法論。他提出的科學方法的一部分就是「求否定的例」，他認為「發明一個字的古義，與發現一顆恆星，都是一大功績」，危言聳聽，過份誇大了「整理國故」的社會意義。他向廣大青年大開「國學書目」，要求中學的國文課以四分之三的時間去讀古文，這客觀上對詆毀新文學的復古派起了支持作用。到了一九二五年，胡適走到了愛國學生的對立面，以進研究室「求學」為藉口，反對學生運動。他在《現代評論》第二卷第三十九期發表《愛國運動與求學》一文，認為「吶喊救不了國家」，要學生時代的青年「充份地利用學校的環境與設備來把自己鑄造成個東西」，「努力求發展，這便是你對國家應盡的責任，這便是你救國事業的預備功夫。國家的紛擾，外間的刺激，只應該增加你求學的熱心與興趣，而不應該引誘你跟著大家去吶喊」。

魯迅目睹許多封建舊文人大搞復古活動，不少無知青年陷進故紙堆裡，感觸良多，他認為再也不能保持沉默了。他先後寫了《所謂「國學」》、《以震其艱深》、《不懂的音譯》、《望勿「糾正」》、《未有天才之前》、《青年必讀書》、《春末閒談》、《讀書雜談》、《就是這麼一個意思》、《碎話》等一系列文章，尖銳指出「整理國故」內容和方向轉化帶來的弊端。他在致友人的信中說：「前三、四年有一派思潮，毀了事情頗不少。學者多勸人踱進研究室，文人說最好是搬入藝術之宮，直到現在都還不大出來，不知道他們在那裡面情形怎樣。這雖然是自己願意，但一大半也因新思想而仍中了『老法子』的計。」（《華蓋集·通訊》）新思想中了「老法子」的計，這點出了「整理國故」之誤入歧途。接著，魯迅在《未有天才之前》對「老先生」和一般青年做了區別，指出了把「整理國故」當作旗子來號召的荒唐。他說：

> 自重新思潮來到中國以後，其實何嘗有力，而一群老頭子，還有少年，卻已喪魂失魄的來講國故了，他們說，「中國自有許多好東西，都不整理保存，倒去求新，正如放棄祖宗遺產一樣不肖」。抬出祖宗來說法，那自然是極威嚴的，然而我總不信在舊馬褂未曾洗淨疊好之前，便不能做一件新馬褂。就現狀而言，做事本來還隨各人的自便，老先生要整理國故，當然不妨去埋在南窗下讀死書，至於青年，卻自有他們的活學問和新藝術，各幹各事，也還沒有大妨害的，但若拿了這面旗子來號召，那就是要中國永遠與世界隔絕了。倘以為大家非此不可，那更是荒謬絕倫！我們和古董商人談天，他自然總稱讚他的古董如何好，然而他絕不痛罵畫家、農夫、工匠等類，說是忘記了祖宗：他實在比許多國學家聰明得遠。

此外，在《青年必讀書》中，魯迅認為「少看中國書，其結果不過不能作文而已。但現在的青年最要緊的是『行』，不是『言』。只要是活人，不能作文算什麼大不了的事」。魯迅總的思想是要青年關心時事，參加現實鬥爭，而不是閉門讀死書，死讀書。關於這方面的問題，我在《「全盤西化」與「不讀中國書」》一章中魯迅有介紹，這裡就不再重複了。

六、見「皇上」與見蔣

一九二二年五月，清朝末代皇帝溥儀召見胡適。胡適在《努力週報》第十二期（一九二二年七月）發表了《宣統與胡適》一文。其中說：「陽曆五月十七日清室宣統皇帝打電話來邀我進宮去談談。當時約定了五月三十日（陰曆端午前一日）去看他。三十日上午，他派了一個太監來我家中接我。我們從神武門進宮，在養心殿見著清帝，我對他行了鞠躬禮，他請我坐，我就坐了……他稱我『先生』，我稱他『皇上』。我們談的大概都是文學的事……他說他很贊成白話，他做舊詩，近來也試試做新詩。」

溥儀召見胡適這件事的當時，魯迅並沒有什麼評論。到了一九三一年底，蔣介石召見胡適等見諸報端時，魯迅才舊事重提，予以挖苦，「蔣召見胡適之丁文江」的報導，發表於當年十月十四日《申報》，云：「南京專電：丁文江、胡適，來京謁蔣，此來係奉蔣召，對大局有所垂詢……」對此，魯迅在《知難行難》一文中寫道：

> 中國向來的老例，做皇帝做牢靠和做倒楣的時候，總要和文人學士扳一下子相好。做牢靠的時候是「偃武修文」，粉飾粉飾；做倒楣的時候是又以為他們真有「治國平天下」的大道……
>
> 當「宣統皇帝」遜位遜到坐得無聊的時候，我們的胡適之博士曾經盡過這樣的任務。見過以後，也奇怪，人們不知怎的先問他們怎樣的稱呼，博士曰：
>
> 「他叫我先生，我叫他皇上。」
>
> 那時似乎並不談什麼國家大計，因為這「皇上」後來不過做了幾首打油白話詩，終於無聊，而且還落得一個趕出金鑾殿。現在可要闊了，聽說想到東三省再去做皇帝呢！

溥儀要見見胡適，胡適就去了。今天看來，這算不得什麼了不起的大事。而當時，卻沸沸揚揚，議論紛紛，有的說「胡適為帝者師」，有的說「胡適請求免拜禮」等等，不一而足。為了弄清真相，胡適寫了上面提到的《宣統與胡適》一文。文中還寫道，他們談的大概都是文學的事。胡適還說：「這位十七歲的少年，處的境地很寂寞的，很可憐的！他在寂寞中，

想尋找一個比較也可稱得是一個少年人來談談，這也是人情上很平常的事，不料中國人腦筋裡的帝王思想，還沒有洗刷乾淨，所以這樣本來很有人情味的事，到了新聞記者的筆下，便成了一條怪異的新聞了。」雖然胡適認為「這也是人情上的平常事」，但到後來的魯迅文章中，顯然可以看出，他對胡適稱溥儀「皇上」感到肉麻，所以用諷刺的口吻挖苦了胡適。其實，胡適的稱「皇上」，既不是要討好「皇上」，也不是保皇的一種表現，就像我們仍稱已經離任的某市長為「市長」一樣，這很大程度上是中國人的一種特殊的禮節。一九四九年後，毛澤東在中南海宴請溥儀，也說：「我們先前都是『皇上』的子民呀！」還說請「皇上」用這道菜之類的，這也僅僅是一種禮節，至多是戲謔，如此而已。前幾年，有人還引了胡適稱溥儀為「皇上」，罵胡適「賣身投靠」，這是無知又無聊的無稽之談。

魯迅之所以在胡適見溥儀的當時沒有提出非議，而到胡適與丁文江見了蔣介石以後再舊事重提，可見主旨是在見蔣，而不是見溥儀。魯迅有疑問，胡適見了蔣介石以後該怎麼稱呼呢？「現在沒有人問他怎樣的稱呼。」魯迅說：「為什麼呢？因為是知道的，這回是『我稱他主席……』！」為什麼魯迅知道他非稱「主席」不可呢？因為有「安徽大學校長劉文典教授，因為不稱『主席』而關了好多天」的先例。而劉文典與胡適是「老同鄉、舊同事，博士當然是知道的，所以，『我稱他主席』」！不過，我有費解之處了，蔣介石是「主席」，稱他「主席」，這能說明什嗎？他是「主席」，不稱他「主席」，又能說明什嗎？稱呼問題只是一個話頭，問題的根本是胡適不該見蔣，見了蔣就是投靠了——言外之意大致是如此，此後人們也是這樣批判胡適的。古今中外，歷朝歷代，統治者都見過許多文化名人，被見的文化名人，是不是都是「賣身投靠」了呢？不能說沒有，也不能說都是，這個問題並不那麼簡單。毛澤東也見過他認為和他不屬於同一個階級的章士釗，但這又能說明什麼呢？

魯迅和胡適之間，是有著不同的政治立場。儘管這樣，從以上史跡看，此時的魯迅已經與胡適漸行漸遠。一個是場面上的顯貴，一個是獨戰眾數的「國民公敵」，他們已經坐不到一起，也說不到一起了。

第二章　「全盤西化」與「不讀中國書」

一、胡適不是「始作俑者」

說起「全盤西化」問題，不少人就會想到胡適，認為他是這一極端觀點的始作俑者。事實上，第一，胡適不是所謂的「始作俑者」；第二，胡適曾經自認為是「全盤西化」論者，但很快就修正了自己的觀點，用含有妥協色彩的「充份世界化」替代了「全盤西化」。我們可以說，胡適有很多鼓吹西化的觀點，甚至可以說他是「全盤西化」論者之一，但他不是「始作俑者」。

早在二十世紀八〇年，胡明先生發表在一九八八年第六期《文學評論》上的文章《關於胡適中西文化觀的評價》一文，對這一問題就進行過梳理。如果說真有「始作俑者」，應該是陳序經等人。

二十世紀三〇年代中國文化學術界發生過一場中西文化問題的大論戰，這場論戰應該說是「全盤西化」派挑起的。一九三五年一月薩孟武、何炳松等十教授《中國本位的文化建設宣言》發表後，論戰趨於激烈。「全盤西化」派的主要代表陳序經在一九三四年一月出版的一本小冊子《中國文化的出路》，可以說是「全盤西化」派的綱領性文字。陳序經闡述了他主張全盤西化的理由：

第一，中國近代對西洋文化的認識和採用，「逐漸從很小的範圍，而趨到較大的範圍，從枝末的採用主張，而到根本的採用主張」。這表明全盤西化「是一種必然的趨勢」；「中國事實上是趨於全盤接受西洋文化」。

第二，「歐洲近代文化的確比我們進步得多」。不僅在文化的發展上，而且在衣、食、住、農、工、商、政治、教育、科學、出版、哲學、道德等「文化成份」上，西洋都比中國進步和優越。

第三，「西洋文化是世界文化的趨勢」，「西洋文化在今日，就是世界文化」。中國只有適應世界文化趨勢，全部接受西洋文化，才能生存。

第四，文化本身的各個部分是不能分開的，西洋文化是「一種系統」「各方面都有連帶及密切的關係」。因此，只能全盤地全部地接受西洋文化，而不能僅採納其一方面或取其長而去其短。

「全盤西化」派的其他重要骨幹有馮恩榮、呂學海、盧觀偉、區少幹、鄭昕等人。

「全盤西化」派的對立面為折衷調和派，這一派的代表人物有吳景超、張佛泉、潘光旦、

梁實秋、嚴既澄等，發表《中國本位的文化建設宣言》的十教授也是折衷調和派的一支。

兩派在論戰中都有意無意地將胡適歸入折衷派，儘管胡適從「五四」以來尤其是一九二三年以來陸續發表了不少自認為是積極鼓吹「西化」的評論文字，但是，「全盤西化」派並沒有接納他。

二、胡適的「全盤西化」思想

那麼，胡適的「西化」論，有些什麼重要的見解呢？

胡適認為東方民族是「懶惰不長進」的民族，東方文明的特點是「知足、安份、安命、安貧、樂天、不爭、認吃虧」，既不注意物質享受的提高，又不能滿足人類精神上的要求。「知足的東方人自安於簡陋的生活，故不求物質享受的提高；自安於愚昧，自安於『不識不知』，故不注意真理的發現與技藝器械的發明；自安於現成的環境與命運，故不想征服自然，只求樂天安命，不想改革制度，只圖安份守己，不想革命，只做順民」。相反，西方近代文明的特點，是「不安份」、「不安貧」、「努力奮鬥」、「不知足」，因此不僅增進了人類的物質享受，而且能夠滿足人類精神上的要求。「物質上的不知足產生了今日的鋼鐵世界、汽機世界，電力世界。理智上的不知足產生了今日的科學世界。社會政治制度上的不知足產生了今日的民權世界、自由政體、男女平權的社會、勞工神聖的喊聲、社會主義的運動。神聖的不知足是一切革新一切進化的動力。」（《我們對於西洋近代文明的態度》）。

胡適對東方文明和西方文明關於滿足與不滿足的評論，與魯迅的觀點是吻合的，魯迅說：「不滿是向上的車輪，能載著不自滿的人類向人道前進。」

魯迅又說：「多有不自滿的人的種族，永遠前進，永遠有希望。多有只知責人不知反省的人的種族，禍哉禍哉！」

一九三〇年胡適「發現」了所謂「東西文化的界線」。他說：「我到了哈爾濱，看了道裡（帝俄的租界——引者）與道外（租界外的中國城市——引者）的區別，忍不住嘆口氣。自己想道：這不是東方文明與西方文明的交界點嗎？東西洋文明的界線，只是人力車文明與摩托車文明的界線」；東方文明是「用人做牛馬」的「人力車文明」；西方文明則「是用人的心思才智製作出機械來代替人力」的「摩托車文明」。他表示要「感謝」、「祝福」「那發明蒸汽機」、「電力」、「製作汽船汽車的大聖人」西方人，並認為「摩托車的文明的好處真是一言難盡」。

胡適特別讚揚美國社會及其文明：「美國的路上，無論是大城裡或鄉間，都是不斷的汽

車」，「真是一個摩托車的國家」。並宣稱：「我們可以武斷地說：美國是不會有社會革命的，因為美國天天在社會革命之中。」（《漫遊的感想》）

在胡適眼裡，雖然西方社會不是沒有社會問題的，但是，應該是人類目前為止所能達到的最好的境界。既然如此，為什麼不要「全盤西化」呢？

胡適反對「中學為體，西學為用」。他說：「一面學習（西方）科學，一面恢復我國固有文化，還只是張之洞一輩人說的『中學為體，西學為用』的方案。老實說，這條路是走不通的。如果過去文化是值得恢復的，我們今天不至糟到這步田地了。」（《再論信心與反省》）。同時表示他「完全贊成」陳序經的全盤西化論（《獨立評論》第一四二期《編輯後記》，一九三五年三月十七日出版）。

三、是「折衷派」嗎？

針對胡適的見解，陳序經在《中國文化的出路》的第五章《全盤西化的理由》中斷言：「胡（適）先生所說的西化，不外是部分的西化，非全盤的西化」，他仔細考察了胡適的「一切的言論」後認為：「我們免不得要懷疑胡先生對於整個西洋近代文化是否熱烈的去頌揚，而對於整個東方文化是否不客氣的指摘」，「假如我們對於胡適之先生的批評是不錯的，則主張全盤西化的人還是不易找到。」他在《關於全盤西化答吳景超先生》一文中更明確地指出，胡適的整個思想「不能列為全盤西化派，而乃折衷派中之一支流。」折衷派的吳景超在《建設問題與東西文化》一文中更是劈頭便把胡適與發表《中國本位的文化建設宣言》的十教授當作折衷派相提並論，又把胡適一九三三年十一月發表的《建國問題引論》中不完全「師法外國」的意見引作同調。

本來胡適一直是主張向西方學習、反對中西文化之折中調和的，並為此與梁漱溟等人展開過論戰。可是現在竟被人說成是與十教授一樣的「折中派」，這就不能不迫使他公開表明自己的主張。在這樣的前提下，此時的胡適更願意把自己看作是「全盤西化」論者，他自告奮勇地站出來表態，認為自己是「全盤西化」派，不願意與折衷派為伍。在《獨立評論》第一四二期的《編輯後記》中胡適聲明，吳景超、陳序經兩人將他歸入折衷派是「錯誤的」，「我是完全贊成陳序經先生的全盤西化的。」並在三月三十一日的天津《大公報》上發表《試評所謂「中國本位的文化建設」》批判十教授的「宣言」，他指出十教授的「宣言」乃「中學為體，西學為用的最新式的化裝出現」，「正是今日一般反動空氣的一種最時髦的表現」，「適足為頑固勢力添一種時髦的煙幕彈」。

四、「充份世界化」

但是，經過一段時間的思考，胡適認為「全盤西化」論比較絕對化，他對這一主張進行了帶妥協性質的修正。當陳序經還在等待胡適給他們一個進一步明確的解答時，胡適已發現自己「用字不小心」了，兩個多月後胡適在《大公報》發表《充份世界化與全盤西化》一文，修正了他「完全贊同」全盤西化的觀點，提議用「充份世界化」口號代替「全盤西化」的含混提法：「我現在很誠懇的向各位文化討論者提議：為免除許多無謂的文字上或名詞上的爭論起見，與其說『全盤西化』，不如說『充份世界化』，『充份』在數量上即是『盡量』的意思，在精神上即是『用全力的意思。』」並且講明：「我贊成『全盤西化』，原意只是因為這個口號最近於我十幾年來『充份世界化』的主張」，「所以我不曾特別聲明『全盤』的意義不過是『充份』而已。」他承認數量上嚴格的「全盤西化」是不易成立的，並列出了三條改口號的理由。三條理由都出於「免除許多無謂的文字上或名詞上的爭論」的考量。

之後，陳序經與胡適還有一次文字交鋒：陳氏之《全盤西化的辯護》與胡適的《答陳序經先生》。陳氏的意見旨在調和：「所謂百分之九十九或九十五的情形之下，還可以叫做『全盤』」，並舉了一個例子：「例如我和好幾位同事有好多次因事未能參加我們學校的教職員全體拍照，然而掛在壁上的照相依然寫著『本校教職員全體攝影』。」胡適反對陳序經的這種「有伸縮餘地」的「全盤」的活用：「我的愚見以為『全盤』是個硬性字，還是讓它保存本來的硬性為妙，如果要它彈性化，不如改用『充份』、『全力』等字。」——一個要拉「全盤」到「充份」，一個要並「充份」為「全盤」，互相不肯被說服，而中西文化論戰便也告尾聲了。張佛泉《西化問題的尾聲》中說：「本來『全盤』兩字也不是沒有人偶然用過，不過堅持這兩個字而給這兩個字以確定的意義的，自然要歸功於陳序經教授。」又說，陳序經在言論甄別上非常認真，終不肯將胡適「馬馬虎虎收為同志」。陳序經《一年來國人對於西化態度的變化》可以說是這場論戰的總結了，他說：「胡先生與我的意見究有差別之處，可是胡先生這種同情對於全盤西化論壯了不少聲勢。後來胡先生在《充份世界化與全盤西化》一文……提議以『充份世界化』這個口號來替代『全盤西化』這個名詞。我當時對於胡先生這種建議表示反對……平情而論，胡先生現在雖退出了全盤西化論的戰線，然他在西化問題的態度上始終是很近於全盤西化論的。」——他對胡適態度的失望是顯而易見的。

另一個「全盤西化」論者鄭昕在《開明運動與文化》一文中也為胡適不肯邁入他們的陣營而大為惋惜：「適之先生是服膺西學的人，我們希望他肯全般的領悟西方文化，也大膽的全般接受西方文化」。但是胡適「百尺竿頭」不肯再進一步了。在《試評所謂「中國本位的

文化建設」》中他又強調文化型態無論如何激烈變動，「終不能根本掃滅那固有文化的根本保守性。」這種認知與「全盤西化」論者的旨歸大異其趣——到這裡胡適與「全盤西化」論者的那一段糾葛已全部清楚。

胡適是認真的，他認為，既然「全盤」，那就是「硬道理」，就不能有彈性，哪怕「全體攝影」的不無道理的比喻也不能說服他。胡適提出了「充份世界化」，這就有了彈性了，什麼叫「充份」，怎樣才算「充份」？「充份世界化」客觀上有著不確定性。此外，「西化」與「世界化」還有所不同，這裡有著概念的規範問題。

我以為，胡適或有策略上的考量，當一個口號成眾矢之的或樹敵太多的時候（比如「全盤西化」），換一個口號（比如「充份世界化」），或許更有益於目的的達到？當然，問題總是兩面的，「充份世界化」的模糊和彈性，客觀上讓人覺得胡適的態度似乎倒退了，觀點沒有那麼激進也不那麼純粹了。

五、魯迅是胡適的前提：「不讀中國書」

從嚴格意義上說，「全盤西化」也好，「充份世界化」也好，都只是概念之爭，口號之爭。

雖然從歷史事實上講，胡適不是「全盤西化」的始作俑者者，但一談到「全盤西化」，很多人就會、只會想到胡適。不錯，「全盤西化」是別人提倡的，胡適附和過，但提倡的人名聲遠沒有胡適那麼大，歷史地位遠不如胡適那麼高，所以，別人都「淡化」了，留下的只有胡適，就這麼張冠李戴了，胡適客觀上成了「始作俑者」，就像孔子，很多東西本來不是這樣的，不是孔子本身的，但社會和歷史非要這樣不可，這是胡適之外的問題了。

胡適是正面立論，鼓吹「全盤西化」和「充份世界化」。為什麼要「全盤西化」或「充份世界化」呢？前提是「中國化」全盤不行了。如果沒有證明「中國化」——中國傳統的封建文化——的不行，「西化」就沒有生存的空間。正是在這一點上，魯迅與胡適又形成了客觀上的互補。魯迅對中國文化的批判，是一種「拆遷」行為，只有魯迅這臺推土機把傳統文化鏟平了，只有魯迅這個掘墓人把「吃人」的傳統文化埋葬了，才有胡適這個「播種者」的存在空間。

1. 「吃人」問題

開宗明義，魯迅認為中國傳統文化是「吃人」文化。魯迅在《新青年》發表的《狂人日記》，「意在暴露家族制度和禮教的弊害」，是我國現代文學史上第一篇猛烈抨擊「吃人」的封建

禮教、封建文化的小說。《狂人日記》中說：「我翻開歷史一查，這歷史沒有年代，歪歪斜斜的每頁上都寫著『仁義道德』幾個字。我橫豎睡不著，仔細看了半夜，才從字縫裡看出字來，滿本都寫著兩個字是『吃人』！」中國文化是「吃人」文化，這客觀上包含著對所謂「中國書」的決絕否定。在《燈下漫筆》中，魯迅表達了相近的思想：「所謂中國的文明者，其實不過是安排給闊人享用的人肉的筵席。所謂中國者，其實不過是安排這人肉的筵席的廚房。」便是到了居滬後的所謂「後期」，魯迅在《答有恆先生》中還是老觀點：「中國歷來是排著吃人的筵宴，有吃的，有被吃的。被吃的也會吃人，正吃的也會被吃。」意識和觀念而能「吃人」，這是魯迅的一大發現。它不僅在文學史，甚至在文化史和思想史上具有重大的歷史意義。

關於魯迅的「吃人」思想，後人多有訾議。在《中學課本裡的魯迅作品》一文中，韓石山先生談到了《狂人日記》，他認為「讀讀可以，若做為中學課本，說不定會貽笑於後人」。為什麼會貽笑於後人呢？在《少不讀魯迅，老不讀胡適》一書中，談到「魯迅的思想資源」這一問題時，他說：

> 從魯迅那些著名的話語中，也可以看出他的思想資源之單調與貧乏。說來說去，全是舊文人的那一套。所不同者，不過是他的話說得絕對些罷了。你說封建時代有人吃人的事兒，他就說一部中國歷史都寫著「吃人」二字。你說「人心險惡」，他就說「我向來不憚

以最壞的惡意來推測中國人」。有的意思，別人早就說過了，到了他那兒，不過變了個說法。比如吳稚輝一九二四年在紀念五四運動五週年所寫的文章中就說過：「古書是無價值的糟粕，應該把它們從學生手上扔到茅坑裡去！」（《科學週報編輯話》）魯迅一九二五年在《青年必讀書》中就說：「我以為要少——或者竟不——看中國書，多看外國書。」

這裡，他把魯迅的宗法觀念「吃人」，與中國歷史上實際存在的「易子而食」之類具體的吃人混為一談。由此可見，韓石山所謂的魯迅研究是多麼的皮毛。像這樣的學者，也想透過罵魯迅而在另一意義上「吃魯迅飯」，這正用得上王朔的話了，如果魯迅醒來，第一個耳光肯定要扇韓石山了，魯迅說：連「吃人」的問題都搞不懂，你也配罵老漢?!

在一場講座中，有人曾提出這樣一個問題：魯迅說，中國歷史是「吃人」的歷史，魯迅否認幾千年的燦爛文化，這不是漢奸言論嗎?

我大致是這樣回答的：

第一，中國有人吃人的歷史，這不僅發生在古代，五九、六一年，在中國的土地上還發生過這樣的悲劇。這是實的吃人。

第二，還有一種虛的、抽象的、形而上的「吃人」，那就是魯迅說的宗法禮教吃人，也可以說是觀念、制度吃人。很多的中國人就是被封建觀念和封建制度吃掉了，這些我就不展

開論述了。為了便於理解魯迅象徵主義小說《狂人日記》中「吃人」的意義，我們還是說一些近一點的事。

我們從腐敗問題入手。江西的原副省長胡長青，是一個非常孝順的人，從這個意義上說，可以說是有道德的人；貴州出版局的原局長姚康樂，在他的縣委書記任內，多有建樹，為人民辦了許多好事，他調走時，人民夾道歡送，可以說是一個能幹的並且是有政績的人；原全國人大副委員長成克傑，臨刑前，面帶微笑，與執法人員一一握手，然後躺到床上，把袖子拉起，對執法的醫生說：「開始吧！」也稱得上是一個視死如歸的人……這些人，都不是天生的罪人，如果在香港，如果在美國，他們也可能犯罪，但不太可能走得這麼快，犯的罪這麼大，也不大可能犯了死罪。這是因為中國法律的漏洞，是因為監督制度的不健全，把他們送上了不歸路。是這種不健全的監督制度「吃人」，貪官也是人，未貪之前還是好人，魯迅的「救救孩子」，也應該有其象徵性，它不僅包含著實在的孩子，也包含著上帝眼裡的「孩子」，具體言之，我們甚至應該喊出「救救貪官」，因為世上還有和將有許多未貪的官，將步成克傑們的後塵，他們的存在，也是一種生命的存在。

我這樣解讀，提問者回饋說「心服口服」。我不知道韓石山會有什麼觀感，這不重要。重要的是，魯迅的《狂人日記》只是「讀讀可以，若做為中學課本，說不定會貽笑於後人」嗎？

《狂人日記》不僅是所有現代文學選本所必選，甚至翦伯贊、鄭天挺主編的《中國通史參考資料》（中華書局一九八七年三月版）把《狂人日記》也選了進來；我查看了目錄，此書所選都是歷史資料，小說獨此一篇，這也可見《狂人日記》在中國歷史上的地位和意義。

既然中國歷史、中國文化是「吃人」的歷史和「吃人」的文化，那做為中國文化載體的中國書，就應該少讀甚至不讀。

2. 「青年必讀書」

一九二五年一月，《京報副刊》刊出啟事，徵求「青年愛讀書」和「青年必讀書」各十部的書目。關於「青年必讀書」，當時梁啟超、胡適等大大小小的名流，都開出了一長串書單，無非是一些古老的典籍。魯迅應約也對後一項做了答覆。哪些是「青年必讀書」呢？魯迅寫了這樣幾個字：「從來沒有留心過，所以現在說不出。」在「附註」中，魯迅則發表了他對讀書的極端見解：

> 我看中國書時，總覺得就沉靜下去，與實人生離開；讀外國書——但除了印度——時，往往就與人生接觸，想做點事。
>
> 中國書雖有勸人入世的話，也多是殭屍的樂觀；外國書即使是頹唐和厭世的，但卻是

活人的頹唐和厭世。

我以為要少——或者竟不——看中國書，多看外國書。

少看中國書，其結果不過不能作文而已。但現在的青年最要緊的是「行」，不是「言」。只要是活人，不能作文算什麼大不了的事。

我是這樣理解《青年必讀書》的：

魯迅是讀中國書的。這個問題我是這麼看的：首先，魯迅少年生活的時代背景、地域侷限和家庭狀況，註定他非讀中國書不可，魯迅自然是讀著中國書長大的；其次，魯迅是寫文章的人，魯迅說了，「少看中國書，其結果不過不能作文而已」，反過來，要作文，要做中國式文章，文章要做得好一點，還是要讀一些中國書的；再次，魯迅常說，自己身上有鬼氣，這鬼氣，就有中國文化在起作用，而中國書是中國文化的載體。

魯迅對中國古代文化有著非常深刻的理解，他對中國文學史有著很深的造詣。否則，我們就很難理解他何以寫出了《中國小說史略》、《漢文學史綱要》這樣的學術專著。中國書雖然有許多魯迅所抨擊的毛病，但不至於到不值一讀的程度。魯迅說，新文化並非從天而降，而是發達於對舊文化的反抗中，「所以新文化仍然有所承傳，於舊文化也仍然有所擇取」（《集外集拾遺・〈浮士德與城〉後記》）。魯迅還充滿信心地說：「將來的光明，必將證明我們不但是文藝上的遺產的保存者，而且也是開拓者和建設者。」（《集外集拾遺‧〈引玉集〉後記》）歷史已經證明，許多高喊保存國粹、捍衛傳統文化的人，只不過是固守已經習慣了的觀念，甚至只是為了自己或自己所屬集團的私利。「中國書」的命運，就像孔夫子在中國的命運一樣，只是他們手中的敲門磚或者別的什麼工具。而魯迅，雖然因激憤而口出不無偏頗之詞，然事實上他是祖國文化的開拓者和建設者，他被後人稱為「國學大師」，他的作品也成為「古典」，成為祖國文化的一部分。

魯迅勸青年「要少——或者竟不——看中國書，多看外國書」，這首先是有所針對的。魯迅做這一答覆的當時，正是有人喊著要青年回到圖書館、實驗室裡去的年代；是要青年鑽進舊書堆去「整理國故」的年代；是要青年人少談主義、免談國事的年代。在這樣的時代裡，不是有大帥們、老爺們主張讀經，少爺哥兒們主張讀《南華》和《文選》嗎？而且更有人說，要做好白話文須讀好古文，並即以魯迅等人為例等等。「項莊舞劍，意在沛公」，我們與其說魯迅是對中國書的深惡痛絕，不如說是對那些提倡尊孔讀經、復古倒退的人的深惡痛絕。魯迅一針見血地指出他們是以「辯護古人」的手段來「辯護自己」。魯迅也是以其人之道還治其人之身，指桑罵槐，罵的是古書，矛頭所指，是那些搖頭晃腦的復古派。

當時的青年，已與魯迅少年時代所處的時代背景大不一樣了。社會正在激烈的轉型中，

中國的農業社會正在向工業社會轉型，一元的農業文化或專制文化正在向多元的工業文化或民主文化轉型。「中國書」是中國傳統文化的載體，它們所能提供的，多是農業文明條件下齊家治國平天下之類，多是道德說教，是無助於已經經過新文化運動啟蒙的五四後青年一代的。

所謂「青年必讀書」是針對一般青年而言的。青年，不等於是文學青年，事實上，絕大多數的青年不是文學青年，作文的人是要讀中國書的，一般的青年則不必。中國書多是無用的說教，當代青年便是為了謀生計，也應該多讀外國書，掌握一些實用的現代科學知識。多讀中國書，「學而優則仕」，培養出來的多是專制官場的人渣，還有就是孔乙己這樣的搖頭晃腦、嘰嘰歪歪的腐儒，而當代的青年，最重要的是要有實際的行動，參加清除專制的鬥爭，參加建設民主自由的新中國的鬥爭。試問，整天讀四書五經，能建設現代意義上的民主國家嗎？所以，魯迅自己固然讀中國書，但他正是從中國書中，看到了中國專制文化的「吃人」本質，這是他的切膚之感，也是切膚之痛，所以，希望青年少讀或不讀中國書。魯迅接著說：「只要是活人，不能作文算是什麼大不了的事。」我的詮釋是，一個醫生，一個軍人，一個機械師，一個運動員，如果他們不會寫八股文，也不會影響他們養活自己並為國家做貢獻。一個外語學院的學生，就更沒有必要非讀百多本古書不可了。

人文學者固然要讀「中國書」，一般執著於「行」的青年，為什麼非要讀「四書五經」呢？魯迅是希望青年「要做好事之徒」的，號召青年和一切反對「革新」、主張「保古」的守舊勢力做鬥爭，他指出：「我們目下的當務之急，是：一要生存，二要溫飽，三要發展，苟有阻礙前途者，無論是古是今，是人是鬼，是《三墳》《五典》，百宋千元，天球河圖，金人玉佛，祖傳丸散，祕製膏丹，全都踏倒它。」（《華蓋集．忽然想到〔六〕》）魯迅希望那些「自囚在什麼室什麼宮裡」的「許多人」解放自己：「世上如果還有真要活下去的人們，就先該敢說，敢笑，敢哭，敢怒，敢罵，敢打，在這可詛咒的地方擊退了可詛咒的時代！」（《華蓋集．忽然想到〔五〕》）魯迅所希望的青年人，是「敢笑、敢哭、敢罵、敢打」的，有勇氣面對現實、鬥爭下去的。他所希望的青年人，也是腳踏實地、沉著肯幹的人，「能做事的做事，能發聲的發聲。有一分熱，發一分光，就會螢火一般，也可以在黑暗裡發一點光，不必等候炬火」（《熱風．隨感錄四十一》）。當代的青年，應該為了生存去發展，去戰鬥，而鑽進故紙堆中，是找不到求生存的祕方的。

魯迅是給許壽裳的兒子開了書目，而且這書目開的要比韓石山的偶像胡適的書目好得多。對此，何滿子先生有過一段評論：「奇怪的是，二〇年代開『必讀書』目的學者如胡適之博士之流，開出來的仍是長長大篇的書目，在學科十分複雜的那時的學子，要『必讀』那麼多

書，實在是焚膏繼晷也吃不消的；而書目所涉的範圍，也大致是張之洞的老框架，有些書是專家也未必遍覽的。尤以書目中所瀰漫的國粹氣，使魯迅憤而發出少看或不看中國書的激越之言。當時還引起一陣嘁嘁喳喳的議論。比起那些大而無當的『必讀書』目來，後來魯迅給許壽裳的兒子許世瑛開的書單是多麼簡要切實！」（《讀魯迅書》，上海古籍出版社二〇〇二年十二月版）何滿子的見解與徐志摩有相近之處，就是胡適開的那些書，讓人「吃不消」。便是開書目吧，「英美派」的胡適就是不行，就是不如「法日派」的魯迅。

但是，魯迅開了這一書目，也不能證明魯迅要中國一般的普通的青年少讀或者不讀中國書是說錯了，道理很簡單，許世瑛上的是清華大學的中文系，上中文系自然是要會寫文章的，為了寫好中國式文章，也自然要讀中國書的，我再重複引一下魯迅的原文：「少看中國書，其結果不過不能作文而已」，而要能作文，做好中國文，還是要讀一點中國書的。韓石山在談到中學課本魯迅的文章選得太多的時候說，魯迅的作品，大學中文系的學生要看，別的系連看都別看。雖然我不贊和他的觀點，但是，他客觀上也已對文學青年與一般青年做了區別。中文系學生要看的東西，別的系的學生可以不看或少看；寫文章的人要讀的古書，一般的青年可以少讀或不讀，這不是常識嗎？有什麼可指責的？更何言什麼「不厚道」——其實，生活告訴我們，隨便扣人「不厚道」帽子的人，往往在生活中有做得更加厚道的空間。

還要說一句的是，魯迅給許壽裳之子許世瑛開的書目，是出於老友的懇求，不得不為之，是私下的行為，魯迅生前並沒有發表，不會在社會上流佈，完全是魯迅與許壽裳及許世瑛之間的事。把這種私下行為與「青年必讀書」事件做類比，也是不合適的。

魯迅的中國文化的「吃人」和「不讀中國書」，以及強調多讀外國書的思想，這為胡適們「全盤西化」、「充份世界化」提供了空間和可能性，我們不說胡、魯的思想在許多問題上是一致的，但這客觀上反映了一個問題的兩個方面。

六、「滿天的黑暗」與「大墓場」

在國民性問題上，胡適和魯迅也有不少一致的見解。

胡適既然鼓吹「全盤西化」，那就要對中國傳統思想進行全盤否定。在上文，胡適羅列了一堆西方世界的進步之處，反觀中國，認為中國固有文化是很貧乏的，中國獨有而西方所無的文化都是使中國人「抬不起頭來的」東西。他說：「我們固有文化實在是很貧乏的。談不到『太豐富』的夢話。……至於我們所獨有的寶貝，駢文，律詩，八股，小腳，太監，姨太太，五世同居的大家庭，貞節牌坊，地獄活現的監獄，廷杖，板子夾棍的法庭，……究竟

都是使我們抬不起頭來的文物制度。」（《信心與反省》）又說：中國「幾千百年之久的固有文化，是不足迷戀的，是不能引我們向上的。那裡面浮沉著的幾個聖賢豪傑，其中當然有值得我們崇敬的人，但那幾十顆星兒終究照不亮那滿天的黑暗。」（《再談信心與反省》）對中國文化採取幾乎全盤否定，一筆抹煞的態度。

當時有許多人認為在倫理道德方面，中國優勝於西方；「忠孝仁愛信義和平」是「維繫並引導中國民族向上」的固有道德，是西洋所沒有的。胡適則認為在倫理道德方面中國也不如西方；「忠孝仁愛信義和平」是一切有文化的民族共有的理想，絕不是中國民族獨有的理想。而且中國民族對這些理想沒有認真推行的「切實的辦法」，「真摯的熱心」，「只是一些空名詞而已」。而近代西洋人都努力征服自然，發展科學與工業。「提高了人民的生活。提高了人類的幸福，提高了各個參加國家的文化」，結果是西方倫理道德優勝於中國的倫理道德（同上）。

他宣稱中國固有文化中只有「最簡易合理的文法，平民化的社會構造，薄弱的宗教心」三項有優長之處。但是即使這三項也夾雜著不少有害的成份，都不是純粹的長處（《三論信心與反省》）。他的結論是：「我們必須承認我們自己百事不如人。不但物質機械上不如人，不但政治制度不如人，並且道德不如人，知識不如人，文學不如人，音樂不如人，藝術不如人，身體不如人。」（《介紹我自己的思想》）他反對把民族信心建築在中國固有文化豐富和中國道德優勝於西方道德的基礎上，而要把民族信心建築在所謂「反省」的基礎上。即認清「我們的祖宗和我們自己的罪孽深重」，認清「自己百事不如人」。並認為只有這樣，「然後肯用全力去消災滅罪。……然後肯死心踏地去學習人家的長處。」（《再論信心與反省》）他明確提出「不要怕喪失我們自己的民族文化」（《介紹我自己的思想》）。這實際上是企圖在完全否定中國原有的全部文化基礎上，搬來西方文化做為中國的「新文化」，完全違反文化產生和發展的客觀規律，及其社會經濟和政治條件。

既然中國「百事不如人」，「滿天的黑暗」，中國固有文化很貧乏，因此胡適反對恢復中國固有文化。

與胡適的「滿天的黑暗」相對應，魯迅認為中國人就是生活在非人間，整個中國就是一個大墓場。

林語堂在《魯迅》一文中對魯迅旅居廈門大學時期的周邊環境是這樣描寫的：「那地方的四周是中國人的公共墳地……山上遍佈土堆和墳坑……乞丐和士兵的屍體腐爛著，而且毫無遮攔地發出臭氣，而那知識界的空氣呢，比起來也只好一點。」周邊是墳、腐爛，一如知識界的空氣。如果說，魯迅在廈門的海邊也是一種旅行的話，那麼，他還真是思想的旅行。

你看，他有時也去散步，白領們散步，一般是花前月下，魯迅卻在「叢葬中」漫步，甚至還在林語堂描述的墳墓中留影。魯迅感慨了：「中國全國就是一個大墓場。」魯迅在墳叢中散步，從而想到了整個中國就是一個大墓場，想到了中國是死的中國，無聲的中國。

既然中國是「墓場」，「墓場」中生活的，自然是一群的「鬼」了。「華夏大概並非地獄，然而『境由心造』，我眼前總充塞著重迭的黑雲，其中有故鬼，新鬼，遊魂，牛首阿旁，畜生，化生，大叫喚，無叫喚，使我不堪聞見。我裝作無所聞見模樣，以圖欺騙自己，總算已從地獄中出離。」（魯迅：《「碰壁」之後》）魯迅筆下的人物，都人不人、鬼不鬼地鬼一樣生活著，取死人血給兒子吃的華老栓，吃死人血的華小栓；窮愁潦倒的孔乙己的非人生活；土谷祠中的阿Q，做鬼前畫的那鬼樣的圓圈；還有，那徘徊在地獄門前的祥林嫂……魯迅是在人間看到了「地獄」，從人身見到了「鬼」影。總之，這塊土地建立的不是人之國，而是鬼之國，生活的是大大小小的主子和奴才，是大大小小的狼和羊。要把「墓場」變成花園，要把鬼之國變成人之國，別無他途，那就是「全盤西化」和「充份世界化」。

我與魯迅、胡適等先哲的心是相通的，我經常在想，近代以來，中國對人類有什麼貢獻呢？

中國人天天在大罵所謂「全盤西化」，然而，我們實際上人人、天天在享受著「全盤西化」帶來的西方文明。如若不信，我們看看事實。中國人只會八股文，數理化諸學來自西方；我們坐的汽車、輪船、火車、飛機，甚至騎的自行車，都是西方人的發明；電燈、電話、電報、照相機、手機是西方人的貢獻；電影、電視，還有極為深刻地影響我們生活的電腦和網路，還是西方人的發明；我們腳下走的馬路，馬路上鋪的水泥是西方人的發明；我們身上穿的衣服——織布機流水線——是西方人的發明（我們有的是紡車）；就是慈禧太后，用的只是木製馬桶，抽水馬桶也是西方人的貢獻，早在七〇年代，江青同志甚至從外國進口可以洗屁股的電控馬桶；從政治意識型態來說，臺灣的三權分立，是克隆了美國的政治體制，大陸的社會主義共和國，是西方人馬克思設計的；從文化層面而言，中國專制文化的本質部分，諸如「君君臣臣父父子子」、「四海之內，莫非王土；率土之濱，莫非王臣；天下婦女，莫非王妾」，這絕對影響不了從選票裡出政權的世界上絕大多數國家；中國的古文字，甚至沒有標點符號，我們今天用的標點符號，也是來自西方……近代中國，是裹著腳，拖著豬尾巴，抽著鴉片菸，步履蹣跚，猶猶疑疑、跌跌撞撞、罵罵咧咧地踏進了現代門檻。如果說中國對人類有所貢獻的話，就是中國大面積的鴉片消費，為英國更快地完成了血腥的原始積累。

七、對社會的主張與個人喜好

就像社會具有矛盾性一樣，人也具有矛盾性。胡適所鼓吹的，與胡適所實行的，不可能沒有矛盾。事實上，胡適一方面贊成「全盤西化」、「充份世界化」，另一方面又承繼傳統，並身體力行，在「整理國故」、「考證」等方面，做出了許多實績。

蔡元培稱胡適「舊學邃密，新知深沉」，胡適的「舊學」實在比他的「新知」厚重得多，胡適的全部學術根本畢竟是七八分傳統，二三分洋貨，拋棄全部的中國文化傳統，他理智上、感情上都不會贊同。做為一個一隻腳踩在舊時代、另一隻腳邁入新時代的文化巨人，他的文化思想必然帶有兩個時代既碰撞衝突又調和折衷的特徵，而他的接受、宣揚新文化，根本上是為整治改造、組合翻新舊文化服務的。胡適在中國思想文化界站穩腳跟後即提出了四句著名口號：「研究問題，輸入學理，整理國故，再造文明。」殫精竭慮做好前三條正是為了最後奔向「再造文明」的目的。——這個「再造」出來的「文明」當然是中國式的但已經融合進多元的世界學術文化大潮流中的現代文明。胡適以文化設計師的身分，制訂出使中國封建落後的文化傳統及其意識型態接受西方資產階級物質文化、精神文明洗禮的文化改革的總體規劃。他不僅登高號召，而且身體力行，努力為中國文化打開一條邁向新時代的通路。我們隨便翻翻胡適的學術著述，大都是整理中國國故、研究中國問題的兩類內容，他對西洋學理的運用完全融化在他的「整理國故」與「研究問題」的文章中。

早在五四時期，他便提倡國故學。說：「發明一個字的古義，與發現一顆恆星，都是一大功績。」（《論國故學——答毛子水》）。其後又說：「輸入新知識與新思想固是要緊，然而『打鬼』（按指整理國故）更是要緊。」（《整理國故與「打鬼」——答浩徐先生信》）。他用較多的時間研究先秦諸子，寫成了幾本專著，如《中國哲學史大綱》、《先秦名學史》（英文本）等，又潛心考證《紅樓夢》、《水滸傳》、《儒林外史》、《三國演義》、《西遊記》、《三俠五義》、《醒世姻緣》，晚年又研究《水經注》等，並發表了一系列有關考證的文章。事實上，胡適從三〇年代後幾乎傾全力在中國傳統學問的研究上，尤其是他的晚年，精神慰藉全在中國傳統文化學術裡。

我是這樣理解胡適的矛盾的，胡適鼓吹「全盤西化」和「充份世界化」，那是對社會的要求，希望我們的社會最大程度地吸收西方文明，吸收人類的一切進步文化；而胡適自己對中國傳統文化的喜好與研究，也只是個人的喜好而已。他的鼓吹與他的實踐，不應該看作一種矛盾，先不說他對傳統文化研究的現代性，即用現代科學方法研究古代文化，他的傳統文化的研究，實際上、客觀上是置身在多元文化的背景之下。就像極權治下的孔子與今天的孔

子不是同一個孔子一樣，就像「文革」時的「樣板戲」與今天重播的「樣板戲」不是一回事一樣，多元文化背景下的胡適對傳統文化的梳理，只是多元之一元，是多元狀態下可以自由發揮的一種主觀喜好。

一樣的，魯迅是讀中國書的，他對中國古代文化有著非常深刻的理解，他對中國文學史有著很深的造詣。魯迅對傳統做了大量的整理工作。可以這樣理解，儘管魯迅在策略層面猛烈攻擊傳統文化，但在操作的層面上，魯迅還是注意對傳統進行分析和繼承的。因此不能輕易斷言魯迅割斷了傳統。魯迅絕非歷史和傳統的虛無主義者。魯迅活了五十多歲，實際做了大約三十多年的工作，除了寫小說，寫雜文以外，他三分之二的工夫都是在整理和研究中國古代文化。他整理《唐宋傳奇集》，寫《中國小說史略》、《漢文學史綱》。他收集過大量的文物，漢朝石刻、漢唐碑帖，這些現在都是寶物。他的一些研究專著，如《中國小說史略》，至今仍是學術界的典範。魯迅對傳統文化的分析的態度，褒貶鮮明，常有獨到眼光，絕非如某些人所說的是不負責任地將孩子和洗澡水一塊兒倒掉。魯迅是對傳統的激烈批判者，同時又是對傳統最有見地的繼承者、價值重估者，他的相關研究達到了近百年來的最高水準。那些籠統批評魯迅偏激和割裂傳統的人，其實並不真的瞭解魯迅的獨特價值。

中國書雖然有許多魯迅所抨擊的承載著歷史的痼疾，但不至於到不值一讀的程度。魯迅說，新文化並非從天而降，而是發達於對舊文化的反抗中，「所以新文化仍然有所承傳，於舊文化也仍然有所擇取」。魯迅還充滿信心地說：「將來的光明，必將證明我們不但是文藝上的遺產的保存者，而且也是開拓者和建設者。」歷史已經證明，許多高喊保存國粹、捍衛傳統文化的人，只不過是固守他已經習慣了的觀念，甚至只是為了自己或自己所屬集團的私利。「中國書」的命運，就像孔夫子在中國的命運一樣，只是他們手中的敲門磚或者別的什麼工具。而魯迅，雖然因激憤而口出不無偏頗之詞，然事實上他是祖國文化的開拓者和建設者，他被後人稱為「國學大師」，他的作品也成為「古典」，成為祖國文化的一部分。

無可辯駁的事實是，魯迅和胡適都是中國傳統文化的集大成者。

八、方法論

其實，深入探討胡適的西化思想，他的「全盤」、「充份」之類，很大程度上只是做為一種策略考量，也可以說是一種方法論。

胡適的《編輯後記》云：「我是主張全盤西化的，但我同時指出文化自有一種惰性，全盤西化的結果自然會有一種折衷的傾向……舊文化的惰性自然會使它成為一個折衷調和的中

國本位新文化。」他甚而坦白交代了他接受「全盤西化」的真正動機：「古人說：『取法乎上，僅得其中；取法乎中，風斯下矣。』這是最可玩味的真理。我們不妨拼命走極端，文化的惰性自然會把我們拖向折衷調和上去的。」胡適之所以贊同「全盤西化」實是等著舊文化的惰力來歷史地自然折衷，「取法乎上」為的是「僅得其中」。他深知對於西洋文化，我們不但理智上不願全盤採取，事實上也是絕不可能全盤採取的。文化上根本的「師法外國」，徹底的「全盤西化」，胡適自己首先便接受不了。

在這一點上，魯迅與胡適也有不謀而合之處。魯迅也並不諱言自己的偏激，他是要透過某種必要的偏激，來打破禁錮，啟動思想，引導解放。當傳統做為一個整體仍然拘絆著社會進步時，魯迅只好採取斷然的態度，大聲吶喊，甚至是矯枉過正，但這是為了提醒人們不要落入復古的老套。魯迅有過一個著名的比喻，他說，人們被窒息在一個鐵屋子裡，倘若你只要求開窗，衛道士們是絕對不允許的。你要把整個屋頂掀掉了，他們只好折衷同意你開窗了。他說，「中國人的性情是總喜歡調和、折中的。譬如你說，這個屋子太暗，須在這裡開一個窗，大家一定不容許的。但如果你主張拆掉屋頂，他們就會來調和，願意開窗了。沒有更激烈的主張，他們總連平和的改革也不肯行」。魯迅甚至還說，在中國辦一件事太難了，連「搬動一張桌子也要流血」。魯迅對中國人，對中國文化的利弊，的確看得很透。試想，如果一開始不用全盤否定式的徹底決裂的態度，如果總是「因時制宜，折中至當」，那勢必被折中調和的社會惰性所裹挾，任何改革都會流於空談。我們一般的思維往往似乎很全面很辯證，結果卻鈍刀子割肉，解絕不了什麼問題。如果認同這一點，我們就比較能夠理解魯迅對傳統的批判，讓人震撼、驚愕，雖然不習慣卻又頓覺清醒，思路別開生面，是有意的逆反，有意採用相當激進的姿態和不合作的精神。這大概就是魯迅式的思維方式和話語方式。從特定的歷史語境中來研究魯迅的言論，會發現魯迅的批判雖然偏激，但絕不是無的放矢，而且只有如此，才更能一針見血，深入本質，打到痛處。

上面提到的魯迅的「不讀中國書」的思想，也可以理解為是一種策略。中國書是固有文化，它具生命力的部分，絕不會因為魯迅號召「不讀」便喪失的。當時的迫切問題是要引進新鮮的帶海腥味的西方文化，要引進為勞苦大眾代言的馬克思主義。魯迅在《未有天才之前》的演講中指出：「自重新思潮來到中國以後，其實何嘗有力，而一群老頭子，還有少年，卻已喪魂落魄的來講國故了。」新思潮「何嘗有力」，便是魯迅對當時文化狀況的基本估計。為了讓新思潮「有力」，所以要提倡多讀外國書。魯迅的良苦用心是顯而易見的。魯迅和胡適一樣，在接受外國書（西方文化）方面，其見解無疑具有歷史的眼光。

第三章　胡適終究是書生

——以魯迅為參照的胡適行狀

如果說胡適是一個純粹的書生，百分之百的書生，不要說說服別人，似乎就難以說服我自己。他為人世故圓通方面的例子不在少數，在本書的《「魯有林風，胡乃釵副」》一節中有這方面的內容，有興趣的讀者可跳躍式地到那裡隨便翻翻。不過，如果據此認定胡適是政治老手，而不是一個書生，那是絕對站不住腳的。讀了一陣子胡適，我的看法是，胡適終究是書生。

一、「光明所到」與「文明監獄」

胡適對於西方政治的知識，或許要比中國政治知道得多。他是一個純粹的人，是接受了西方教育的人，正是他的純粹，正是他的留學背景，所以他讀不懂也不可能讀懂中國政治。其實，他不僅對中國政治不瞭解，或者說知之甚淺，就是對與政治密切相關的中國社會，也是懷著書生之見。

1. 胡適參加「中國民權保障同盟」的理由

我們來看看他對當時中國社會和中國政治的認知。這還得從魯迅和胡適都參加其中的「中國民權保障同盟」說起。

一九三二年底，宋慶齡、蔡元培等人在上海發起組織了「中國民權保障同盟」。「同盟」的主要宗旨是：「為國內政治犯之釋放與一切酷刑及蹂躪民權之拘禁殺戮之廢除而奮鬥」，「予國內政治犯以法律及其他之援助，並調查監獄情況，刊佈關於國內壓迫民權之事實，以喚起社會之公意」，「協助為結社集會自由、言論自由、出版自由諸民權努力之一切奮鬥」。魯迅從一開始就加入了同盟並任上海分會執行委員。不久，北平等地也成立了分會，胡適被推舉為北平分會的主席。

中國民權保障同盟，據馮雪峰說，是一個「當時『中國共產』黨所發動和領導的政治鬥爭團體」。據胡愈之說，「這實際是第三國際下面的『濟難會』。『濟難會』是聲援救濟各國被壓迫的政治犯的，募些捐，由各國有名望的特別是進步知識分子出面號召，是國際組織，『民權保障同盟』實際是它的分會。」雖然接著他慎重地聲明：「這是我個人理解，不知能

否這樣談。」中國濟難會是中國共產黨在第一次國內革命戰爭時期建立的群眾性救濟組織，是由中國的革命潮流所趨、適應中國社會發展而產生的，是楊杏佛和共產黨人惲代英、沈雁冰、張聞天以及進步人士郭沫若、葉聖陶、鄭振鐸等發起組織的。一九二五年五卅運動後，大革命走向高潮。在激烈的鬥爭中，革命戰士犧牲、受傷和被捕的日益增多，救濟任務繁重。於是，中共中央決定發起成立中國濟難會組織。

魯迅參加中國民權保障同盟，這是自然而然的事情。周建人曾經在魯迅和周作人之間做過一些「傳話」或是溝通的工作。有一回，談到了參加諸如同盟和發表宣言之類的話題，周建人給周作人的信是這樣寫的：「……又說到關於救國宣言這一類的事情，謂連錢玄同、顧頡剛一般人都具名，而找不到你的名字，他的意見，以為遇到此等重大題目時，亦不可過於退後云云。」（原信載《魯迅研究資料》十二輯）話雖然是說給周作人聽的，但亦可看出魯迅在此類問題上的態度。在這以前，魯迅已經參加過中國自由運動大同盟，中國左翼作家聯盟。這都是共產黨發動和領導的團體。就說參加自由運動大同盟這事吧，他就對馮雪峰說過：「這樣的團體是不能做什麼事的，只能發一個宣言。」就是說，有一種參與姿態，表明一種政治態度。這一回的加入中國民權保障同盟，他是不是也有類似的想法？一九三三年二月十二日他致友人台靜農的信中就說：「民權保障會大概是不會長壽的，且聽下回分解吧！」對於它所能起的作用明顯表現出並沒有多大信心。

至於胡適加入，更是意料中事。維護人權，保障民權，這是胡適長期熱衷的話題。他之所以自願加入中國民權保障同盟，甚至同意擔任北平分會主席，是因為這個「同盟」的名稱「民權保障」，對他具有太大的吸引力。人權問題，正是他這幾年間深入思考和論述的一個題目。一九三〇年，他出版了一本《人權論集》，書中除了羅隆基的三篇和梁實秋的一篇之外，全是他的文章。從這書裡，人們可以看到他關於人權（民權）問題的基本觀點。

胡適對於國民黨一黨專政之下的中國人權狀況很不滿意。他稱那個時候是「人權被剝奪幾乎沒有絲毫餘剩的時候」，「不知道今日有何種法律可以保障人民的人權」。在《人權與約法》一文中，他舉了兩個侵犯人權的事例。一個是他的朋友、安徽大學校長劉文典，「因為言語上頂撞了蔣主席，遂被拘禁了若干天。」另一個是唐山駐軍一百五十二旅將一商人嚴刑拷打致殘引起罷市才得釋放。針對這些無法無天的行為，胡適呼籲法治，他說：

> 法治只是要政府官吏的一切行為都不得逾越法律規定的許可權。法治只認得法律，不認得人。在法治之下，國民政府的主席與唐山一百五十二旅的軍官都同樣不得逾越法律規定的許可權。國民政府主席可以隨意拘禁公民，一百五十二旅的軍官自然也可以隨意拘禁拷打商人了。

但是現在中國的政治行為根本上從沒有法律規定的許可權，人民的權利自由也從沒有法律規定的保障。在這種狀態之下，說什麼保障人權！說什麼確立法治基礎！

在今日如果真要保障人權，如果真要確立法治基礎，第一件應該制定一個中華民國的憲法。至少，至少，也應該制定所謂訓政時期的約法。

胡適編印《人權論集》，目的是批評國民黨政權的人權紀錄，希望改善中國的人權狀況。它出版之後立刻遭到查禁，又是人權狀況惡化的一個新證據。事實表明：這樣以文字批判來爭取人權是難有什麼結果的。

值此之際，宋慶齡、蔡元培等人發起，以組織的力量來保障民權（人權），胡適樂於參加，也就完全是可以理解的了。況且，蔡元培與他多有交往，同為新文化運動的發起人，而同盟的總幹事楊杏佛早年在中國新公學時期便是胡適英文班的學生，後來又同在美國康乃爾大學留學——這應該也是胡適參與其中的原因之一？

一九三三年一月二十六日，胡適對前來採訪的《晨報》記者說：

本人於新年赴滬時，曾有人介紹加入，本人對此甚為贊成，蓋近年以來人民之被非法逮捕，言論、出版之被查禁，殊為司空見慣，似此實與民國約法之規定相背。民權保障同盟之目的在於根據約法明文，保護民權之免遭非法蹂躪。至北平分會現尚未正式成立，正在由蔣校長、李季、江紹原、任曙天諸先生及余籌備中。此次楊杏佛先生來平，亦負有組織北平分會之任務。……此事以人數之參加者越多越好，並且此種運動，在求民權，有保障言論、出版等之自由，因之深盼新聞言論界為自身之利益踴躍參加云。

一九三三年一月三十日下午四時，中國民權保障同盟北平分會在南河沿歐美同學會舉行成立大會，選舉胡適、成舍我、陳博生、徐旭生、許德珩、任叔永、蔣夢麟、李濟之、馬幼漁等九人為執行委員，並透過五項決議，包括：要求廢止危害民國緊急治罪法和在刑法以外之種種侵害人民權利之單行法，營救平津各地被非法拘留監禁之一切政治犯，要求政府將擅殺劉煜生之江蘇省主席顧祝同查辦，等等。

2. 胡適四小時視察監獄

同盟成立當晚，胡適和楊杏佛即決定視察北平各監獄，調查政治犯的待遇及生活情形。楊稱：「值此抗日吃緊之時，深盼全國人才，無論為國家主義派，為共產黨，均能集中於同一戰線之下。」（北平《民國日報》，一九三三年二月一日）當時華北最高軍政當權者是張學良，他擔任北平軍分會代理委員長。夜十一時，楊杏佛前往會見張學良，得到了張的同意。

他派了王卓然和軍法處以及憲兵司令部的兩個官員，於三十一日上午十時至下午二時，陪同楊杏佛、胡適、成舍我三人前去視察關押政治犯的北平陸軍反省院和另外兩處監獄。政治犯們向視察者訴說戴腳鐐的痛苦和伙食太壞，還有人訴說雖准許看書，卻不准看報。胡適他們直接瞭解到監獄裡的情況，得出結論是，有一定侵犯人權的做法，但不是很嚴重，應該改善，即據此向有關方面提出了一些要求。王卓然給胡適的一封覆信中說：「先生篤念時艱，抒發偉議，審微見遠，良殷心傾。所提各節，然即向漢公（漢公即張學良，字漢卿）商辦，冀能一一實現，不負先生苦心。」看來王卓然是把胡適提出的各項要求都報告了張學良，促使它一一實現。

這些政治犯的訴說，我以為基本上是在當局容忍的範圍內。戴腳鐐，犯人戴腳鐐有什麼奇怪呢？伙食差，監獄的伙食能好到哪裡去呢？能看書不能看報，這就更不值一提了。有這些小問題的監獄，仍然不失為「文明監獄」。如果以魯迅的眼光「不憚以最壞的惡意來推測中國人」，我以為，十之八九，這是獄方導演的結果。設計這些小毛病，是為了「文明監獄」更加真實，是為了能更加真實地糊弄胡適這樣的書呆子。

至少，可以提到這樣一件事：關押在反省院的政治犯劉質文，是一九三一年一月入黨的共產黨員，中國左翼作家聯盟北平分會理事，蘇聯塔斯社北平分社記者、翻譯。一九三一年七月被捕，關入反省院。這一天胡適他們來視察，他是用英語和胡適交談。就在這次視察之後三個多月，劉質文被王卓然無條件保釋出獄。劉質文就是後來著名的新聞工作者劉尊棋。

胡適對這次四個鐘頭探訪取得的成果是滿意的。

3. 史沫特萊和宋慶齡的英文快件

可是，就在這時候，出現了一件他沒有預料到的事情。二月四日，胡適收到史沫特萊的英文快信，並附有宋慶齡簽名的英文信一頁，以及英文的《北平軍分會反省院政治犯控訴書》一份，控訴書詳述反省院中種種殘酷的嚴刑拷打。史、宋的兩封信都囑北平分會立即向當局提出嚴重抗議，廢除反省院中種種私刑。宋慶齡函中並要求「立即無條件的釋放一切政治犯」。

閱後，胡適感到，這信中所述顯然和他在那四個鐘頭看到的情況不符。但他還沒來得及做出任何反應，第二天，就在英文《燕京報》上看到宋慶齡信和這一份控訴書。王卓然看了報紙也惱了，打電話給胡適，質問此文的來源，他也真不知如何回答。於是他就在四日、五日連寫了兩封信給蔡元培、林語堂兩人，四日的信中說：

> 我讀了此三項檔，真感覺失望。反省院是我們（杏佛、成平、我）三人前幾天親去調查的。有許多犯人和我們很詳切地談話；杏佛當能詳告你們諸位。他們訴說院中苦痛，

最大者為腳上戴鎖與飯食營養不足二事。但無一人說及有何種私刑吊打，如孫夫人所得Appeal（控訴書）中所說的。談話時，有一人名劉質文，是曾做蘇聯通信社翻譯的，他與我英文談話甚久，倘有此種酷刑，他盡可用英語向我訴說。依我的觀察，反省院都已決犯中必無用此種私刑拷打之需要。

此種文件，我前也收到過。孫夫人的檔，乃是一種匿名檔，信中明說是外人代寫，而信封上偏寫明寄自某某監獄。豈可不經考查，遽然公佈於世？

信末表示：「如有應由總社更正或救正之處，望勿憚煩，自行糾正，以維總社的信用。」五日的信中，胡適告訴蔡、林兩位一件事：有人寄了一篇類似這控訴書的文稿給《世界日報》要求發表，寄件人冒稱住在胡適家中，並且說稿子是胡交給他的。胡適在信中接著說：

此種文件與孫夫人所收的Appeal同一來源，同是捏造的。孫夫人不加考察，遽信為真，遍登各外國報紙，並用「全國執行委員會」的名義發表，這是大錯。

我認為此等行為大足以破壞本會的信用。應請兩公主持徹查此項檔之來源，並徹查「全國執行委員會」是否曾經開會決議此種檔的翻譯與刊佈。

如果一二私人可以擅用本會最高機關的名義，發表不負責任的匿名稿件，那麼，我們北平的幾個朋友，是決定不能參加這種團體的。

林語堂二月九日致胡適的覆信說：

> 得來札，知道北平監獄調查報告出於捏造，此報告係由史沫特萊交來，確曾由臨時執行委員開會傳觀，同人相信女士之人格，絕不疑其有意捏造，故使發表。不幸事實如先生來函所云。接信後蔡、楊及弟皆認為事情極其嚴重，須徹查來源，弟個人且主張負責糾正。

從這信可以看出，林語堂其實是贊同胡適的意見的，甚至讚許他來函的堅決態度。但是，林語堂立即給出「捏造」二字，是不是也太草率一點呢？收到這封信，胡適十三日給林語堂寫了覆信，表示接受林對史沫特萊的評語。胡適說：

> 示悉。帶去之文件，我早料到是她帶去的。我絕對信任她的人格，她不會捏造此種檔，但此間有人專造此種資料，最易受欺，所謂「君子可欺以其方」是也。

對史沫特萊，胡適多少還是採取原諒態度的，只要設法補救就好。

楊杏佛是參加調查的三個人之一，關於反省院中政治犯的情況，他知道的和胡適一樣多，當然知道那一篇控訴書所說與他所見存在巨大反差。他雖然不像林語堂信中那樣態度鮮明地「主張負責糾正」，但也承認了這事做得不夠審慎，今後要引以為戒。二月十日，楊杏佛致函胡適：

弟行時曾告兄，弟等奔走此會，吃力不討好，尤為所謂極左者所不滿。然集中有心人爭取最低限度之人權，不得不苦鬥到底，幸勿灰心，當從內部設法整頓也。

楊杏佛的信表明工作的艱難，說明多少受到極左者的掣肘，但為了最低限度之人權，不得不堅持抗爭，希望胡適不要因為某一具體的事件而灰心，可以在內部有所調整。從這封信看，應該說楊是誠懇的。

十四日，蔡元培、林語堂致函胡適，說明呼籲書發表經過，表示「其過失當由本會全體職員負責」。同日，楊杏佛再次致函胡適，向胡適通報開會的情況：

昨日同盟執委會議討論兄來函歷二小時，史沫特萊女士甚為焦急，詳述此項檔發表之經過，最後結果以實在情形由蔡、林兩先生向兄解釋。

楊杏佛在信中希望胡適要顧全大局，「希望兄千萬勿消極，在京、平市黨部開始壓迫本會之時，內部自當精誠團結也。」楊在這信裡還澄清了一件具體的事情：史沫特萊是一月二十五日交來這「捏造檔」的，事在胡適等人視察反省院之前，這可以洗清三個視察者和這件事的關係。我以為，這是事件的一個關鍵點，史沫特萊交來的檔，是在胡適視察之前，那檔所闡述的事實——如果是事實的話——也是發生在胡適視察前的事實，換言之，是胡適們看不到的事實。胡適看到的事實，不能證明史沫特萊提供的檔所描述的事實不曾發生。況且，老實說，我對胡適這樣名人眼裡看到的事實倒是很懷疑的，雖然在拜訪張學良的第二天，他們就探訪了監獄，雖然也不好說張學良要求造假，但監獄管理者的品行難道會和胡適一樣高潔？他們會和胡適一樣書生氣？我不相信。

胡適來信，驚動了上海若干人，上海方面立即開會討論，蔡元培、林語堂、楊杏佛分別致函胡適，說明控告件由史沫特萊轉來，而且陳述的事實是胡適們視察監獄之前的事實，還懇切希望顧全大局，保持同盟的團結。到目前為止，這一切交涉，都只是書信往來，這些史料都存於胡適的書信中。然而，胡適還是把這事推向了社會，同時，透過這事件表明了他的政治態度。

4. 胡適把分歧公開化

胡適主張「於不疑處有疑」，他對他四個小時視察監獄所見是深信不疑的，但對宋慶齡、史沫特萊等轉來的資料卻真正做到了「於不疑處有疑」。還是應了唐德剛所引李宗仁的話：適之先生愛惜羽毛。除了向上海總會要求徹查之外，做為北平分會的主席，做為曾經前往反省院調查的一人，做為愛惜羽毛同時也愛惜政府的胡適，不能不對公開發出來的所謂政治犯控

訴書表明態度。他給刊登了這控訴書的英文《燕京報》編輯部寫信，說明「這個反省院是我於上月三十一日同楊銓、成平兩先生一同訪問、視察過的三處監獄之一。我們曾和關押在那裡的政治犯當中的三分之一以上的人談過話。其中有些人是用英語和我談話的，因而他們當時是處在一種可以暢所欲言而不怕被獄官們察覺的地位的。他們當中沒有一個人提上述呼籲書所描繪的那些駭人聽聞的酷刑。」因此，胡適認為，「那封呼籲書十分可能是一封偽造的匿名信。」（如果要證明是「偽造」的，胡適應該像他所提倡的那樣「拿證據來！」「十分可能」畢竟還不是確定的）在指出這一點之後，胡適做了這樣的聲明：「我寫這封信，並沒有意思認為此地監獄的情況是滿意的。民權保障同盟北平分會將盡一切努力來改善那些情況。然而我不願依據假話來進行改善。我憎恨殘暴，但我也憎恨虛妄。」胡適沒有見到「殘暴」，這些監獄就不會存在殘暴？胡適見到的監獄狀況，是衡量監獄的標準，與這標準不吻合者，可以不質疑，可以不調查，可以立即斷定是「虛妄」？我印象中，在胡適的文章中，有多處痛斥中國的監獄的，對中國歷史並不陌生的他，不會對中國的監獄一無所知；主張漸進論的他，怎麼就如此確信中國的監獄一進入了一黨獨裁的民國就變得如此「文明」了？我搞不懂，一所監獄，而且還是關押政治犯的監獄，胡適們逛了四個小時，他對他所見到的一切都如此確定不疑?!我要說的是，四個小時能看到什嗎？能聽到什嗎？四個小時甚至來不及看完一個犯人的卷宗！胡適不是常說「於不疑處有疑」嗎？一見了「文明監獄」，怎麼就沒有了任何的疑慮？況且，做為反對黨，做為在野人士，對政府的質疑、惡意推定，在西方價值觀裡，都是天經地義的，解釋的義務是在政府，而不是公眾。這裡的胡適，不是站在在野的立場，監獄方還沒有說什麼，他已經自覺地站到了政府立場上去了，他自覺不自覺地成了政府的發言人或為政府服務的志願者。

同時，胡適藉題於二月十九日在《獨立評論》第三十八期上發表《民權的保障》一文，為一黨獨裁的國民黨統治辯護。文章寫道：

> 我們看上海發起這個運動的宣言特別注重「國內政治犯之釋放與非法的拘禁酷刑及殺戮之廢除」，就可以明白這個歷史背景了。
>
> 我是贊成這個民權保障運動的。我承認這是我們中國人從實際生活裡感覺到保障權利的需要的起點。……中國的民權保障運動必須要建築在法律的基礎之上，一面要監督政府尊重法律，一面要訓練我們自己運用法律來保障我們自己和別人的法定權利。
>
> 但我們觀察今日參加這個民權保障運動的人的言論，不能不感覺他們似乎犯了一個大毛病，就是把民權保障的問題完全看作政治的問題，而不肯看作法律的問題。這是錯的。只有站在法律的立場上來謀民權的保障，才可以把政治引上法治的路。只有法治是永久而

普遍的民權保障。……前日報載同盟的總會宣言有要求「立即無條件的釋放一切政治犯」的話，這正是一個好例子。這不是保障民權，這是對一個政府要求革命的自由權。一個政府要存在，自然不能不制裁一切推翻政府或反抗政府的行動。向政府要求革命的自由權，豈不是與虎謀皮？謀虎皮的人，應該準備被虎咬，這是做政治運動的人自身應負的責任。

我們以為這條路是錯的。我們贊成民權應有保障，但是我們以為民權的唯一保障是法治。我們只可以主張，在現行法律之下，政治犯也應該受正當的法律保障。我們對於這一點，可以提出四個工作的原則：

第一，我們可以要求，無論何種政治犯，必須有充份證據，方可由合法機關出拘捕狀拘捕。誣告的人，證實之後，必須反坐。

第二，我們可以要求，無論何種政治犯，拘捕之後，必須依照約法第八條，於二十四小時之內送交正式法庭。

第三，我們可以要求，法庭受理時，凡有證據足以起訴者，應即予起訴，由法庭公開審判；凡無犯罪證據者，應即予開釋。

第四，我們可以要求，政治犯由法庭判決之後，應即予此種犯人同受在可能範圍之內最人道的待遇。

這都是關於政治犯的法律立場。離開了這個立場，我們只可以去革命，但不算是做民權保障運動。

以上所說，不過是舉政治犯一個問題做個例，表示我個人對於這個運動的見解。除了政治犯之外，民權保障同盟可以做的事情多著哩。如現行法律的研究，司法行政的調查，一切障礙民權的法令的廢止或修改，一切監獄生活的調查與改良，義務的法律辯護的便利，言論出版學術思想以及集會結社的自由的提倡……這都是我們可以努力的方向。

胡適提出「把民權保障的問題完全看作政治問題，而不肯看作法律問題，這是錯的」，聲稱要求釋放政治犯，「這不是保障民權」。他認為「一個政府要存在，自然不能不制裁一切推翻政府或反抗政府的行動」，換言之，「一個政府為了保衛它自己，應該允許它有權去對付那些威脅它本身生存的行為」。胡適的比喻是生動的，與虎謀皮，被虎咬了的責任當然在自己。這就表明，胡適推崇的「好政府」實際上是「虎政府」，而在「虎政府」治下的人權，就是讓虎們如何不吃羊，或是如何文明地吃羊。顯然，胡適的前提是建立在一黨獨裁的國民政府是合法政府的基礎上，是不把非民選的國民黨獨裁政府當作反動政府的。他持的是一種一鍋煮的無區別的政府論。也可以這麼說，他是把對美國政府的標準用到了沒有合法反對黨的獨裁的國民政府身上。承認還是不承認現存的政府和法律，承認還是不承認奴隸——政府稱

之為「公民」——反抗專制壓迫的合理性和合法性，是魯迅和胡適們的根本分歧。

此外，還應該指出的是，反對釋放政治犯，這與胡適奉行的西方價值觀是有衝突的。據我所知，在胡適留學的美國，是沒有所謂「政治犯」的。其實，在這一點上，胡適的思想充滿了悖論，李大釗和陳獨秀，特別是陳獨秀，都曾經做為政治犯入過獄，胡適也曾經千方百計地營救過他們（胡適四次營救做為政治犯的陳獨秀）。北平分會的五項決議中也有「營救平津各地被非法拘留監禁之一切政治犯」這一條。

二月二十一日英文《字林西報》發表了該報記者訪問胡適的報導，內容大體是胡適致《燕京報》的信和這篇《民權的保障》的要點，但有一處明顯的出入，就是記者用了「有權」一語，而《民權的保障》一文中並沒有這意思。

以上事實可見，胡適並沒有理會楊杏佛「精誠團結」顧全大局的告誡。《字林西報》的這一報導在民權保障同盟立刻引起了強烈的反應。楊杏佛在致胡適的信中說：「（兄）極以如此對外公開反對會章，批評會務，必為反對者張目，且開會員不經會議，各自立異之例，均甚焦灼，已由會電詢談話真相，甚望有以解釋，勿使此會因內部異議而瓦解也。」民權保障同盟發來的電報：「本日滬《字林西報》載先生談話，反對本會主張釋放政治犯，並提議四原則，與本會宣言目的第一項完全違背，是否尊意？請即電覆。」

胡適沒有答覆。

本來，胡適理應支持「中國民權同盟」的工作，保障民權。然而，由於他的立足點是把一黨獨裁的國民黨政府當作合法政權，所以他時不時站在當局一邊，甚至攻擊「同盟」，具有一定的破壞性。胡適的言論，引起社會的不滿。在釋放政治犯等關鍵問題上，上海方面是難以妥協的。二月二十八日，宋慶齡、蔡元培為此電請胡適更正，聲稱「釋放政治犯，會章萬難變更。會員在報章攻擊同盟，尤背組織常規，請公開更正，否則唯有自由出會，以全會章」。胡適對此無動於衷，三月，中國民權保障同盟會議議決將他開除出盟。

三月四日，上海各報刊出了民權保障同盟開除胡適會籍的報導。胡適剪了兩條這樣的報導貼在日記裡，接著寫道：

> 此事很可笑！此種人自有作用。我們當初加入，本是自取其辱。子民先生夾在裡面胡混，更好笑。
>
> ……
>
> 下午在我家中開民權保障同盟會北平分會執委會。此會是三月一日召集的。我自然不願再和上海那班人辯爭，陳博生、成舍我、任叔永諸君要寫信去質問總會，我也無法阻止他們。

二十一日，他致函蔡元培，表示「不願多演戲給世人笑」，並稱「不願把此種小事放在心上」。胡適還說：「我所耿耿不能放心者，先生被這班妄人所包圍，將來真不知如何得了啊！」胡適這裡所稱的「妄人」，應該包含了楊杏佛，是不是也包含了魯迅呢？

5.「光明」的來與去

一九三三年三月十五日，魯迅寫了後來被收入《偽自由書》的《「光明所到……」》一文，批評胡適為國民黨監獄塗脂抹粉的言論。魯迅認為：「中國監獄裡的拷打，是公然的祕密。上月裡，民權保障同盟曾經提起了這問題。」然而，胡適看過幾個監獄後，「很親愛的」告訴記者，說「據他的慎重調查，實在不能得最輕微的證據……他們很容易和犯人談話，有一次胡適博士還能夠用英國話和他們會談。監獄的情形，他說，是不能滿意的，但是，雖然他們很自由的訴說待遇的惡劣侮辱，然而關於嚴刑拷打，他們卻連一點兒暗示也沒有」。魯迅畢竟是深諳中國世故和深知中國人的，在魯迅看來，胡適做為社會名流，來看監獄，監獄當然可以臨時穿上一件文明的外套，讓鑑賞者觀賞一番。中國弄權的奸人，要騙一兩個書呆子還不容易嗎？然而，胡適觀後，還在津津樂道什麼：「公開檢舉，是打倒黑暗政治的唯一武器，光明所到，黑暗自消。」對此，魯迅很尖銳地指出：「他就是『光明』，所以『光明』所到，

『黑暗』就『自消』了。」魯迅進而問道：

但不知這位「光明」回府以後，監獄裡可從此也永遠允許別人用「英國話」和犯人會談否？

如果不准，那就是「光明一去，黑暗又來」了也。

而這位「光明」又因為大學和庚款委員會的事務忙，不能常跑到「黑暗」裡面去，在第二次「慎重調查」監獄之前，犯人們恐怕未必有「很自由的」再說「英國話」的幸福了吧。嗚呼，光明只跟著「光明」走，監獄裡的光明世界真是暫時得很！

胡適著名的觀點是：「拿證據來。」我認為，如果胡適看到了嚴刑拷打的證據，從他的一貫作為看，他甚至敢於向蔣介石要人權，又何在乎展示監獄存在的客觀事實呢？我以為，只要是事實，在事實面前他不會保持沉默的。胡適看監獄，或許確實沒有看到史沫特萊等人所控告的那些，他只是一個善良的被弄權者愚弄的書生。

魯迅在《關於中國的兩三件事》一文「關於中國的監獄」一節中，說了這樣一段話：

在中國，國粹式的監獄，是早已各處都有的，到清末，就也造了一點西洋式，即所謂文明式的監獄。那是為了示給旅行到此的外國人而建造，應該與為了和外國人好互相應

酬，特地派出去，學些文明人的禮節的留學生，屬於同一種類的。託了這福，犯人的待遇也還好，給洗澡，也給一定份量的飯吃，所以倒是頗為幸福的地方。但是，就在兩三禮拜前，政府因為要行仁政了，還發過一個不准剋扣囚糧的命令。從此以後，可更加幸福了。

（《且介亭雜文》）

就是說，中國似乎也有文明監獄，但從總量上是非常之少的，而之所以有這樣的監獄，也是做給外國人看的。這與其說是監獄，不如說是宣傳政府政績的道具。這也是做戲的虛無黨的一個把戲。那麼，這樣的「文明監獄」能說明什麼呢？除了中國監獄固有的殘暴之外，還多了一個欺騙的功能。我堅決相信，胡適所看的監獄，就是這樣的「文明監獄」。胡適固然看到了具體的實在，或許是真實的。然而，這種經過導演的真實，離中國監獄的真實，相距何止天壤！

那麼，中國監獄的實況是什麼樣的呢？我們且不說，做為政治犯的共產黨人當年在國民黨的監獄中坐老虎凳、竹籤穿指等，我們還是看魯迅的描述吧！在《關於中國的兩三件事》一文中，他說到區別於「文明監獄」的「舊式的監獄」，「則因為好像是取法於佛教的地獄的，所以不但禁錮犯人，此外還有給他吃苦的職掌。擠取金錢，使犯人的家屬窮到透頂的職掌，有時也會兼帶的。但大家都以為應該。如果有誰反對吧，那就等於替犯人說話，便要受惡黨的嫌疑。」傳統監獄讓人犯「吃苦的職能」，還有「使犯人的家屬窮到透頂的職掌」，魯迅的祖父是坐過監獄的，雖然是清朝的監獄，就像中國人的醜陋德性隔朝隔代不會有太大的改變一樣，中國的監獄不會有太大的改變。在國民黨的監獄中，卻多了現代色彩。在《電的利弊》一文中，魯迅控訴了當年上海的電刑：「上海有電刑，一上，即遍身痛楚欲裂，遂昏去，少頃又醒，則又受刑。曾聞連受七八次者，即幸而免死，亦從此牙齒皆搖動，神經亦變鈍，不能復原。」（《偽自由書》）電是現代文明的結果，魯迅感嘆：「許多人讚頌電報、電話之有利於人，卻沒想到同是一電，而有人得到這樣的大害，福人用電氣療病、美容，而被壓迫者卻以此受苦，喪命也。」

　　對於魯迅所描述的這些中國畫像，胡適也不是不瞭解，也是在那篇《民權的保障》一文中，胡適說：「在這個多方面的政治衝突裡，現政權為維護自身的權力計，自然不恤用種種高壓方法來制裁反對勢力，期間確有許多過當的行為，如祕密軍法審判的濫用，如死刑之濫用，如拘捕之眾多與監獄生活之黑暗，都足以造成一種恐怖的心理。」就是說，中國的現狀，胡適也有所聞，但他「看監獄」的時候沒有看到，他看到的只是「文明監獄」，因而楊杏佛等人的指控便站不住腳了。微觀看，或許不能說胡適一無道理，但看整個中國社會，應該指出的是，胡適的言論客觀上為統治者監獄的黑暗抹上了一些亮色，從這一意義上說，他不僅

是「大錯」的，甚至可以說是有罪的。

對於胡適的言論，魯迅自然是持蔑視的態度，他在一九三三年六月十八日致曹聚仁的信中說：「我但於胡公適之之侃侃而談，有些不覺為之顏厚有忸怩耳。但是，如此公者，何代蔑有哉。」就在魯迅寫這一封信的上午，因積極參加同盟活動的楊杏佛被特務在上海暗殺。楊杏佛因政見不同就被暗殺，這反過來可以證明，一黨獨裁的國民黨監獄，能「文明」到哪裡?!這是後話了。

6. 胡適與楊杏佛的「情意結」

楊杏佛被暗殺前幾日，即一九三三年六月十五日，胡適為赴美參加太平洋國際學會到達上海。同日，赴「中央研究院」訪蔡元培和楊杏佛，未遇。到蔡元培家，見到了蔡氏夫婦。第二天，楊杏佛到胡適住所回訪。胡約楊同到李拔可家吃飯。飯後，楊杏佛又送胡適回住所。表面看去，兩個老朋友關係還是過得去的，楊杏佛也依禮辦事了。但是，正如楊天石先生所言，他們「內心已經很隔膜」。當日，胡適在日記中寫道：

> 杏佛來，此為二月初我在北平見他之後第一次見他。為了民權保障同盟事我更看不起他。因為他太愛說謊，太不擇手段。

監獄惡況的資料是史沫特萊提供的。上面說了，是胡適們視察監獄之前的事，也沒有證據證明資料所示監獄惡況的不存在，也不能說只有胡適見到的「文明監獄」才是當時監獄的真實，如何就可以判定楊杏佛「太愛說謊」呢？做為自由主義者的胡適自然有愛現政權的自由，別人是不是也有不愛現政權的自由呢？傑克遜說過：政府是靠不住的，總統是靠不住的，國民要像防賊一樣盯著政府。政府和政府機構的權力要受到監督和制約。在西方文化中，國民之間，人與人之間，應該善意推定，但對政府和它的機構，應該惡意推定，對政府和它的機構就是不能信任，在那些憲政國家、法制國家，對政府的惡意推定，都是天經地義的。這些西方政治倫理，胡適不會不知道。胡適到監獄逛了四個鐘頭，怎麼就這麼相信監獄的「文明」呢？為什麼對其他人的提醒都視為「可笑」的「妄人」之舉呢？這裡，胡適對監獄方是「善意推定」，對楊杏佛他們則是「惡意推定」了，就是按照西方規則，他也扮演不好在野份子的角色，而只能是東方獨裁者的「幫閒」或「幫忙」了。楊天石先生在評論胡適的這則日記時說：「由於彼此政治觀點不同，胡適對楊杏佛在民權保障同盟中的作為不滿是可以理解的，但是，罵楊杏佛『太愛說謊，太不擇手段』，就不知何所據而云然了。」（《哲人與文士·胡適與楊杏佛》）

不過，楊杏佛應該算是深知胡適的人之一，他曾經觸到胡適的痛處。這樣一段往事，應

該是可以幫助我們瞭解胡適深潛的「情意結」的：

一九二九年十二月二日，楊杏佛在上海大夏大學演講，將胡適列為「旁觀派」，是「騎在牆上，看人打架，叫一聲好的東西」。事後，馬君武將楊杏佛的講稿寄給胡適，同時寫道：「杏佛在大學演講《從時局想到個人》，罵得你好利『厲』害。特寄與你看，以為研究麻子哲學之一助。」（《胡適的日記》）一九三〇年四月，吳稚暉、楊杏佛在上海市黨部發表演講。楊在演講中批評胡適一會兒在段祺瑞的善後會議裡大談特談政治，一會兒跑到俄國，談起共產主義是如何的好，不多時，又覺得三民主義很好，預備做一部三民主義的哲學；到了國民黨快統一的時候，又罵國民黨不禮賢下士。他說：「學者、教育家不是萬應如意油，過去可以在軍閥底下做工具，現在可以在國民黨底下做忠實的信徒，將來國家亡了，也可以在帝國主義底下做走狗。若是這樣，主義是商品化了，思想也商品化了。」楊杏佛話中似有不夠切實之處，但總體上看，畢竟與胡適有數十年的交往，應屬最是深知胡適之人。在我看來，胡適就是這樣一個老好人，無論什麼政府，他都不會去革命的，他總會做「人上人」（胡適示兒書中的話），用「人上人」的地位，去與統治者商討改良問題。他與軍閥政府過從甚密是實的，與蔣介石政府從總體上看比較親熱也是實的。一九二六年，胡適在莫斯科停留三天，參觀了蘇聯的革命博物館和監獄。實地考察使他的思想受到衝擊。他對蘇聯的政治試驗表示欽佩。馮玉祥親蘇，他還在莫斯科拜見了馮玉祥的祕書及共產黨的骨幹份子之一劉伯堅，表示回國後再組團來蘇聯仔細考察。我想，胡適在莫斯科參觀的監獄，肯定也是「文明監獄」吧，蘇聯垮臺了，大清洗、大屠殺這些歷史還用我來復述嗎？讓胡適「欽佩」的莫斯科監獄文明得了嗎?!此外，他和末代皇帝也能談談新詩，我想，中國如果還是滿清王朝，他一樣可以在體制內當一個開明派的。再進一步想，哪怕在共產黨中國，當年胡適如果不離開大陸，大約也可以進入全國政協吧！這有這樣幾條理由：毛澤東曾經視他為老師；共產黨取得政權之前，董必武、毛澤東、吳晗等多次做過爭取胡適的工作，甚至許諾解放軍不進北大，胡適也可以出任國家圖書館館長職；胡適也為共產黨說過好話，還書呆子氣十足地建議蔣介石割讓東北，讓共產黨進行共產主義實驗，這不，楊杏佛也說了，胡適還跑到俄國，談起共產主義是如何的好……章士釗劣跡斑斑，在新中國還成為毛澤東的座上賓，何況胡適乎？當然，這是一種猜測，沒有實際的意義。胡適可以和一切的「人上人」大談社會改革，成為他們的座上賓；魯迅看到的是「上層社會的墮落和下層社會的不幸」，對一切的上層人一律避之唯恐不及，不抨擊一番，已經算是很委婉的了。我要表達的意思是，我是贊同楊杏佛對胡適的評價的。

然而，畢竟是老朋友吧，楊杏佛寫了一封信託蔡元培帶給胡適，說明由於記錄者的原因，演講稿「多顛倒錯誤」。函稱：「演說中走江湖的博士乃指江亢虎先生，下文有胡先生亦犯

此毛病，不肯做第二人，故好立異，筆記者必誤會『江湖』乃暗指兩姓，故混為一談。」楊杏佛並稱，這次演說完全是被吳稚暉「拉作陪綁」（《胡適往來書信選》）。楊天石指出：「楊杏佛的這次演講對胡適的批評是很嚴峻的，這封信旨在緩和一下氣氛，但並未修正自己的觀點。」（《哲人與文士・胡適與楊杏佛》）演講稿在報紙上登出來，多少有些走樣，這樣的事是經常發生的，報上說，魯迅稱他的兄弟為豬，魯迅對周建人說，這是不可能的，這是無中生有的，就是一例。但是，楊杏佛所言無大錯，也是事實。我以為，楊杏佛性格中或許還有軟弱的成份，說就說了，還解釋什麼呢？要是魯迅，絕對不會再做諸如此類多餘的事的。

四月三十日，胡適覆函楊杏佛，從五、六年前與魯迅兄弟關於《西遊記》第八十一難的一段談話說起：

杏佛兄：

昨日子民先生交來吾兄手示，謝謝。記得五、六年前曾與周豫才先生兄弟閒談，我說，《西遊記》的「八十一難」，最不能令人滿意，應該這樣改作：唐僧取了經回到通天河邊，夢見黃風大王等等妖魔向他索命，唐僧醒來，叫三個徒弟駕雲把經卷送回唐土去訖，他自己卻念動真言，把當日想吃唐僧一塊肉延壽三千年的一切冤魂都召請來，他自己動手，把身上的肉割下來佈施給他們吃，一切冤魂吃了唐僧的肉，都得超生極樂世界，唐僧的肉佈施完了，他也成了正果。如此結束，最合佛教精神。

我受了十餘年的罵，從來不怨恨罵我的人。有時他們罵的不中肯，我反替他們著急。有時他們罵的太過火了，反損罵者自己的人格，我更替他們不安。如果罵我而使罵者有益，便是我間接於他有恩了，我自然很情願挨罵。如果有人說，吃胡適一塊肉可以延壽一年半年，我也一定情願自己割下來送給他，並且祝福他。

此是說明我對於此等事的態度。至於朋友的指摘，更是我所歡迎。報紙記載講演，非有訓練，每多謬誤；我也常是此中的一個犧牲者，故絕不會因此介意於你。（《胡適書信集［上］508頁，北京大學出版社一九九六年版》

許多人說，胡適是不生氣的，胡適自己也說，他不生氣。那些罵胡適罵得無關痛癢的話，胡適自然會一笑置之。所以，胡適看大陸八大本批胡文章，因為沒有批到點子上，沒有批到痛處，是一邊看，一邊笑的。我相信，胡適寫這封信時是生氣了，這些話可以讓我嗅到一股酸味苦味。當人們說到胡適的大度時，經常引用胡適的這段話，我以為，與其說這段話表現了胡適的大度，不如說表明一向不生氣的胡博士生氣了。胡適的言外之意似乎也包含著罵他的人是為了從他身上得利的意思。他自比唐僧，他還真有點像唐僧哩。照胡適的話推論，魯迅客觀上是有恩於一大群人的人，很多人就是為了透過罵魯迅而出名的，這一點，章克標比

較坦率，他就說過，他們罵魯迅，是為了使自己辦的刊物出名。不過，無論怎麼看，魯迅也不像唐僧，倒像孫悟空。與孫悟空秉性有相通之處的魯迅，是不會像胡適這樣說他的肉如何如何，他將如何如何的。不過，魯迅這個孫悟空是不會保胡適這個唐僧去西方取經的，因為魯迅不是韓石山說的「英美派」，而是「法日派」。

關於胡適的這封信，還是楊天石評論得比較到位，他說：「從表面上看，胡適的這封信表現了一種對批評者的大度和寬容，彷彿毫不在意，實際上，包含著對楊杏佛等人的深刻批評和挖苦。它表明，兩個老朋友之間已經出現了無法消解的隔閡。」（《哲人與文士・胡適與楊杏佛》）

一個人挖苦另一個人的時候，通常是在生氣的時候。這能不能做為胡適對楊杏佛無中生有的「太愛說謊」之類厭惡之情「不知何所據」之「潛意識」中的根據？這只有胡適知道了。胡適死了，只有天知道了。

7. 楊杏佛之死及胡魯的態度

楊杏佛和中國民權保障同盟的活動引起了國民黨當局的嫉恨。國民黨特務不斷寫信威脅同盟的領導人，甚至在給楊杏佛的信裡裝進子彈。就在胡適到達上海的同一天，國民黨特務組織祕密發出通告，計畫暗殺「中國共產黨領袖、左翼作家以及各反蔣軍人政客」，魯迅、楊杏佛均在黑名單之列。十八日，胡適準備登輪，到幾位朋友處辭行。到徐新六家時，即得到楊杏佛的噩耗。當日上午八點半，楊杏佛從「中央研究院」出門，被四個人從三面開槍打死，公子楊小佛腳上受傷，汽車司機受重傷。兇手三人，兩人逃了，一人被追，開槍自殺。

這一天的日記，胡適寫道：

> 去看了丁在君嫂，同到新六家。入門即聞一大噩耗：今早上八點半，杏佛從研究院出門，被四個人從三面開槍射擊，杏佛即死，其子小佛腳上受傷，汽車夫也受重傷。兇手三人逃了，其中一人被追，開槍自殺。
>
> 此事殊可怪。杏佛一生結怨甚多，然何至於此！兇手至於自殺，其非私仇可想。豈民權同盟的工作招搖過甚，未能救人而先招殺身之禍耶？似未必如此？前日我尚與杏佛同車兩次，第二次他送我回寓的車即是今日被槍擊的車。人世變幻險惡如此！
>
> 我常說杏佛一生吃虧在他的麻子上，養成了一種「麻子心理」，多疑而好炫，睚眥必報，以摧殘別人為快意，以出風頭為做事，必至於無一個朋友而終不自覺悟。我早料他必至於遭禍，但不料他死的如此之早而慘。他近兩年來稍有進步，然終不夠免禍！

楊杏佛之死，沈醉的回憶是這樣的：「一九三三年六月十八日早上，在上海法租界亞爾培路發生的國民黨『中央研究院』總幹事楊杏佛先生被暗殺身死的事件，曾轟動一時，極為各方面所重視。這是戴笠所領導的特務在上海租界內所幹出的第一次血腥罪行。多年以後，一直為軍統特務們所最愛津津樂道的『傑出之作』，而局外人卻很少瞭解其內幕。蔣介石當時決定殺楊，最主要的原因是要以此威嚇宋慶齡先生。自一九三三年初，宋所發起的中國民權保障同盟成立，楊杏佛擔任同盟的副會長兼總幹事，他們即為蔣介石所厭惡，亟欲除之而後快。但因對宋直接下毒手顧忌尚多，乃決定殺掉一個『適當』的人來對宋進行威嚇。加上楊於一九三三年春天曾到華北等地進行過一次活動，鼓吹人權、保障同盟的神聖任務，針對蔣介石種種蔑視人權、無法無天的做法進行堅決鬥爭，並極力主張停止內戰、一致團結抗日。這與蔣介石的政策完全相反，成為他被害致死的主因。」（沈醉：《楊杏佛、史量才被暗殺的經過》）這就是人們通常說的「殺楊儆宋」，蔣介石以刺殺楊杏佛，來警告宋慶齡和蔡元培。此外，正如傅國湧先生言，「如果說宋慶齡、蔡元培是民權保障同盟的精神領袖或者說靈魂人物，那麼楊杏佛就是同盟的實幹領袖，是實幹家」，如果缺了楊杏佛這樣執著精幹的人物，民權保障同盟就不會有如此大的作為，殺楊杏佛，正當其人。

用手槍對付不同政見者，這應該不是西方的政治文明吧？楊杏佛死了，寫的還是沒有公開發表的日記，對西方政治文明頂禮膜拜的胡適，幾無譴責殺人者，卻怪死者「結怨甚多」、「招搖過甚」，有所謂「麻子心理」，「以出風頭為做事」……畢竟都是韓石山所言之「英美派」，胡適的這些文字，不得不讓人想起「三・一八慘案」發生後，陳西瀅對死難者的責怪！幾個人持槍圍殺一介書生，被抓者還要自殺，雖然胡適也意識到「其非私仇可想」，還是如此下筆責備死者，每每讀到這段文字，一向笑容可掬的忠厚學人胡適，在我心目中，不僅是懦弱者、冷漠者形象，更是一個有欠厚道的可鄙之人！楊天石先生評論楊杏佛之死時說：「政治態度有時使人接近真理，有時卻又使人離開真理。胡適猜到了楊杏佛的死和國民黨有關，但是又認為『似未必如此』，走到了真相邊緣又離開了。這顯然與胡適當時對國民黨認知有關。」（《哲人與文士．胡適與楊杏佛》）

楊杏佛在《再函王儒堂書》中說他自己「生平未嘗樹敵，但知嫉惡如仇；不解修怨，但知為國鋤奸」，如果他是動輒樹敵之人，已與胡適多有不快的他，當胡臨滬，應不會回訪了，也不會吃了飯還要再把胡適送回住處。

一九二七年八月，楊杏佛曾在《現代評論》雜誌發表過一首詩，詩云：

人們，你若苦黑暗嗎？
請你以身作燭。

用自己膏血換來的，
方是真正光明之福。

楊杏佛意在表達以熱血換取光明的戰鬥精神和犧牲精神，他用自己的生命照亮了黑暗。當年，胡適稱楊杏佛取「蠟燭主義」，「點完即算」，不以為然。可是，蠟燭不點燃，尤其在暗夜裡，有什麼用呢？難道蠟燭也只是胡博士西洋燭臺上的一個擺設？

楊杏佛死的當天晚上，胡適受國民黨當局的指派，由上海頓輪赴美洲出席將在加拿大召開的第五次泛太平洋學術會議。一黨獨裁的國民黨政府對於胡適和楊杏佛的不同態度本身已說明了問題。胡適沒有能夠參加老朋友楊杏佛公祭安葬等等儀式。當天的胡適日記還有這樣一段話：杏佛「頗有文學天才，作小詞可誦。當囑其同事保存其詩詞稿。」七月二十六日，他在給羅隆基的信中談到這位不久前遇難的朋友，說：「中央研究院之粗具規模，皆杏佛之功也。」照說，這應理解為老朋友的情誼，但聯想到「太愛說謊」說，胡適對楊杏佛是厭惡的，我倒覺得，胡適在「妄人」的屍體前，也要表現一番他待人寬厚，終於也只是表現。

楊杏佛死時，魯迅義無反顧，當即趕往出事地點。楊杏佛之死是一個信號，也是對同盟其他成員的警告，特務的黑名單上有了包括魯迅在內的一大串人名。當時，有些同盟成員離滬躲避了，但魯迅卻表現了大無畏的革命精神。他不聽友人勸阻，又冒著生命危險毅然出席楊杏佛的入殮儀式，且在離家時不帶房門鑰匙，以示赴死的決心。歸來後，魯迅心情沉痛地寫下了《悼楊銓》：

豈有豪情似舊時，
花開花落兩由之。
何期淚灑江南雨，
又為斯民哭健兒。

「豈有豪情似舊時」，人已中年，豪情依舊，花開花落，生死置之度外，江南雨多，那是蒼天垂淚，「又為斯民哭健兒」！苦難的民族啊，每讀魯迅此詩，眼前依稀可見中國社會轉型之百多年間，慘死在獨裁者刀下的孤魂野鬼！相較胡適的冷漠，我要說，我不原諒！

幾天後，也就是一九三三年六月二十五日，魯迅在致外國友人山本初枝的信中，再次表明了自己和獨裁統治者做不妥協的鬥爭的決心：「只要我還活著就要拿起筆，去回敬他們的手槍。」

上面說了，楊杏佛曾是胡適在中國新公學時代的學生，留學美國的同學，更是多年的老朋友，兩人的私誼曾是不錯的。現在，當魯迅為楊杏佛的遇害伸張正義的時候，當魯迅、郁達夫、宋慶齡等都出席了楊杏佛的公祭大會的時候，在公開場合，胡適卻對昔日的學生和朋

友的遇害始終未置一詞。

要順便提一下的是，晚年，胡適還對祕書胡頌平談起此事：「當年蔡先生是不管事的，一切由楊杏佛獨斷獨行。蔡先生受了杏佛的累不少！那時自由人權大同盟要我和杏佛參觀北平的政治犯監獄，他回到上海後的報告並不實在。我在北平的中英文報紙上聲明杏佛的話完全不確，因為我是親眼看見的。」（胡頌平：《胡適之先生晚年談話錄》，中國友誼出版公司一九九三年九月版）還有指責楊杏佛的意思在，還在堅持他所見到的「文明監獄」的「真實」。歷史可以澄清一切的污濁。上文我們提到用英語與胡適談話的劉質文（即劉尊棋），一九四九年後，他出任中國記者協會主席，據他回憶，史沫特萊的那份控訴書確係監獄傳出，是他經祕密支部同意，以「北平軍委會反省分院政治犯」的名義寫的，薄一波、劉瀾濤等地下黨員都知道此事。（木易、蘇學恕：《走上政壇的文化大師．胡適與國共兩黨》，改革出版社一九九八年二月版）回頭看，劉質文當年用英文與胡適對話能說明什麼呢？除了說明這是監獄方導演的一場戲、劉質文們不得不進入一定的角色外，只能證明胡適的呆。不過，胡適接著對胡頌平說：「杏佛是我的學生啊！」這句話多少流露了一點感情，似乎還有一點師生的情誼在。末了，我要說的是，楊杏佛做為政治反對派，而死於特務的槍下，雖然在監獄之外，不也可以反觀監獄之內的狀況了嗎？楊杏佛之被暗殺，說明了當時社會的黑暗，這樣黑暗的社會，會有普遍的「文明的監獄」嗎？這不也是具體的真實嗎？可是，當年，書生胡適卻閉了眼睛，視而不見。

8. 胡適的「監獄意象」

這裡，我要補充一段胡適的「監獄意象」，似乎是題外話，但對我們理解他的書生秉性是不無幫助的。

一九一九年六月二十九日，胡適在《每週評論》第二十八號發表文章，題目叫《研究室與監獄》，全文只有一段話：「你們要知道陳獨秀的人格嗎？請再讀他在《每週評論》第二十五號裡的一條隨感錄：『我們青年要立志出了研究室就入監獄，出了監獄就入研究室，這才是人生最高尚優美的生活。從這兩處發生的文明，才是真文明，才是有生命有價值的文明。』」這篇文章也堂而皇之地收入胡適的文選中。不就引用了一段陳獨秀的話嗎？屬於胡適的東西就一句「你們要知道陳獨秀的人格嗎」，這也算文章嗎？要不是胡適，換成別的什麼人，引了一段話，加一標題，拿去發表，估計是有困難的。梁實秋也有若干篇這樣的文章，也塞進了他的文集。名人名氣大了，隨便亂寫、亂摘，都算文章，這是名人不夠自愛自重的表現。魯迅就沒有這樣的「文章」。這是順便說說的題外話，屬「捎帶一槍」之類，下面才是我要重點闡述的。

陳獨秀的話，是他生命感受的結晶，他自己正是出了研究室就進監獄、出了監獄即入研究室之人。我要指出的是，陳獨秀在監獄中能夠讀書、搞研究、做文章，這是極個別的特例。他畢竟是政治犯，又是大有名氣的新文化運動的始作俑者，所以，享受了陳水扁的待遇。

監獄是改造人的地方，進了監獄，無論哪國的監獄，失去自由是肯定的，能在監獄中自由地讀書寫文章的，應該屈指可數。同樣是共產黨領袖的方志敏和瞿秋白，雖然也在監獄中寫作，但只能悄悄地寫，文稿也只能千方百計託人帶出，並不那麼自由的。他們出了監獄，都進不了研究室，卻直接升天了。

至於一般人進監獄，中國監獄的各種殘暴就不必細說了，上文引魯迅在《電的利弊》一文中的一段話足可證明。在這樣的監獄中如何做學問？這實在不是「人生最高尚優美的生活」。

一九三二年歲末，《東方雜誌》社記者採訪胡適，問他：一九三三年的新年即將到來，在新的一年裡，先生個人的生活中有什麼夢想？胡適的「夢想」竟是進牢獄。他說：我夢想有一個理想的牢獄，我在那裡面受十年或十五年的監禁。在那裡面我不許見客，不許見親屬，只有星期日可以會見他們。可是，我可以讀書，可以向外面各圖書館借書進來看，可以把自己的藏書搬一部分進來用。我可以有紙墨筆硯，每天可以做八小時的讀書、著述工作。每天有人監督我做一點鐘的體操或兩點鐘的室外手工，如鋤地、掃園子、種花、挑水一類的工作。

最後強調說：如果我有這樣十年或十五年的夢想生活，我可以把我能做的工作全部做出，豈不快哉！

歸納起來，就是有安靜的、不受干擾的讀書、寫作的場所和時間。胡適說過，「寧可不自由，也就自由了」，用在這裡倒是恰如其分，寧可失去世俗的自由，進到牢獄中，從而獲得精神的、心靈的自由。牢獄，竟是胡適之先生「夢想」的世外桃源！

我相信，這是胡適的真心話，是他渴望實現的夢想。這是因為，他一生都被朋友簇擁著，被政治捆綁著，他是場面上的人物，為熱鬧所苦。

胡適是一個大名人，名人的朋友自然就多。「我的朋友胡適之」是當年場面上的人物不時掛在嘴上的話，大約上個世紀末吧，四川文藝出版社編輯了一本回憶胡適的文章，就是用這句話做書名。有人說，胡氏生前真可說是交遊遍及海內外，上至總統、主席，下至企臺、司廚、販夫、走卒、擔菜、賣漿……行列之中都有胡適之的「朋友」！唐德剛在《胡適雜憶》一書中說到這樣一件事：一次餐畢，唐德剛從洗手間出來發現胡適失蹤，他到店鋪內外亂找一通，原來，胡適為了等他，跑進廚房內和一些工友們大聊其天。胡適是連伙夫也談得來的人。

唐德剛的回憶，我可以加一則佐證，晚年胡適，在臺灣還結交了一個賣芝麻餅的小販袁瓞，甚至煞有介事地與之探討英國的君主制和美國的民主制。胡瓞的鼻孔裡長了一個瘤，疑

是癌症，因治病太貴，治不起，胡適一聽，立即握筆疾書，寫了一封信給臺大醫院院長高天成，要袁瓞去治病。信中說：「這是我的好朋友袁瓞，一切治療費用由我負擔。」其後，袁瓞攜函去訪高天成院長，雖經檢查並非癌症而未加留醫，但袁瓞每想起胡博士的這份人情，不禁要流下淚來。袁瓞送給胡適的，通常也只是幾個芝麻餅。

胡適的名流朋友，看客耳熟能詳，就略去不表了。胡適與伙夫和小販都能成為朋友，所以，「我的朋友胡適之」遍佈天下，也就不足為奇了。

朋友打擾胡適的時候多，但胡適不甘寂寞，喜歡熱鬧，也是事實。

一九三〇年十二月十七日，胡適過四十歲生日。當天，胡適家的門口車水馬龍，家內賓客滿座，先後到者有陳大齊、陶孟和、余上沅、陳衡哲等百餘人。幸好胡宅寬敞，不然如何容納！雖然很大程度上是朋友來為他捧場，但主要還在於他的呼朋喚友。試想，照中國人的習俗，是五十上壽的，胡適方才四十歲，賀什麼壽？如果不是胡適自己的宣佈，誰會知道他老人家已經高壽四十？很多人已經指出，胡適是喜歡熱鬧的，陳翰生與他是北大老同事，一直有交情，就指出胡適喜歡人家捧他，他也喜歡捧人家。這是大抵不錯的事實。

此外，做為「政治票友」，胡適一生中還把很多精力用到了政治上。他留學美國，心中有了一桿美國的秤，用美國的標準秤這個、秤那個，每每不爽，「對執政黨的評言固多，間話也不少」（唐德剛語），怪論連連，搞得當權者也一樣每每不爽。做為一個自由主義者，胡適在政治上惹的風波不可謂少，幾乎成了當權者的敵人！這些為讀者所熟知。政治上的糾纏，確實費去了他不少時間。他還出任駐美大使等，這是實際地涉足政治了。

胡適一生把不少時間用作應酬和充當「政治票友」，當然是有得有失。如果胡適是一個交際花之類則罷了，如果胡適是一個純粹的政治家也罷了，問題是，他是一個大學問家。交際，固然讓他感受到了周遭暖融融的快樂，可是，不能潛心於學問，又讓他在享受這種快感的同時或是之後，有了無邊無際的煩惱。入世的交友的快樂，與出世的潛心學問的渴望，成了一對矛盾。胡適多次聲稱遠離政治，不搞政治；可是，不搞政治，政治卻來搞他，蔣介石甚至讓他參選總統等，就是實例。用唐德剛的話說，他搞的是「『不要兒子，兒子來了』的政治」。我想，胡適是快樂時卻痛苦著，不情願卻周旋著。

胡適有一雅號，似乎是叫「半部書先生」，就是說，他的書常常是寫了上半部，下半部卻難產，直至流產。這羅列起來，有一串哩，比如，他的《白話文學史》是有上部而沒有下部，《中國哲學史大綱》也只有「半部」，就是他極力提倡的「自傳」寫作，也只寫到四十歲為止，勉強湊成一本單薄的《四十自述》。我印象中胡適還有一些想寫而只寫了一半的東西。

據稱，讀者對他的「半部書」既有不滿，更有期待，不少人給他寫信，希望他拋開其他

事情，專心致志，把「下部書」做完。他的朋友湯爾和在他四十歲生日那天，曾在壽聯中勸他：「何必與人談政治，不如為我做文章。」周作人則有奇想，他說，要胡適之把哲學史大綱等寫成，非得派一連士兵守住他，不許他下山，不許他會客，不許他談政治，這樣一年兩年，哲學史大綱等可能完全寫成。胡適的老友陳衡哲說：「林語堂說胡適是最好的上卷書作者，這話幽默而真實。胡先生太忙了，少去證婚，少去受捧，完成未完成的下卷書多好！」胡適應酬多，耽誤了做學問的寶貴時間。可見，大家都希望他集中精力把「下部書」寫出來。周作人的派兵把守，與胡適夢想進監獄，已經有異曲同工之妙了——都是有來由的奇想。

對於這些「半成品」，胡適也是心下耿耿，多次表示要將其做完，有的時候似乎真的下了決心要做完，然而，終因種種困擾和自家愛熱鬧的毛病而留下了殘缺之憾。

熱鬧之後是孤寂，是遺憾，胡適如何不知道呼朋喚友與政治上的表面風光是過眼雲煙？晚年，胡適經常說的話是，老鼠之類都是成群結隊的，獅子和老虎則獨來獨往。胡適這樣的智者，肯定能感受到熱鬧中的虛空和孤獨。他夢想、渴望有獨立的空間，不受外界干擾地做完他的「半部書」，還有其他他想做的一切。

「我的朋友」龔明德的書房叫「六場絕緣齋」，據龔明德散文《寂寞書齋》以及他的老朋友、老同學毛翰的文章，「六場」是官場、商場、情場、賽場、賭場、舞場。「六場絕緣」，當然是不當官不與當官的人勾搭、不做生意不與生意人來往、不搞婚外情、不與人鬥智較力等等，是一個近乎愚直的文人的宣言。「六場絕緣」之所，近於牢獄。胡適一生沒有進過牢獄，基本上在熱鬧中度過。因為沒有進「牢獄」，文章也淺，書只半部，熱鬧固然熱鬧了，遺憾也真是遺憾。

心遠地自偏，大隱隱於市。無陳獨秀一樣的牢獄之災，是不是要為自己築一座牢獄，讓「六場絕緣」，實在不行，也可考慮請一個連的大兵把守，「寧可不自由」，從而在精神的王國讓靈魂獲得自由？

此外，胡適從小就到上海，再到美國，留洋之外，基本上處在中國的上層社會，對中國社會的黑暗和民間的苦難所知甚少，對阿Q、祥林嫂們的命運並不是那麼瞭解，與民間中國有一定的距離，雖有一些間接所聞，也難感同身受。他沒有進過監獄，一生基本上在熱鬧中度過，被朋友簇擁著，被政治捆綁著，他是場面上的人物，為熱鬧所苦。因為沒有進監獄，文章也淺，書只半部，熱鬧固然熱鬧了，遺憾也真是遺憾。從他嘴裡說出「出了監獄就進研究室」之類的話，與親歷者陳獨秀還真不一樣，陳獨秀的話，是他生命感受的結晶，他自己正是進出如斯之人。胡適引用陳獨秀的話，表明了他對這種生存狀態的肯定。一九二〇年冬，陳獨秀結婚時，請胡適做證婚人。喜慶場合，喜慶之事，胡適卻書生氣大發，不管三七二十一，做了一

副對聯「未團圓先離別，出監獄入洞房」，這雖然是陳獨秀真實生活的寫照，也實在大煞風景。後來，章士釗勸他，「我們祝賀人家的新婚，同時隱射人生中一段挫折，怕的是出誤解」，也不知胡適是不是聽從了。胡適在證婚時是說陳獨秀「出監獄入研究室，出研究室入監獄」，這既是陳獨秀生活的真實，也是胡適心嚮往之的境界吧?!陳獨秀的經歷是實的，胡適的夢想是虛的，這虛的夢想，或是從陳獨秀實的際遇中得到啟發?也未可知。結合他對北平「文明監獄」的禮贊，胡說實有點輕飄，有點書生氣習。事實上，不少人進了監獄便「痛楚欲裂」，出了監獄就進了墳墓。難道不是嗎?

二、「漢奸」與魯胡

魯迅和胡適都曾被人斥為「漢奸」。新時期以來，彷彿魯迅正走向式微，所以，魯迅生前就經常被談及的「漢奸說」再次甚囂塵上；而胡適，正在被重新發現，正在走紅，讀書人言必談自由主義者「我的偶象胡適之」，掃瞄文壇學界，大有「誰敢說胡適『壞話』我就跟誰拼了」的氛圍。因而，胡適在這方面的行狀倒相對陌生了。

中國人是很容易被宣傳的。在近現代史上，中國民族有兩個敵人，一個是俄羅斯，它是鯨吞中國領土最大的國家，然而，由於種種原因，特別是由於為了某種需要的宣傳，我們在大多的時候沒有把俄羅斯當作敵人，而是當作朋友。另一個是日本，我們和日本打了幾次仗，老大帝國老是敗在小小日本手下，民族自尊心受到極大傷害。第二次世界大戰，因為世界反法西斯同盟的勝利，中國也跟著勝利了；也因為這一勝利，我們要回了所有被日本奪取的土地。目前為止，日本基本上沒有霸佔中國的領土，而俄羅斯還強佔著大片的錦繡河山。可是，有一個奇怪的現象，中國人一反日，就群情激昂，就是不見有反俄羅斯的聲音。我不說中國的某些人被反日了，但與俄羅斯的關係，在我看來是被友好了。

這是題外話了。之所以要說這些，是要說明，在中國，如果被扣上親日的帽子，離漢奸就只有一步之遙了。在國民心目中，如果哪一個文化名人被斥為不罵日本人，那基本上等於失了民族大節，是很容易臭名遠揚的。

1. 魯迅與抗日戰爭

新時期以來，王朔說魯迅用日本特務的錢出書，李敖給魯迅扣了一頂「不罵日本人」的帽子，清水君則乾脆直言魯迅是漢奸。王朔和清水君沒有什麼道理可言，可不予理睬。李敖的話倒是有一定的代表性。

李敖是這麼說的：「……魯迅他在做人的深處，他是很世故的，這種紹興師爺式的做人

方法是很世故的。所謂世故我一再講過，你有沒有看他罵過日本人？他不罵日本人，他跟那個內山書店的內山完造那麼好的關係，稱兄道弟！不敢罵日本人，尤其不肯罵內山書店的老闆和他的老闆娘。最後臨死以前的那封信還是寫給內山完造的。」他又說：「所以我告訴大家就說魯迅的那種世故的一面大家不知道，而這一面被他那種橫眉冷對式的性格給遮蓋了，說他以為魯迅是一個百分之百的戰士，其實不然，此公，這位老先生在做人上面相當的圓滑。魯迅從來不罵日本人，是親日派。」

李敖的弦外之音是，你魯迅那麼喜歡罵人，怎麼就不罵日本人呢？莫非你魯迅曾留學過日本，對日本有感情，抑或甚至拿過日本人的什麼好處？這種中傷，使魯迅的形象在中國人中間可能造成什麼後果？李敖就差沒說魯迅是日本人的走狗、是漢奸了。

關於魯迅與日本人的關係以及魯迅在中日衝突中的言論，有必要進行一番梳理。我手上有一篇刊登在《上海魯迅研究》二〇〇五年冬季號上的繆君奇的文章《魯迅與中國抗日戰爭四題》，根據繆文所提供的資料，我們一起看看魯迅和日本人究竟是一種什麼關係。

魯迅原在日本學醫，後因從日本紀錄片中看到中國人在北海道麻木圍觀同胞被日本人屠殺的鏡頭時，靈魂受到極大震撼，從而棄醫從文，回國後一直投身於用筆揭示國民劣根性，喚醒全民族覺醒的偉大事業。

關於抗日戰爭，有兩個概念，一種是長期流行的，以盧溝橋事變為起點的「八年抗戰」說；另一種是以「九・一八」事變為起點的「十四年抗戰」說。如果以「八年抗戰」而論，魯迅已於一九三七年中華民族全面抗戰前一年即一九三六年十月去世了。此後的抗戰問題應該是與魯迅無涉了。

然而，以「十四年抗戰」而論，繆君奇指出，「魯迅的晚年，就生活在這個局部抗戰的歷史階段。他和全國民眾共同著一個命運，經受著國土淪喪、山河破碎的民族屈辱，也遭受了住所遭日軍侵擾，書桌被子彈洞穿，舉家離寓避難等戰爭的危險和苦難。也正是這個歷史階段裡，魯迅為挽救民族危亡，呼號抗爭，奮鬥不息」。

「九・一八」事變發生後僅三天，魯迅立即表態，譴責了日寇的法西斯行徑，表示了與侵略者勢不兩立的嚴正立場。魯迅就「日本佔領東三省的意義」，撰文指出：「這在一面，是日本帝國主義在『膺懲』他的僕役——中國軍閥，也就是『膺懲』中國民眾，因為中國民眾又是軍閥的奴隸；……」魯迅的文章和陳望道、胡愈之、郁達夫等人的短文，一起發表在《文藝新聞》開設的「日本佔領東三省屠殺中國民眾！！！文藝界的觀察與意見」欄內。在這篇不到百字的文章中，揭露、譴責侵略戰爭的罪惡，這一層意思是明明白白的。

魯迅在抗日戰爭中，多次與上海文化界知名人士聯名發表宣言或聲明，堅決反對日本軍

國主義對中國的侵略，如一九三二年二月《上海文化界告世界書》，一九三六年九月《文藝界同人為團結禦侮與言論自由宣言》。

繆君奇指出，通觀從《二心集》及其後出版的魯迅文集，有關抗日的文章，概而言之，大致有以下幾個特點：

首先，鬥爭鋒芒，同時指向日本侵略暴行和國民政府的不抵抗政策。

這是因為，這兩者相互作用，是釀成當時日益嚴重的民族危機的根本原因。這類文章，可以舉出長長的一串：《沉滓的泛起》、《戰略關係》、《安內與攘外》、《中國人的生命圈》、《天上地下》……《友邦驚詫論》更是展卷方誦、血脈已張的名篇。魯迅的這類文章，予國人以警醒、啟迪，振聾發聵，其深刻犀利，無人可與比肩。

其次，以當時發生的具體事例或「新聞」說開去，以小見大。

這類文章在魯迅後期的文集中，不勝枚舉，經常被論者提及的有：《新的女將》、《「以夷制夷」》、《學生與玉佛》、《真假堂吉訶德》、《論「赴難」和「逃難」》、《航空救國三願》等。魯迅在這些文章中，借助社會具體現象、「小事」的剖析，觸及了抗戰初期中國社會的許多重大主題，包括對「攘外必先安內」政策的揭露；對黑暗社會的抨擊；對那種掛羊頭、賣狗肉和花拳繡腿式的「抗日秀」的諷刺。魯迅說自己的寫作「議論又往往執滯在幾件小事情上，……偏有執滯於小事情的脾氣」。在抗戰初期「文禁如毛，緹騎遍地」，「禁錮得比罐頭還嚴密」的上海，魯迅以雜文為利器，運用這種曲折迂迴、大中取小、小中見大的戰術，進行著極其猛烈的社會戰鬥。他所期冀的，是中華民族的覺醒、奮起和全民抗戰新時期的到來。透過犀利、冷峻的筆端，魯迅熾熱的拳拳愛國之心，感人至深。當然，魯迅的文章，其具體論點，也不是沒有偏頗失誤之處，但它們在抗日救亡運動中的戰鬥意義和巨大價值，不容低估和否定。

再次，題材廣泛，看似無關卻有關。

魯迅在抗日戰爭時期所寫的文章，題材廣泛、風格多樣，涉及了當時社會生活的各個方面。許多篇章，雖不直接以抗戰為論題，但又並非絕然無關。

魯迅用深情激勵的優美文字，為蕭紅的《生死場》、蕭軍的《八月的鄉村》等抗日小說寫的序言，描繪了日寇鐵蹄下東北人民的慘痛、掙扎和抗爭，既是精當的書評，又實在是雋永耐讀，啟人深思的真正的美文。再如，針對「一二八」事變後，國內輿論悲觀主義，失敗主義盛行的情況，魯迅特意寫了《中國人失掉自信力了嗎》，告訴我們無論身處何種境遇，都要保持愈挫愈奮的人格。這樣的文章，能說和抗戰沒有關係嗎？

在生命的最後幾個月，魯迅病重，難以握管，在幾篇由他口授，O.V.（即馮雪峰）筆錄的

文章中，魯迅用非常明確的語言，直截了當地指出：「中國唯一的出路，是全國一致對日的民族革命戰爭」。魯迅還表示，他無條件地加入抗日救亡的民族統一戰線。

魯迅曾經為「兩個口號」的糾纏而費神，事實是顯而易見的，「兩個口號」都是為抗擊日本帝國主義，如果說有什麼不同，今天看來，只是抗日的策略的區別。

2. 魯迅與內山完造

關於魯迅與內山完造，魯迅生前死後有很多「傳說」，「傳說」者的用心是很明確的，因為魯迅與內山完造有不同尋常的關係，他們要把內山完造打成特務，如此，魯迅自然就是漢奸了。

李敖不會不知道關於內山完造的種種說詞，但他猶抱琵琶、影影綽綽，點到為止，既達到了事實上把魯迅定為「親日派」，甚至暗示人們他是「漢奸」的目的，又讓人抓不到把柄。

既然李敖提到了，我們就來看看魯迅與內山完造的關係吧！

內山完造是日本岡山人，生於明治十八年（一八八五年），十二歲時到大阪當童工，以後又在京都當店員，一九一三年被基督教辦的大阪「大學眼藥」總店參天堂派到中國當推銷員。他和中國工人接觸較多，瞭解勞動人民的生活，同情和理解中國人民。

一九一六年，內山完造回日本結婚後，帶了夫人井上美喜重返上海。他們在北四川路魏盛里租了一間房屋定居。為了貼補家用，美喜在住所的樓下開了一家小書店，取名為「內山書店」，先是出賣一些宗教圖書，以後陸續增加出售醫藥書、進步的文學和社會科學著作。內山完造為書店訂下的經營方針是：全部開架出售，聽憑顧客翻閱選購，顧客無論買與不買都同樣受到熱情招待，特別的一些中國顧客還可以賒帳，由此逐漸贏得了顧客的信賴，生意也興旺起來。

十月革命以後，日本介紹社會主義方面的書籍陸續出版，內山完造用鋼板刻印新書目錄，介紹給讀者。在北洋軍閥統治下，這類書很難買到，內山書店因此吸引了大批革命知識分子，李大釗、陳獨秀、余樹德等人常去書店買書。為此內山完造受到日本政府的猜忌，一九二一年十二月，日本領事館曾有人向他透露，只是因為他是基督徒，他的名字才從共產黨嫌疑的黑名單中畫掉。

二、三〇年代的北四川路是上海文化界人士居住最集中的地方，書店成為中日文化人士聚談的場所。內山完造笑稱之為文藝座談會，經常參加的有田漢、陳望道、歐陽予倩、鄭伯奇、謝六逸，後來又有郁達夫、郭沫若等。日本的山崎百治、塚本助太朗等也喜歡來書店座談。一九二四年，書店遷入魏盛里對面的沿街新址，後來又將新址隔壁一間租進，店面擴展，成為滬上一流書店。一九二九年遷入施高塔路11號增設門市部，一九三〇年後，又有在四馬

路（今福州路杏花樓附近）開設支店。

內山書店的新書多，資訊交流也快。當時現代日本文學的中譯本的原文本，大多數是內山書店供應的，有不少西方書籍都由日文轉譯成中文。書的主要譯者如郭沫若、田漢、夏丏尊、歐陽予倩、馮雪峰、豐子愷、魯迅等都是內山書店的常客。內山完造則介紹日本記者、作家與他們相識，書店為中國人民介紹日本和西方文化起了很大的作用。

民國十七年二月內山完造幫助受通緝的郭沫若去日本；民國十九年四月，陶行知遭通緝、周建人一家被日本海軍陸戰隊拘禁，內山完造前去保釋；許廣平被捕，內山完造亦去營救，使其獲釋；開明書店經理章雪村、總編夏丏尊被捕，也經內山完造營救獲釋；一九三五年六月初，紅軍將領方志敏將他寫給中共中央的報告和遺信等，託人帶至內山書店交給魯迅，後由魯迅託人轉交中共中央；一九三五年九月，魯迅著手編輯被國民黨當局殺害的瞿秋白的譯文集《海上述林》，並由內山完造設法送至日本印刷。由於和郭沫若等交往甚密，內山完造在日本曾受到警察局的傳訊。

魯迅到上海不久就認識了內山完造，他們結下友誼，肝膽相照，親如兄弟。魯迅在上海的十年中，在內山書店購買了大量書籍，並透過書店代為收轉信件以及會友、座談。魯迅在滬的十年間，在國民黨的白色恐怖下，內山完造曾四次幫助魯迅安全轉移、脫離危險。內山完造還協助魯迅舉辦木刻講習班和三次版畫展覽會。

內山書店成了魯迅晚年重要的活動場所。由於內山完造及其書店的關係，魯迅陸續結識了一些日本人士：有些是內山完造的親戚、僱員或朋友，有些是透過內山完造引薦慕名來訪的日本學者、名流或宗教界人士。其中，大多僅為一面之緣，泛泛之交，有些則成為師生、朋友，保持了長期的友誼，如增田涉、內山嘉吉、山本初枝等。魯迅早年，曾留學日本七年之久，與這些日籍人士的交往，語言既無障礙，文化又有瞭解，能夠相識，甚而相知，是很自然的事。這是魯迅多方面社會交往的一部分，乃人情之常，並非刻意為之，似不必使其承載過多的政治功能在裡面。

魯迅用他的如椽巨筆，和包括日本法西斯在內的黑暗勢力，奮鬥了一生。伴隨著他的，是無數的流言，誹謗和誣陷。有人惡毒誣衊內山完造是日本偵探，說內山完造在經濟上給魯迅很多的支援。魯迅與內山完造的友誼成為不少被魯迅稱為「我的敵對的可憐的『文學家』」攻擊魯迅的口實，據此罵魯迅為漢奸。當然，魯迅也予以迎頭痛擊。

一九三三年七月，曾今可主辦的《文藝座談》第一卷第一期刊登署名白羽遐的《內山書店小坐記》，影射魯迅為日本的間諜。文章寫道：「內山書店是日本浪人內山完造開的，他表面是開書店，實在差不多是替日本政府做偵探。他每次和中國人談了點什麼話，馬上就報

告日本領事館。這也已經成了『公開的祕密』了，只要是略微和內山書店接近的人都知道。」白羽遐沒有根據地根據「差不多」，把內山完造定為「日本政府」的「偵探」，並聲稱這是「公開的祕密」，既然是「公開的祕密」，那就是不證自明的事實。

緊接著，不到一星期，《社會新聞》（第四卷二期）「就加以應援，並且廓大到『左聯』去了」，以「新皖」署名，發表了《內山書店與左聯》，其中說：「茅盾在風聲緊急時，亦以內山書店為唯一避難所。」魯迅認為，「其中的『茅盾』，是本該寫作『魯迅』的故意的錯誤，為的是令人不疑為出於同一人的手筆」（《偽自由書•後記》）。對此，魯迅有了一通激憤之詞：「至於內山書店，三年以來，我確是常去坐，檢書談話，比和上海的有些所謂文人相對還安心，因為我確信他做生意，是要賺錢的，卻不做偵探；他賣書，是要賺錢的，卻不賣人血：這一點，倒是凡有自以為人，而其實是狗也不如的文人們應該竭力學學的！」（《偽自由書·後記》）

一九三四年五月，上海《社會新聞》第七卷第十二期發表署名「思」的《魯迅願作漢奸》一文。其中誣衊魯迅「搜集其一年來詆毀政府之文字，編為《南腔北調集》，丐其老友內山完造介紹於日本情報局，果然一說便成，魯迅所獲稿費幾及萬元……聞魯迅此技一售，大喜過望，已與日本書局訂定密約，將長期以同等作品供給出版，樂於做漢奸矣」。一九三四年五月十六日，魯迅在致鄭振鐸的信中，滿懷憤恨地談到此事：「但另有文氓，惡劣無極，近有一些人，聯合謂我之《南腔北調集》乃受日人萬金而作，意在賣國，稱為漢奸……是直欲置我們於死地，這是我有生以來，未嘗見此黑暗的。」「思」是何人？不詳。魯迅出書，還用得著日本人出錢，像現在有些人自費出書一樣？這是沒有常識的笑話。魯迅的著作，曾讓出版商李小峰等賺了不少的錢，這是基本的事實。內山完造也在文章中說，書店與魯迅之間有著無法割斷的親密關係，但沒有對魯迅有過一文半錢的支援。

此後，「天一」於一九三四年五月十八日和六月十二日在上海《社會新聞》發表了《內山完造的祕密》和《記某書店的祕密》二文，說「施高塔路的內山書店，實際是日本外務省一個重要的情報機關，而每個內山書店的顧客，客觀上都成了內山的探夥，而我們的魯迅翁，當然是探夥的頭子了。」又說，魯迅等人成了日本軍部的「傳信鴿」了。

對於這些「文氓」，我有幾條感想：

第一，他們為了攻擊一個人，居然可以不要任何根據地編排，而且，往往挑選那些最能致人於死地的最為惡毒的「事實」。不是說當年在上海沒有日本「偵探」，但不論是外務省的還是軍部的「偵探」，你應該拿出證據來——現在過了這麼多年，日本方面也不斷有解密資料公諸於眾，要找證據，應不是難事——沒有證據的胡說，給人的客觀印象是，凡日本人在中

國，就必定是「偵探」，凡與日本人有來往者，就難免是漢奸！

第二，他們的邏輯是混亂的，觀點是極端的，比如，「每個內山書店的顧客，客觀上都成了內山的探夥，而我們的魯迅翁，當然是探夥的頭子了」，到過內山書店的，就成了「探夥」，那「探夥」也實在太多了！「天一」對內山書店的情況十分瞭解，大約免不了也去過吧？那他自己也是「探夥」？真是一個莫名其妙的傢伙！

第三，說內山完造是「偵探」，不是主要目的，他們的主要目的是為了把魯迅打成漢奸。

第四，經常在內山書店行走的文化名人也不只魯迅，甚至連弘一法師也是內山完造的好朋友，卻從來不見有人說內山完造的其他朋友是「漢奸」，他們為什麼只把矛頭對準魯迅呢？這是什麼心態？

一九三四年五月十五日，魯迅在給楊霽雲的信中說，「漢奸頭銜，是早有人送過我的」；第二天和六月二日在給友人的信中，魯迅又接連提到被「指為漢奸」的事。直到年底，在致蕭軍、蕭紅的信中，魯迅又一次輕蔑而不無憤懣地寫道：「中國是古國，歷史長了，花樣也多，情形複雜，做人也特別難……去年他們還稱我為『漢奸』，說我替日本政府做偵探，我罵他時，他們又說我器量小。」當然，還是魯迅說得深刻：「其實假使我真做了漢奸，則他們的主子就要來握手，他們還敢來開口嗎？」

一九三六年春夏之交，魯迅的健康狀況日趨惡化，內山完造為他請來醫生，並一直守護在病危的魯迅身邊，直至魯迅去世。

一九三七年「八・一三事變」後，內山完造夫婦和上海的日僑一起撤離上海，次年在長崎開設內山書店，一九四一年初，美喜病情好轉，內山完造夫婦關閉了長崎的內山書店，重返離別四年的上海。一九四五年初，美喜在滬病故，內山完造把她葬在靜安寺外國人公墓內。一九四五年八月十二日，內山完造向本店三十餘職工公佈該店的財產帳目。除送許廣平一百五十令洋紙外，全部分給店員。同年十月二十三日，書店被中國政府接管。一九四七年十二月內山完造被強制遣送回國。回國後積極從事日中友好活動，在國內做過幾百次演講，積極介紹中國的真實情況。新中國成立後，內山完造又致力於日中友好的民間交往，六次訪問中國。一九五〇年與日本友人積極籌備日中友好協會。一九五六年被舉為日中友好協會理事長。

一九五九年秋，內山完造應邀到我國參加國慶十週年活動，不幸因腦溢血在北京逝世，享年七十四歲。內山完造生前留有遺願，願將骨灰一半葬於上海萬國公墓，後來實現了這個願望。上海人民沒有忘記這位中國人民的朋友，一九八一年上海市文物保管委員會在內山書店舊址立碑留念，碑上刻有「此店為日本友好人士內山完造設。魯迅先生常來店買書、會客，

並一度在此避難，特勒石紀念」。

魯迅的兒子周海嬰曾寫有一篇文章，紀念內山完造：

內山完造先生是中國人民非常熟悉的朋友，他一生為促進中日友好竭盡心力，做出了寶貴的貢獻。他從一九一三年來中國後的幾十年中，特別對我國革命文化運動和文學事業的發展，給以大力的支持與幫助，在我國文化界中留下了永遠不會磨滅的印象。他與父親魯迅，與郭沫若同志以及其他許多左翼作家之間，曾有著密切的交往，建立了深厚的友誼。他還多次向父親介紹日本的左翼作家和文化界人士，促進中日文字之交。特別使我不能忘懷的，在當時中國左翼作家遭受殘酷迫害，十分困難的境況下，內山先生甘冒風險，想方設法給左翼作家以支援，從一九三〇年我父親被國民黨政府「通緝」，到一九三二年上海戰事發生，由於內山先生的力助，父親得以多次避難。內山先生還不顧可能發生的後果，把內山書店供給中國革命作家做為經常聯絡和懇談的場所，並經常為父親傳遞信件和文稿。父親長期積勞成疾，受到內山先生的關懷、送藥，直到臨終前的延醫治療，都付出許多心力。所有這些，都顯示出了內山完造先生對中國人民的可貴友誼。我們中國人民一向把魯迅與內山先生的交往，視為中日人民友好史上的一個範例而加以珍重。（《一衣帶水通學術，兩座豐碑鑄友情》，見《魯迅研究年刊（一九八一）》28頁，陝西人民出版社）

周海嬰的話是對魯迅與內山完造友誼的高度概括，是對內山完造一生事業的充份肯定。我還要強調的是，內山完造所做的這一切，也為日本當局所詬病，上面說了，曾被員警當局傳訊。內山完造不僅幫助過中國左翼人士，也營救過沒有太過明顯政治色彩的「中間」人士，比如夏丏尊等等。最後，退一萬步說，假設（注意，僅僅是假設）內山完造是日本特務，而魯迅在他開設的書店裡買買書，怎麼就成了漢奸了呢？在內山書店買書的人多得是，如此，內山書店不是成了漢奸加工廠了嗎？

魯迅生前死後，「漢奸」這個罵名一直如影相隨。我要強調的是，李敖等對以上這些傳說不會一無所聞。端出內山完造，說魯迅不罵內山完造老闆和老闆娘，還稱兄道弟等等，李敖深文周納，要暗示什麼呢？此人十分圓滑，他不說魯迅是漢奸，只說魯迅親日。在我看來，他要達到的客觀效果應該是與以上言及的諸人一致的。

至於李敖所言「最後臨死以前的那封信還是寫給內山完造的」，這是一封什麼信呢？我們不妨看看：「老闆幾下：沒想到半夜又氣喘起來。因此，十點鐘的約會去不成了，很抱歉。拜託你給須藤先生掛個電話，請他速來看一下。」臨死對不能應約赴會還耿耿於心，可見魯迅為人之認真；這封最後的信的主要內容，是讓內山完造幫助叫醫生。所有這些，有什麼可非議的呢？魯迅的最後一封信為什麼就不能是給內山完造的？

3.「征服中國民族的心」與放棄東三省

李敖樂於把胡適與魯迅做比較。這裡，我也將魯迅與胡適做一比較。

「九．一八」事變以後，初時，胡適是不主張抗戰的，他傾向「外交解決」或「和平解放」。以下二例，與胡適在抗日這一問題上的態度和立場有關：

一九三三年三月十八日，胡適在北平對新聞記者談話時說：日本「只有一個方法可以征服中國，即懸崖勒馬，徹底停止侵略中國，反過來征服中國民族的心」。（一九三三年三月二十二日《申報．北平通訊》）此文發表後，魯迅在多篇文章中，以此為根據，給予了不留情面的抨擊，說他為日本侵略者獻策。比如，一九三三年三月二十六日《申報．自由談》以「何家干」的筆名發表的《出賣靈魂的祕訣》一文中說：「胡適博士不愧為日本帝國主義的軍師。但是，從中國小百姓方面說來，這卻是出賣靈魂的唯一祕訣。」此外，在《花邊文學》的《算帳》一文，《且介亭雜文》的《關於中國的兩三件事》一文，《且介亭雜文二集》的《田軍作〈八月的鄉村〉序》一文，都提到了「征服中國民族的心」的問題。

據楊天石《抗戰與戰後中國》（中國人民大學出版社二〇〇九年十一月版）一書中《胡適曾提議放棄東三省，承認「滿洲國」——近世名人未刊函電過眼錄》一文介紹，盧溝橋事變爆發後，在對日態度上，國民黨和知識階層人士分為和戰兩派。汪精衛、周佛海、陶希聖、胡適、高宗武等人認為中國國力衰弱，與日本作戰必敗，極力主和，形成所謂「低調俱樂部」（此俱樂部中人，後多成為漢奸）。為了使日本停止進一步侵略中國，胡適甚至還提出過承認「滿洲國」的主張。

一九三七年八月五日，陶希聖、胡適還分別給蔣介石的「文膽」陳佈雷寫信和上條陳，提出與日本達成「一刀兩斷」的方案，其內容為保持冀察領土完整，保守河北中部的滄州、保定一線，以外交手段收回平津。而其交換條件則為「放棄力所不及之失地」。

陶、胡二人所主張放棄的「力所不及之失地」，指的就是東三省。條陳中，陶、胡明確提出，在東三省人民可自由選擇國籍以及將來可以用「總投票表決」的辦法「復歸中華民國統治」等四項條件下，中國可以放棄東三省，承認偽滿洲國。陶、胡二人企圖以此換取日本讓步，自東三省以外的中國境內全面撤兵，從而「根本調整中日關係，消除兩個民族間敵對仇視的心理」。

陳佈雷見到陶希聖的信件和胡適的條陳後，於八月六日轉呈蔣介石，同時寫了一封短函，表示自己的意見。函中，陳佈雷明確否定了陶、胡之見，但肯定二人的「忠誠迫切」。蔣介石見到後，在第二天召開的國防會議上介紹了胡適的「主和」主張。加以譏刺，但他未點胡適的名，而是稱為「某學者」。參謀總長程潛則很生氣，直斥胡適為「漢奸」。

當晚召開國防聯席會議時，蔣介石說：「要知道日本是沒有信義的，他就是要中國的國際地位掃地，以達到他為所欲為的野心。所以我想如果以為局部的解決，就可以永久平安無事，是絕不可能，絕對做不到的。」（《抗戰爆發前後南京國民政府聯席會議紀錄》，《民國檔案》一九九六年第一期）甲午戰爭以來的歷史證明，日本軍國主義者不僅沒有「信義」，而且貪慾無盡，得寸進尺。以為承認「滿洲國」，放棄東三省就可以使日本軍國主義者止步，換來中日間的長久和平，實在是一個天真而幼稚的幻想。在這一點上，做為學者的陶希聖、胡適糊塗，而蔣介石卻比較清醒。

最後，會議以全體起立形式決定抗戰。陶希聖、胡適的意見被否定。

胡適主張放棄東三省、承認「滿洲國」並非一時心血來潮。一九三五年，駐華日軍策動華北各省脫離南京中央政府，實行「自治」。六月十七日，胡適因擔心國民政府「在槍尖之下步步退讓」，「自己一無所得」，發展下去，「豈不要把察哈爾、河北、平津全然無代價的斷送」，便錯誤地向時任南京政府教育部長的王世傑提出：中國方面承認「滿洲國」，而日本方面則歸還熱河，取消《華北停戰協定》，自動放棄《辛丑和約》及附帶換文中的種種條件，如在北平、天津塘沽、山海關一帶駐兵權等。胡適將這一「交換」稱為「有代價的讓步」。

由以上史實可以看出，胡適在盧溝橋事變後向蔣介石所上條陳的基本內容在一九三五年六月華北危急時就已經形成了。

當胡適等人的觀點被蔣介石否定，抗戰已成國策時，胡適還是固執己見，堅持以外交手段結束軍事衝突。另據沈衛威《胡適圖傳》（廣東教育出版社二〇〇四年八月版）記載，一九三七年十一月中旬，首都南京告急，胡適對此十分焦慮。紐約外交政策協會請他演講時，他急中失慎，竟然在答問中說了最能體現他此時心態和非外交使節身分的話——他表示只要日軍退兵，中國不惜承認「滿洲國」。演講結束後，美國前國務卿史汀生請胡適和錢端升、張忠紱到自己家閒談，史汀生打量了胡適一陣子以後，問胡適：「你怎麼能代替東北三千萬人說這種話呢？」胡適聽罷為之一振，頓感出言不慎，不好再說什麼，只是搖頭，表示悔悟。

胡適的這些言論，如果要像李敖們給魯迅亂扣帽子一樣，說胡適「親日」、「賣國」，似乎不只影影綽綽，還是有點那麼回事的。可是，李敖們隻字不提。概而言之，魯迅不是漢奸，但也要編派出漢奸的言行來，至少是「親日」，先搞臭再說；胡適果真有了不當言論，那也只是一時失慎，不提就是了——不提，彷彿就不存在了。

說到割讓東北三省，為了證明胡適的書生氣，還可以舉一個似乎不相關的例子：胡適還曾經主張把東北三省割讓給中國共產黨，做為中共搞社會主義試驗的基地。

胡適擁護國民黨政權，支持國民黨統一全國，但主張用和平方式而不是武力。比如建立

「民意機關」、「國會制度」等辦法來達到國家的統一。他說：「現在統一的最大障礙是在各地割據的局面之上絕沒有一個代表全國或全省人民的機關，所以割據分裂的趨勢無法挽回。挽救的方法只有在各割據防區之上建立全省民意機關……只有這一類的民意機關可以領導民眾在法律的軌道內逐漸造成制裁割據軍閥的勢力。」（胡適：《統一的路》，《獨立評論》二十八號）顯然，胡適的話是書生之見，對牛彈琴，但這也可證明，他是反對軍閥混戰的，他把希望寄託在「民意與法制」上。為了國家的統一，他曾異想天開地寫了一篇文章，主張把東北讓給中國共產黨，由他們去試驗搞共產主義，試驗好後，再行推廣。據羅爾綱回憶說：「這篇論文他寫了一個通宵，曾拿給我看過，但不敢用，感到很為難。」（《師門五年記．胡適瑣記》，生活．讀書．新知三聯書店一九九五年五月版）胡適的這一思想和主張，在美國作家史沫特萊《中國的戰歌》一書的59頁上，也有反映。二十世紀三〇年代初期，史沫特萊到北平，曾會見過胡適等人。她在書裡回憶說：在一次談話中，「有一位（指胡適）對我說，應該撥給共產主義者一個省去實驗他們的主張。如果證明切實可行，其他各省可以仿效」。由此可見，羅爾綱的回憶是確鑿不誤的。這大概是中國最早的「特區」理論吧！這樣的見解，是蔣介石斷然不可接受的。

4. 胡適與抗戰

我要聲明的是，我是堅信胡適的「征服中國民族的心」和割讓東三省等言論，只是一時失慎，或書生使性，他的動機還是為了中國好，他心心念念的是和平，是為了讓生靈免於塗炭。

我們不能以一個人的言論來論定一個人，最重要的是要看他一生做了些什麼。胡適是為抗日做過許多事的人。一九三三年，胡適受當時長城抗日的五十九軍軍長傅作義之囑託，為該軍戰死將士（有屍首）的公墓寫了碑文。傅作義在信中說：「我以最虔誠的敬意和悲痛的情懷請先生為犧牲在抗日戰役的將士們做一篇紀念碑文。」接著介紹了全軍將士奮勇上陣，頑強抗日的可歌可泣的英雄事蹟。並稱，先生文章久已欽仰，如蒙惠撰，刻之於石，一定更能激發國民的愛國心。胡適接到來信後，讀了傅作義對該軍將士英雄事蹟的介紹，十分受感動，於是用白話文寫了一篇千餘字的紀念碑文，並請錢玄同用楷書抄出。在這篇碑文裡，他比較詳細地敘述了國民黨軍隊於一九三三年三月至五月在華北長城一帶與日本侵略軍英勇作戰的經過：如宋哲元部隊在喜峰口的苦戰，如徐庭瑤、關麟徵、黃傑所率中央軍隊在南天門一帶十餘日的血戰，如傅作義所部第七軍團第五十九軍在懷柔一戰，與兩倍於我的敵軍交戰，敵軍雖有精銳武器裝備，但在我抗日部隊英勇頑強地阻擊下，他們也不能前進一步。胡適以飽滿的熱情歌頌了抗日將士的英雄事蹟，最後作詩以為紀念：

這裡長眠的是二〇三個中國好男子！他們把他們的生命獻給了他們的祖國。我們和我們的子孫來這裡憑弔敬禮的，要想想我們應該用什麼報答他們的血！

這些詩文，反映了胡適在外敵入侵的時候，還是表現了深切的愛國精神的。

全面抗戰以後，胡適先是以北京大學文學院長的身分到歐洲各國開展國民外交，宣傳中國人民團結抗戰的決心，並爭取各國政府與民眾的同情與支持。在三藩市，胡適做了題為《中國能戰勝嗎？》的演講，他說：「算盤要打最不如意的算盤，努力要做最大的努力。」以此來勉勵僑胞，並表示國內民眾團結抗日之決心和爭取勝利之信心。此外，在回答美國合眾社記者提問時說：「此次中日戰爭，已暴露日方兵力上之弱點。」說明了日本侵略軍並不可怕，他們最終是要失敗的。他又以《中國處在目前危機中對美國的期望》為題，發表演說。在這篇講稿中，他以第一次世界大戰為例，說那時美國也是採取中立立場，雖然同情英法，但絕不願捲入戰爭，其時間之長達三年之久。可是後來形勢轉變，逼迫美國不得不加入戰爭。歷史雄辯地說明，戰爭是不以人們的和平意願為轉移的。接著，胡適批評了綏靖主義。認為僅靠消極的綏靖主義而沒有建設性的和平政策後盾，絕不能保障列位希望的和平。胡適認為「第二次大戰中」，最後將「再一次地以戰爭來終止戰爭」。胡適大膽斷言，美國將會被黷武主義者逼迫而捲入這場戰爭。後來，美國被日本偷襲珍珠港事件而拖入了第二次世界大戰。胡適的話不幸而言中了。

不久，胡適出於「現在國家是戰時。戰時政府對我的徵調，我不能推辭」之考量，出任駐美大使。胡適任內，力疾從公，為國事奔走呼號，贏得國內外一片讚揚聲。日本政府是非常注意胡適使美這件事的。當時代表日本輿論界的東京《日本評論》曾建議一對策，說：「日本需要派三個人一同使美，才可抵抗胡適。那三個人是鶴見祐輔、石井菊次郎、松崗洋右。鶴見是文學的，石井是經濟的，松崗則是雄辯的。」（桓武：《胡適與外交戰》，《東南日報》一九三八年十月十二日）

一九四五年「雙十節」，蔣介石授予胡適等七人「勝利勳章」，以獎勵他任駐美大使時對抗日戰爭做出的貢獻。綜觀胡適生平，他是為抗日戰爭的勝利做出了巨大貢獻的人之一。

我之所以搬出胡適的「征服中國民族的心」和「放棄東三省」這些陳年的書生呆事，只是為了證明王朔、清水君、李敖們有著多麼深刻的偏見，是多麼的非理性，僅此而已。

三、胡適的兩次「競選總統」與魯迅的「罵」蔣介石

1. 胡適兩次「競選總統」

胡適這一生，似乎有兩次可以當總統的機會，最終沒有當上。我想，假設胡適當了總統，那也是書生總統。書生總統，那肯定要誤國的，甚至於要害國。往最好的說，胡適當的總統，像當下印度、以色列、德國的總統那樣，只是一個禮節性、象徵性的職務了。

既然說到總統，我還是從蔣介石兩次請胡適當總統說起。一九四七年，國共兩軍奮戰的格局發生了大的變化，共產黨軍隊開始了大反攻，逼使國民黨軍隊完全處於被動地位。支持國民黨的美國對國民黨大感失望。美國人見蔣介石既不是共產黨的對手，也不是俯首聽命之人，便想在中國扶持「第三種勢力」，美國駐華大使慫恿胡適出來參加總統競選。在美國的壓力下，同時，蔣介石也想在美國人面前把自己扮演成是搞民主的，於是，在一九四八年三月召開了「行憲國大」，即國民大會，企圖在政治上穩住陣腳，以挽回戰場上的失敗。

胡適出席了這次大會。

因黨內派系鬥爭及憲法有約束總統的條文，蔣介石似乎不願意當，一度設想讓胡適出任總統，自任握有實權的行政院長，並差遣外長王世傑探詢胡適的意見，希望胡適能夠出山。

此時胡適在北京大學校長的任上。三月三十日，王到胡處傳達蔣介石的上述意圖。據王回憶說：「當時還怕走漏了消息，在家裡不敢講，在汽車上也不敢講，一直把他載到中山陵旁的路上，下了車在草地上才把這件事告訴他的。」在談話中，王傳達蔣的原話說：「請適之先生拿出勇氣來。」胡回答說：「我實無此勇氣！」王世傑說：「我與他商談了三天，他認為他的身體健康不能擔當這麼大的責任，還是由蔣先生自己擔任的好。蔣先生聽了以後，再要我前往勸促，最後胡先生經過鄭重考慮之後終於答應了。之後蔣先生聽了胡先生的話很高興，當即向黨內同志展開說服工作。蔣先生曾為這件事做了很大的努力，但僅僅說服了吳稚暉和羅家倫兩位先生。」（臺灣《傳記文學》第二十八卷，第五期）胡適之所以最終接受了蔣介石的建議，大約王世傑有委婉地向他表明這個總統位子之虛有的實質。當時的《中央日報》副總編輯兼記者的陸鏗，在其《回憶與懺悔錄》中說：「胡適指出，根據憲法的規定，總統是國家元首，但不負責具體行政事務，行政院長即內閣總理掌握行政權。……如果蔣先生決意不當總統，行政院長當然要他擔任了。」陸還說，胡適遵蔣命填寫了自己的小傳送了上去，作競選總統之用。據稱，胡適還對他的祕書說過大意這樣的話：「我這個人，可以當皇帝，但不能當『宰相』。」進展至此，看來，胡適還有點真的當一回事了。

蔣介石希望胡適當總統，我相信，這是經過反覆權衡的結果。國民黨內派別林立，蔣介石當然不希望把總統寶座落入其他派系比如李宗仁之類的人手中，可以想見，果如此，他將難以把握局勢。唯其如此，不如讓胡適來當擺設，駕馭起來，肯定相對容易，如此，也更可

以把實權集中到他這個總理身上。此外，胡適是美國喜歡的人，端出胡適，還可以贏得美國的好感，何樂而不為？在這一問題上，蔣介石似乎也是坦率的，四月三日夜，蔣約見胡，向胡適表示，自己要在國民黨中央執行委員會全體會議上提名他為總統候選人。蔣向胡言明，在這部憲法裡，國家最高行政權在行政院，自己不能做沒有實權的總統，所以願將總統讓給胡適，自己做行政院長。

與胡適「交底」以後，第二天，也就是四月四日，國民黨中央執行委員會召開臨時全體會議，討論總統是否由國民黨提出候選人，或是由黨員個人自由競選，蔣介石在會上先發制人，聲明自己絕不參加總統競選，但總統應由本黨就黨外人士提出候選人，副總統可由國民黨黨員自己自由競選。言外之意表明他是公開支持胡適競選總統的。結果此案提出，除胡適的好友吳稚暉、學生羅家倫兩人同意外，其餘中央委員都堅決主張蔣介石必須為總統候選人，不同意黨外胡適之輩參加競選總統。此時，蔣介石見目的已經達到，便匆匆收場。

此事，胡適在這一天的日記中記到：

> 今天國民黨開臨時中央全會，蔣君用一篇預備好的演說詞，聲明他不候選，並且提議國民黨提一個無黨派的人來候選，此人具備五種條件：（1）守法；（2）有民主精神；（3）對中國文化有瞭解；（4）有民族思想，愛護國家，反對叛亂；（5）對世界局勢，

國際關係，有明白的瞭解。他始終沒有說出姓名，但在場與不在場的人都猜想是我。

這個會上下午開了六點多鐘，絕大多數人不瞭解，也不贊成蔣君的話。

四月五日，國內外記者報導了蔣介石不願意當總統候選人，有意讓給胡適，而中央委員拒之的消息。蔣介石讓王世傑轉告胡適，說自己的計畫因中央委員反對而無法實現，從而安撫胡適。對此，蔣介石在日記上有感曰：「此心歉惶，不知所止，此為一生中對人最抱歉之一事也。」（參見陳儀深：《胡適與蔣介石》）蔣介石抱歉什麼呢？抱歉他的提議沒有被接受還是抱歉自己愚弄了一番胡適這個書呆子？讀者應該會有自己的判斷。

胡適感到由於國民黨內的反對，自己卻「得救了」。是啊，倘若胡適當了總統，不要講對中國的危害，做為自由主義者的他，到時成了演戲的貼著自由主義標籤的木偶甚至玩偶，那也不是一件有趣味的事，那還有自由可言嗎？不日，王世傑來看胡適，「代蔣公說明他的歉意」。於是，胡適便在六日致電北大祕書長鄭天挺：「連日外間有關於我的許多流言，北平想亦有聞，此種風波已平靜，乞告舍間及同人。」這裡，胡適有收拾局面的意思，什麼「流言」呢，他沒有言明，如果說是競選總統，那不能算流言的，只能說是競選總統之事流產了。

玩了胡適一把，蔣介石應該是有歉意的。八日晚，他約胡適到官邸吃飯，蔣介石當面向胡適致歉。胡適日記記載：

他說，他的建議是他在牯嶺考慮的結果，不幸黨內沒有紀律，他的政策行不通。
我對他說，黨的最高幹部敢反對總裁的主張，這是好現狀，不是壞現狀。
他再三表示要我組織政黨，我對他說，我不配組黨。
我向他建議，國民黨最好分化作兩三個政黨。

胡適相信蔣介石「讓」他當總統是真的，這已是書生之見，此其一；做為西方民主的崇仰者，如果不是書生氣太足，如果換成雷震或別的什麼人，可以藉蔣介石因歉疚而鬆口，立即抓住機會，組織反對黨，推進中國的民主進程，然而，這個書呆子說說可以，真要做了，卻不敢做，做不成，這算不算錯失良機？此其二；總統當不成，還想分化國民黨，更可見胡適是純粹的書生了，蔣介石唯恐大權不集中，就是怕黨內李宗仁集團等削弱他的極權，才有讓胡適出來當傀儡一說，哪裡還能容忍黨內分化？當然不會接納胡的觀點，此其三。

其實，從更深處看，蔣介石對這件事的結果是心中有數的。上面引王世傑話，蔣做了很大努力，結果只有兩人同意胡適當總統候選人。蔣長期操盤國民黨，他怎麼可能不知道這樣的結果呢？我以為，這是蔣介石導演的一齣戲，這樣的結局早在他的意料之中。退一萬步說，假如真有非如此結局的事態出現，蔣介石也會運用自己的威權，拉回、扯回到這樣的結局。

沈衛威先生在《胡適圖傳》中評論這段往事時說，蔣介石「斷定這樣藉『憲法』之名可以說服胡適，造成自己讓胡適做總統的輿論，同時朝野上下的軍、政、財等親蔣勢力也不會同意他讓掉總統，而使一介書生胡適得志，從而形成朝野軍政要員不同意胡適做總統的事實，遮人耳目。」這是切近歷史事實的判斷。

唐德剛先生在《胡適雜憶》一書中說：「國府行憲之初，胡先生真有可能要做總統了。但他最終做不成。主觀的條件之外，他還缺少搞政治最起碼的客觀條件——與執政黨實力派的歷史淵源。胡氏做了一輩子政治票友。他對執政黨的諍言固多，閒話也不少。如今無功受祿，以票友登臺來領導科班，揆諸情理，豈可謂平？『你們國民黨反對我！』難道還有什麼不應該的嗎？胡先生是聰明的。他自知可以做總統而不能做行政院長。讀歷史的人，讀到胡適婉做閣揆這一段，真也要鬆一口氣，胡適之如做了行政院長，豈不天下大亂?!」唐德剛知胡適深矣，胡適只是「政治票友」，不論總統，還是行政院長，他都是不行的！

四月十九日，蔣介石在國民黨一黨包辦的「國大」被選為總統，這樣便結束了他與胡適的這場鬧劇。整個過程，實際上胡適成了蔣介石的一著棋，他被人牽著鼻子走而不自知。

此後的一件事，也更可見胡適被人當槍使。蔣介石當上總統後，國民黨內部醞釀行政院長人選時，蔣提出張群與何應欽兩人，請大家表示意見。當時，黃宇人起立問道：「何以不

提胡適之？」蔣聞聽此言，臉色一沉，說：「書生不能辦事。」由此更可見，蔣要推胡適當總統，不過是拿他出來走走過場而已。胡適將其當真，實在真書生也！後來，有記者問他，他說：「我是讀書人，不會做官的。」又說：「我連私人書櫃也料理不清，哪裡還能搞政治！」也算有自知之明吧！

到了晚年，在臺灣，蔣介石又一次導演了讓胡適當總統的大戲。一九五四年，當時臺灣要召開偽國民大會第二次會議，改選「總統」。蔣介石第二次假意推薦胡適為總統候選人。胡適表示，他是個有心臟病達十五年歷史的人，連人壽保險公司都不願意保他的壽命，怎能挑得起「總統」這副擔子？當有人問他如果真被提名甚至當選時將怎麼辦？胡適答覆道：「如果有人提名，我一定否認；如果當選，我宣佈無效。我是個自由主義者，我當然有不當總統的自由。」（一九五四年二月十九日臺灣《中央日報》）此時的胡適，有了相當的年紀，閱世多矣，應該說書生氣少了一些，對蔣介石的瞭解也多了一些，沒有像一九四八年那樣在意了。或許，他一定程度上看出，這還是一齣戲，因此，他聲言：「我是一個自由主義者，當然有不當總統的自由。」

確實，一九五四年這齣戲就更像是戲了，因為蔣介石心中更有數，他把「憲法」看作是紙上之文字，扔到一邊，想第三次連任總統；胡適呢，已有領教，拒絕起來也乾脆明瞭。

一位學者如變成了「政客」，他就必然有「政敵」。如果政敵一旦背信棄義，那麼兵來將擋，大家耍起手腕來，他自己的道德也就顧不得許多了。胡適之先生是位老實人，一般政客的手腕他不屑於耍。事實上，以胡氏的秉賦，他縱想耍耍，也無此天才；勉強一試，他也耍不到令人拍案叫絕的程度。有一次唐德剛先生問李宗仁先生對胡適的看法，李宗仁說：「適之先生，愛惜羽毛。」唐德剛評論說：「吾人如不以人廢言，則這四個字倒是對胡先生很恰當的評語。胡先生在盛名之下是十分『愛惜羽毛』的。愛惜羽毛就必然畏首畏尾；畏首畏尾的白面書生，則生也不能五鼎食，死也不夠資格受五鼎烹，那還能做什麼大政治家呢？」唐德剛在《胡適雜憶》之《「不要兒子，兒子來了」的政治》中，比較中肯地談到胡適是一介書生，不是搞政治的料：

> 胡適之先生既然基本上是一位恂恂儒雅、有為有守的白面書生，他是不能搞政治的，因為他缺乏搞中國政治主觀和客觀的一切條件。
>
> 在主觀條件上胡先生所缺乏的是：他沒有大政治家的肩膀、中上級官僚的臉皮和政客或外交家的手腕；他甚至也沒有足夠做政論家的眼光！

做個大政治家，在主觀條件上像胡先生所具有的那種「通道不夠」的精神，只是最起碼

的條件。更重要的是還要有鐵一般的肩膀，如此他才能頂住政治上的驚濤駭浪，泰山崩於前而色不變地負荷起天降大任，然後任勞任怨，為國為民，死而後已。但是在胡適的個性上是沒有這種擔當和魄力的。

唐德剛認為，胡適縱想做官，也只能做個「泛舟於赤壁之下」，吟風弄月的閒太守，做個太平盛世的點綴罷了。

那麼，我們來說說魯迅吧！魯迅可沒有胡適這樣「官運亨通」，從來沒有人也不可能有人讓他出來競選總統之類，但有一點與胡適似乎是相同的，那就是，無論大官還是小官，他們都不是做官的料。如果說胡適不是做官的料，那我要強調的是，魯迅絕對不是做官的料。

魯迅這一生，與官也沾了一點邊的。從一九一二年到一九二六年，魯迅始在南京臨時政府，進而到北京北洋政府，為教育部部員。一九一二年八月二十一日，時任臨時大總統的袁世凱任命三十二名教育部僉事，相當於處長，其中就有周樹人、許壽裳。魯迅在第二天的日記裡寫道：「晨見教育部任命名氏，余為僉事。」魯迅在教育部度過了他三十二歲至四十六歲的大好時光。

到了廈門大學，如果按照今天的規矩，大學處處與官場相比照，魯迅也是混了個「文科學長」的。到了中山大學，魯迅則被任命為文學系主任兼教務主任。

對於做官，魯迅從來就沒有表現出有什麼特殊的興趣。在教育部那麼多年，應該說做了不少具體的也是有益的工作，比如主持設計國徽、參與京師圖書館及分館的建設工作、籌建歷史博物館、讀音統一會的「統一」、舉辦兒童藝術展覽會、協辦專門以上學校成績展覽會、參與通俗教育研究會的工作、審聽國歌、整理「大內檔案」、整理德商藏書、檢查文溯閣《四庫全書》等等。應該說，教育部的活不是那麼忙累，也無所謂實權，更應該看成是閒差。

魯迅初入官場時，似乎是有所熱望，有所憧憬，但政府的所作所為很快讓他失望，魯迅漸次游離官場文化，重新找尋自己的精神寄託。在《不是信》中，魯迅說，官職不過是他的飯碗，衣食所在而已，「目的是在弄幾文錢，因為我祖宗沒有遺產，老婆沒有奩田，文章又不值錢，只好以此暫且糊口」。

在緩慢游離官場文化的過程中，魯迅開始漸漸看不順身邊的人在仕途上的努力。一九二四年，孫中山北上，擬開善後會議，共商南北政府議和大事，魯迅的好友楊莘耜任善後會議祕書，為此常與代祕書長許世英及安福系政客混在一起。有一天，魯迅遇見楊氏，半含譏諷地笑說：「你現在奔走權門了！」從此，二人關係疏遠下來。此時魯迅對積極仕進者不說有惡感，也絕無好感可言，他在一九二六年六月二十六日所作的《馬上日記》記道：

午後，織芳從河南來，談了幾句，匆匆忙忙地就走了，放下兩個包，說這是「方糖」，

送你吃的，怕不見得好。織芳這一回有一點發胖，又這麼忙，又穿著方馬褂，我恐怕他將要做官了。

文中所說的「織芳」，就是魯迅的學生荊有麟。魯迅猜得不錯，不到一年，荊有麟為國民軍總司令馮玉祥辦起了報紙。此後又兩次央魯迅寫舉薦信，尋求進身之路。魯迅能央求誰呢？荊有麟找錯了人，他應該去找胡適，胡適是樂此不疲的。

魯迅為官時，從來沒有半點官的樣子。魯迅是鄙夷官場的，甚至不願繼續為官。在廈門大學，他除了寫情書、發牢騷、上上課以外，半夜尿的尿，從樓上潑到了草地上，哪點有「文科學長」的派頭？如果有，去銀行領工資，人家也不至於要先打一通電話，落實一下此人是不是周樹人了；如果有，馬路邊挑擔的理髮匠也不會問他要不要理髮了。

至於在中山大學的任職，可以說一上任就不想幹了。一九二七年二月二十五日他給章廷謙的信中說：

中大定於三月二日開學，裡面的情形，非常曲折，真是一言難盡，不說也吧。我是來教書的，不意套上了文學系（非科）主任兼教務主任，不但睡覺，連吃飯的工夫也沒有了。這樣下去，是不行的，我想設法脫卸這些，專門做教員，不知道將來（開學後）可能夠。但即使做教員，也不過是五日京兆，坐在革命的搖籃上，隨時可以滾出的。不過我以為教書可比辦事務經久些，近來實也跑得吃力了。

怎樣忙得「連吃飯的工夫也沒有了」，魯迅在《在鐘樓上》一文說得具體一些：

在鐘樓上的第二月，即戴了「教務主任」的紙冠的時候，是忙碌的時期。學校大事，蓋無過於補考與開課也，與別的一切學校同。於是點頭開會，排時間表，發通知書，祕藏題目，分配卷子，……於是又開會，討論，計分，放榜。工友規矩，下午五點以後是不做工的，於是一個事務員請門房幫忙，連夜貼一丈多長的榜。但到第二天的早晨，就被撕掉了，於是又寫榜。於是辯論：分數多寡的辯論；及格與否的辯論；教員有無私心的辯論；優待革命青年，優待的程度，我說已優，他說未優的辯論；補救落第，我說權不在我，他說在我，我說無法，他說有法的辯論；試題的難易，我說不難，他說太難的辯論；還有因為有族人在臺灣，自己也可算作臺灣人，取得優待「被壓迫民族」的特權與否的辯論；還有人本無名，所以無所謂冒名頂替的玄學底辯論……。這樣一天一天的過去，而每夜是十多匹——或二十匹——老鼠的馳騁，早上是三位工友的響亮的歌聲。（《三閒集》）

魯迅的描述是充滿幽默的無奈，還有無聊。整天都是如此讓人頭痛的無聊的事情，而且沒完沒了，這樣的破官，當了有什麼意思呢？弄權者可能會從中體會到指使人的快感，而較

魯迅而言，無異於一種折磨。魯迅能不去職嗎？一九二七年一月二十五日，中山大學舉行歡迎會歡迎魯迅，九月二十七日魯迅便離開了廣州，往上海去了，前後待了八個月。對官迷來講，這時間實在太短了，對魯迅而言，這真是飽受折磨、實在難熬的日子！

在做具體的行政事務這一問題上，我想，胡適與魯迅是一樣的感受，他們都是書生，是以文立身的人，不是辦事的人。事實上，如果讓他們去辦具體的事，很大可能是要誤事的。另外，讓不是辦事的人去辦事，也是對他們才華的極大浪費。胡適想當相對超脫的「總統」和魯迅做不成種種的「官」是一樣的，他們最渴望的生活是讀寫生活。

2. 魯迅與蔣介石

胡適與蔣介石的關係是密切的，有不少具體的恩怨。魯迅與蔣向無往來。然而，也有史料顯示，魯迅與蔣介石也是有一點直接、間接的碰撞的，不妨展示於此，對比之下，似乎亦可見二者的區別，亦可以看到魯迅的風骨。

有日本人說，在中國，真正懂中國的有「兩個半人」，一個蔣介石，一個魯迅，半個毛澤東。這一說法，傳說甚廣。蔣介石、毛澤東是政治人物，他們是不是真懂中國，各懂多少，不好妄加置喙。說魯迅懂中國，那是千真萬確的。一部《魯迅全集》，就是關於中國社會和中國人的百科全書。自然，這是題外話。因為這裡要說的是魯迅和蔣介石的關係，一時想到了日本人的這一說法而已。

我還要說一說魯迅與郭沫若。一九二七年，「四・一二政變」，蔣介石的國民黨對共產黨人大開殺戒，郭沫若發表檄文，討伐蔣介石，喊出了「打倒蔣介石」的口號，如此，在中國待不下去了，只好亡命日本。對國民黨的「清黨反共」，大面積殺人，魯迅是震驚與痛恨。由於在「清黨」問題上態度迥異，魯迅甚至對多年的老朋友蔡元培頗有微詞，有所疏離。儘管如此，魯迅一生沒有像郭沫若這樣喊出「打倒蔣介石」之類的口號。由此，不少人說：魯迅不罵蔣介石。

查《魯迅全集》，甚至看不到「蔣介石」這三個字。從表面上看，也可以說魯迅沒有「罵」過蔣介石。中國共產黨人希望魯迅也像郭沫若那樣，把蔣介石臭罵一通，但遭到拒絕。有關資料記載，一九三〇年五月七日晚，做為中共宣傳部長的李立三由潘漢年陪同，魯迅由馮雪峰陪同，他們在上海爵祿飯店見面。李立三對魯迅提出了這樣的要求：你在社會上是知名人物，有很大影響。我希望你用周樹人的真名寫一篇文章，痛罵一下蔣介石。魯迅當即回絕：文章是很容易寫的。不過，我用真名一發表文章，在上海就無法住下去，只能到外國去當寓公。接著，李立三說了大意這樣的話：到外國也很好呀，黃浦江上有很多蘇聯的船，你可以到蘇

聯去呀。魯迅說：到了蘇聯，我就什麼文章也寫不出來了。會談進行了四十多分鐘，話不投機，各說各話，不歡而散。王彬彬認為，「在魯迅看來，如果自己指名道姓地公開罵蔣介石，當局就不得不採取某種實際的行動，即便不捕不殺，也要讓自己在國內無立足之地，至少在上海不能安身。」「一旦用真名發表過於激烈、過於直白、指名道姓地罵蔣介石的文章，就越過了當局的容忍限度，就等於是跳出了『壕塹』、爬出了『坦克車』，就是在『赤膊上陣』。而不願意走到這一步，也是符合魯迅一貫的處世方式的。」（王彬彬：《往事何堪哀・風高放火與振翅灑水》，長江文藝出版社二〇〇五年十二月版）

魯迅與胡適也有一個比較，也頗值得玩味。一九二八年十一月，安徽大學文學院院長兼預科主任劉文典，因安徽大學學潮被蔣介石召見。當時，他稱蔣介石為「先生」而不稱「主席」，被蔣介石以「治學不嚴」為藉口，當場拘押，同年十二月獲釋。對此，胡適在《人權與約法》一文中認為，這是侵犯人權的行徑，矛頭直指蔣介石：「安徽大學的一個學長（按即劉文典），因為語言上頂撞了蔣主席，遂被拘禁了多少天。他的家人、朋友只能到處奔走求情，絕不能到任何法院去控告蔣主席。只能求情而不能控訴，這是人治，不是法治。」（轉引自王彬彬：《往事何堪哀・二胡的「反黨」》）魯迅同樣對這事不滿，在《知難行難》中也提到劉文典，但卻沒有像胡適這樣點蔣介石的名：「安徽大學校長劉文典教授，因為不稱『主席』而關了好多天，好容易才交保出外，……」（《二心集》）可以看出，對蔣介石，胡適是像罵自家兄長一樣無所顧忌，魯迅似乎面對一個外人，則顯得婉轉含蓄。

儘管魯迅不想與蔣介石打「遭遇戰」，可是，一不小心，蔣介石還是撞上了魯迅的槍口。一九三五年二月九日，魯迅在致蕭軍、蕭紅的信中，談到對當時形勢的一些看法。他說：

> 你記得去年各報上登過一篇《敵乎，友乎？》的文章嗎？做的是徐樹錚的兒子，現代闊人的代言人，他竟連日本是友是敵都懷疑起來了，懷疑的結果，才決定是「友」。將來恐怕還會有一篇「友乎，主乎？」要登出來。今年就要將「一·二八」「九·一八」的紀念取消，報上登載的減少學校假期，就是這件事，不過他們說話改頭換面，使大家不覺得。「友」之敵，就是自己之敵，要代「友」討伐的，所以我看此後的中國報，將不准對日本說一句什麼話。

這篇文章的全名是《敵乎，友乎？——中日關係的檢討》，徐道鄰作，發表在《外交評論》一九三四年十月號。徐道鄰曾任國民黨政府行政院政務處處長，其父徐樹錚，親日的北洋軍閥。

魯迅信中提到此文「各報上登過」——這像「文革」中的「兩報一刊社論」——可見這是一篇大有來頭的文章。論官銜，徐道鄰不過是個處長，單憑他個人的「官力」，大概不可能

讓各報「奉命唯謹」，照登不誤吧！徐道鄰代表的是「現代闊人」，那麼，這個「現代闊人」是誰呢？據林志浩考證，「不是別人，正是蔣介石」。這篇《敵乎，友乎？——中日關係的檢討》竟刊在《先總統蔣公全集》第三卷「書告類」第3133—3146頁。文前有蔣介石本人的說明：「民國二十三年（即一九三四年）秋，中、日局勢更趨危急，正進入最後關頭，極想設法打開僵局，乃在病榻分章口述，而囑佈雷同志筆錄其詳，以此為中、日兩國朝野做最後之忠告，期其警覺，克免同歸於盡之浩劫。唯以當時政治關係，不便以佈雷名義出之，乃託徐道鄰君印行。近閱是篇，撫今思昔，不禁感慨萬千！特付重刊，以備自反，或仍有助於將來東亞民族之前途乎！中正。三十九年九月。」當年，發表此文蔣不想用自己的名義，也不想用陳佈雷的名義，深思熟慮之後，決定以職位不大不小的「徐道鄰」的名義發表，陳佈雷為此叫好，認為其中還蘊涵有「慢慢與鄰道」的意思。這篇長文指出，除非日本真的能在十天之內滅亡中國，如果戰爭拖上三個月、十個月或半年，「則日本地位甚為危險」。「中國的武力比不上日本，必將大受犧牲，這是中國人所不容諱言。但日本的困難，亦即在於此，中國正唯因沒有力量，即是其不可輕侮的力量所在。戰爭開始，在勢力相等的國家以決戰為戰爭的終結。但是在兵力絕對不相等的國家，如日本同中國作戰，即無所謂正式的決戰，非至日本能佔盡中國每一方里之土地，徹底消滅中國之時，不能做為戰事的終結，兩國開戰之際，本以佔領政治中心為要著。對中國作戰，如以武力佔領了首都，制不了中國的死命。」

林志浩說：「可見，魯迅批判《敵乎，友乎?》一文，實際上就是批判蔣介石，而徐道鄰不過是蔣的代言人。說準確點，他是蔣假借的一個實有其人的姓名。」魯迅未必知道「徐道鄰」就是蔣介石，但是，這與問題的實質有什麼關係呢?

由此，我們可以這麼說：魯迅雖然沒有指名道姓地「罵」蔣介石，但實際上對於蔣介石的政策多有抨擊，甚至可以說行文時是毫不留情的。不指名道姓，不過是講究一種方法而已，是魯迅韌性戰鬥精神的體現。我們再舉一例。一九三三年四月十日的《申報·自由談》上，發表了曹聚仁的《殺錯了人》一文，其中說，在「革命」的過程中，「殺人」是難免的，但「革命殺人應該有標準，該多殺中年以上的人，多殺代表舊勢力的人」。「可是中國每一回的革命，總是反了常態。許多青年因為參加革命運動，做了犧牲；革命進程中，舊勢力一時躲開去，一些也不曾剷除掉；革命成功以後，舊勢力重複湧了出來，又把青年來做犧牲品，殺了一大批。」因此，曹聚仁認為，這是「殺錯了人」。魯迅讀了此文後，寫了一篇《〈殺錯了人〉異議》（《偽自由書》），發表於四月十二日的《申報·自由談》，文章從袁世凱為了做皇帝而大肆殺人，說到「現在的軍閥混戰」：「他們打得你死我活，好像不共戴天似的，但到後來，只要一個『下野』了，也就會客客氣氣的，然而對於革命者呢，即使沒有打過仗，也絕不肯

放過一個。他們知道得很清楚。」「所以我想，中國革命的鬧成這模樣，並不是因為他們『殺錯了人』，倒是因為我們看錯了人。」袁世凱和蔣介石，都是表演「下野」這齣戲的高手，這裡，我們不難看出，所謂「看錯了人」，肯定包含著「看錯」了蔣介石。

魯迅生前死後，蔣介石做了一些拉攏魯迅的工作（本文關於蔣介石拉攏魯迅的主要史料來源是：陳正卿的《蔣介石與魯迅的一次特殊「對話」》，見《檔案與歷史》一九八八年第四期；古遠清的《魯迅堅拒蔣介石拉攏》，見《中華讀書報》二〇〇一年八月十四日），這是可以理解的，郭沫若曾經大罵蔣介石，蔣介石還是要動員他回國參加抗日，這也無非要借重郭沫若的聲名。魯迅的影響比郭沫若要大得多，做為當時的國家元首，當然要用各種手段引誘、拉攏，使之為己所用。

關於蔣介石拉攏魯迅，古遠清一九九七年訪臺時，專門請教過臺灣「中國文藝協會」大陸工作委員會主任張放先生。張放一直對魯迅很崇敬，且長期與臺灣上層文藝界接觸甚多。張放對古遠清說：抗戰前夕，魯迅肺結核轉劇……此事傳到最高當局，蔣委員長把葉楚傖找來，指示宣傳部設法撥出一筆錢幫魯迅去日本養病。蔣說：「我是浙江人，知道浙江人的脾氣，魯迅是吃軟不吃硬的。送他去日本養病，他就不會罵人了。」後來蔣透過蔣孟麟帶了中宣部的一名職員，去看望魯迅，魯迅堅絕不允赴日養病。

這裡講的抗戰前夕，即為一九三〇年十二月六日至一九三一年六月十八日，蔣介石任行政院長兼教育部長期間。文中提到的葉楚傖，為國民黨中央宣傳部長。蔣孟麟，即一九三〇年十二月辭去教育部長之職到北京大學任校長的蔣夢麟。葉楚傖的身分顯然不便與魯迅會見，蔣介石便找蔣夢麟當替身。

一九二七年魯迅離開廣州到上海定居以後，蔡元培為顧及他的生活和發揮他的專長，特聘請他與吳稚暉、李石曾、馬敘倫、江紹原五人為大學院撰述員，專門從事各自所長的學術活動。魯迅早已想輯錄考訂出版他所潛心的《古小說鉤沉》等書，此項職務月薪三百元，對生活確實不無裨補，因此便欣然接受。

南京國民黨政府成立後，教育部長一職始終動盪不定。吳稚暉、蔡元培、李石曾幾位元老各不相讓，鬥得不可開交。一九三〇年十二月蔣介石只得親自兼任，於是便和魯迅發生了聯繫。錫金在《魯迅為什麼不入日本療養》一文中說：就在蔣介石自任教育部長期間，許（廣平）先生說，當時有人向蔣介石報告，教育部特聘撰述員周豫才就是周樹人，也就是魯迅。最近成立的中國自由大同盟和左翼作家聯盟，就是他主持的。是不是要除名？或者……蔣介石很吃驚。他知道蔡元培很愛才，與左派人物不無聯繫。不過魯迅竟公然列名在他所主持的機構裡，他確實感到意外。他思考了片刻便說：「這事很好。你知道教育部中還有他的老同

事、老朋友沒有？應該派這些人去找他，告訴他，我知道了這件事，很高興。我素來敬仰他，很想和他會會面。只要他願意去日本住一些時候，不但可以解除通緝令，職位也當然保留。而且如果有別的想法，也可以辦到。」事後不久，就有一個神祕人物悄悄地來拜訪魯迅，傳達蔣的旨意，當然被魯迅拒絕。

古遠清認為，錫金記載的蔣介石談話與張放的說法不完全相同，但總的精神是一致的，即拉攏魯迅的最低要求是要他出國，透過「放逐」把魯迅的聲音悶死，讓其成為「活屍」。更高的要求是要他發表聲明，如小報所說的與當局「合作」。這樣職位「當然保留」而不會被開除；「如果有別的想法」即有升官或更優惠待遇的要求，亦可滿足。為達到這目的，國民黨最高領導便改變戰術：由硬的改為軟的，由通緝改為感化，由逮捕改為放逐。如有可能，蔣介石甚至想和魯迅親自會面，做他的工作。

關於蔣介石企圖感化、爭取魯迅一事，魯迅的朋友、日本人增田涉在《魯迅的印象》一書中也有過記載：

> 那是我在他家出入的時候，政府方面想要利用他吧，那時他正因為政府的逮捕令而隱居著，當時的行政院長暗地派人向他聯絡，說行政院長希望跟他會面。但是他拒絕了。以一個民間的文人，而且是正在被下令逮捕的身分，竟然拒絕行政院長的會面要求（行政院

長，倘在日本，正相當於總理大臣，要是跟行政院長聯絡合作，那麼，他身邊的束縛就會馬上消失了吧），使人想到他不屈服於權力的強悍，總之，我感到他為人的偉大。（鍾敬文著譯《尋找魯迅・魯迅印象》第285頁，北京出版社二〇〇二年一月版）

這裡講的「行政院長」，正是蔣介石。如錫金所說：這與許廣平說的蔣介石想會見魯迅，做魯迅的工作，是同一件事。

魯迅去世後，蔣介石還派人去慰問魯迅的家屬。據古遠清轉錄張放的話說：一九四六年一月二十四日，國民黨中央祕書長鄭彥代表蔣中正先生親自到北平八道灣周宅，給魯迅原配朱安送去法幣十萬元，做為春節慰問金。後來許廣平在上海曾寫信詢問此事，朱安於二月一日致函許廣平：「我辭不敢受，據云長官賜不敢辭，別人的可以不收，委員長的意思一定要領受的……也就接受了。」朱安於翌年六月二十九日病逝。這件祕史，張放曾於二十世紀六〇年代親自詢問鄭彥，鄭說那次去北平慰問十多位著名作家，名字已不能記憶，他確實記得和朱安女士會面，她講著濃重的浙江話。

3. 魯胡的「罵」國民黨政府

從魯胡與蔣介石，我們生發開來，談談他們與國民黨政府的關係。話題從李敖的「高見」

談起吧！李敖在多個場合談到以下觀點：

魯迅對國民黨政府根本不敢碰，根本不敢罵，他罵來罵去罵什麼呢？就是今天你們所看到的，整天罵中國人，中國人這樣子，中國人那樣子，不敢批評真正中國人裡面的這些該罵的人，他不敢罵，只是中國人整體跟著倒楣，整天來罵中國人。

魯迅這種行為，比照起一九二九年胡適所做的事情，完全不一樣了，胡適在一九二九年，那個時候就是所謂的民國十八年，國民黨勢力如日中天的時候，國民黨一黨專政，在中國雷厲風行的時候，胡適站出來跟國民黨對幹。我在節目裡面給大家看過，這裡面的資料，就是胡適所寫的文章，叫做《人權與約法》，胡適跟國民黨對幹，我把這文章一頁一頁推出來，貼出來告訴大家，胡適怎麼樣跟國民黨對幹。然後呢，胡適又寫篇文章，叫做《人權與約法的討論》，然後胡適又寫文章——《我們什麼時候才可以有憲法》，這就是胡適的文章。可是魯迅不敢寫，也可以說魯迅沒有這樣子的文化水準來寫這些文章。那有人會問我，為什麼一定要一九二九年寫啊！那魯迅可能一九三〇年寫啊！當然可以，可是一九三〇年魯迅沒有寫，一九三一年魯迅不敢攻擊國民黨政府，一九三二年魯迅也不敢，一九三三年也不敢，一九三四年也不敢，一九三五年也不敢，直到魯迅死了以前，通通是中國人倒楣，要罵都罵中國人。可是真正要罵政府，國民黨的一黨專政，在魯迅的這些資料裡面，我們查不到。

李敖的觀點歸納起來，一是魯迅不敢罵國民黨政府，二是只籠統地罵中國人，做為參照，他還把胡適捧為敢罵國民政府的勇士。

那麼，魯迅不罵國民黨政府嗎？

林賢治在答記者問時，擺了以下這些事實：章士釗是北洋政府的司法部長兼教育部長，是魯迅的上司，而魯迅直接批評章士釗，批評他下令鎮壓學生運動，章後來撤了魯迅的職，魯迅沒有勇氣？至於對國民黨政府，可以說，自《而已集》之後的雜文集，許許多多文章都是直接或間接批評國民黨政府的。正因為他把國民黨獨裁政府當成主要的抨擊對象，所以國民黨才會禁他的書，後來弄到連文章也無法發表。「弄文罹文網」，這是有大量的事實根據的。稍微翻一下魯迅後期的書信，就可以知道。但李敖對此一個字也不談，滑過去了。

林非先生在《李敖對於魯迅的胡說八道》一文中指出，魯迅憎恨國民黨政權在一九二七年「四・一二政變」中的殺人遍地，義正辭嚴地抨擊他們「殺戮青年」的「血的遊戲」（《答有恆先生》），傾向於同情和支持中國共產黨人反對這個獨裁政權的革命鬥爭。魯迅這些斥責與嘲諷國民黨政府的言論，比比皆是地收錄在《而已集》以後的所有雜文集裡面，李敖卻視而不見，抑或就根本沒有去翻閱，就胡說什麼「查不到」魯迅在當時斥責國民黨殘暴統治的文章。這種信口開河和一派胡言的十分輕浮的作風，真讓人無法對他產生任何的信任感。

我在《焦大是誰？》一節中提到焦大問題時，曾引用《言論自由的界限》一文，魯迅挖苦國民黨曰：「這就是文人學士究竟比不識字的奴才聰明，黨國究竟比賈府高明，現在究竟比乾隆時候光明：三明主義。」國民黨立黨之本的「三民主義」成了「三明主義」，這算不算「罵」呢？

對於魯迅圖書被查禁情況，張競在金羊網二〇〇五年十一月十一日發表文章《魯迅不敢罵「黨國」？——駁李敖對魯迅的批判》一文中，用了更加具體的事實對李敖進行批駁。張競寫道：魯迅有四本文集被國民黨當局列為禁書。魯迅說他的文章，「也許是《二心集》中比較鋒利」。《二心集》被查禁，是在出版過程中被國民黨「中央圖書審查會審定」刪去二十三篇不准出版。一九三四年十月十三日魯迅致函合眾書店：「得惠函，要將刪余之《二心集》改名出版，以售去版權之作者，自無異議。但我要求在第一頁上，聲明此書經中央圖書審查會審定刪存；倘登廣告，亦須說出是《二心集》之一部分，否則，蒙混讀者責任，出版者和作者都不能不負，我是要設法自己告白的。」此後，魯迅雜文集繼續被查禁，《偽自由書》、《准風月談》、《南腔北調集》，都被國民黨政權扣上「反動」字眼予以查禁。魯迅的文集被查禁，證明真正反動的是國民黨政權。

如果魯迅不罵一黨獨裁的國民黨政府，國民黨政府有必要查禁魯迅的書嗎？接著，張競說明了魯迅「斥黨國『賣國』」的情況：二十世紀三〇年代前後，批判國民黨反動軍官組成的所謂「民族主義文學」，魯迅剖析「民族主義文學」的標本作品，指出他們以「民族主義」為幌子，是在為日本侵略張目，他們是帝國主義和反共反人民的統治者的鷹犬，是盡著送喪任務的流屍文學。魯迅的批判使之原形畢露，銷聲匿跡。因此，使國民黨反動派恐慌萬狀，按照他們的反動法令，組織流氓打手襲擊破壞進步文化宣傳場所，大量查禁進步書籍刊物，並且出佈告：魯迅、茅盾、沈端先……赤色作家之作品，一律不得刊行。更進一步祕密逮捕進步作家，並且祕密殺害。魯迅在《黑暗中國的文藝界現狀》一文中，公開揭露國民黨反動統治下，中國無產階級的革命文藝運動，是唯一的文藝運動，除此以外，已經毫無其他文藝。

「九・一八事變」後三個月內全國學生三次集體赴南京請願出兵抗日，結果遭到血腥鎮壓；一黨獨裁的國民黨政府反而誣衊學生請願行動，是搗亂，破壞社會秩序……使「友邦人士，莫名驚詫，長此以往，國將不國」了。魯迅發表了《「友邦驚詫」論》，痛斥國民黨，銳利的筆鋒直接揭露國民黨統治下的黑暗狀況和國民黨賣國投降政策。他指出：

> 好個「友邦人士」！日本帝國主義的兵隊強佔了遼吉，炮轟機關，他們不驚詫；阻斷鐵路，追炸客車，捕禁官吏，槍斃人民，他們不驚詫。中國國民黨治下的連年內戰，空前水災，賣兒救窮，砍頭示眾，祕密殺戮，電刑逼供，他們也不驚詫。在學生的請願中有一

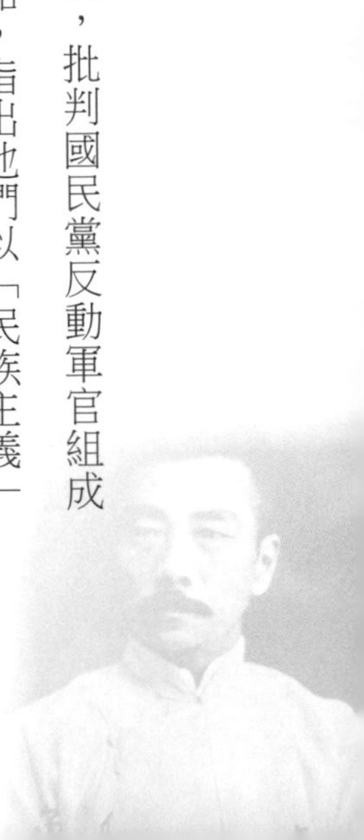

> 點紛擾，他們就驚詫了！
>
> 好個國民黨政府的「友邦人士」！是些什麼東西！

魯迅的筆鋒一轉直接痛斥國民黨政府，指出：「可是『友邦人士』一驚詫，我們的國府就怕了，『長此以往，國將不國』了，好像失了東三省，黨國倒愈像一個國，失了東三省誰也不響，黨國倒愈像一個國，失了東三省只有幾個學生上幾篇『呈文』，黨國倒愈像一個國，可以博得『友邦人士』的誇獎，永遠『國』下去一樣。」又說：「幾句電文，說得明白極了，怎樣的黨國，怎樣的『友邦』。『友邦』要我們人民身受宰割，寂然無聲，略有『越軌』，便加屠戮；黨國是要我們遵從這『友邦人士』的希望，否則，他就要『通電各地軍政當局』，『即予緊急處置，不得於事後藉口無法勸阻，敷衍塞責』了！」此後，魯迅有大量雜文抨擊國民黨政府在日本侵略進迫下，節節退讓，說明國民黨對「抗日者格殺勿論」的投降賣國政策，是「寧贈友邦，不與家奴」，和清朝末年的賣國賊一樣。

魯迅只是籠統地罵中國人而不敢罵個體的中國人？這更可見李敖缺少對魯迅的基本常識。林賢治是這麼回答的：清末民初的時候，知識界流行對中國國民性的探討，不只是魯迅一個人在談這個問題。只是他後來把這個問題和「思想革命」聯繫起來，堅持最久。對國民性格的批判，其實是對幾千年專制主義政治文化傳統的批判，是魯迅的「文明批評」的重要部分。

李敖說魯迅的這種批判是針對整體不針對個人，恰恰相反，瞿秋白在《魯迅雜感選集序言》裡就說魯迅所進行的是「私人論戰」。說他所針對的每個人都是典型，在中國現代文人中幾乎沒有人像魯迅這樣樹敵這麼多：章士釗、陳西瀅、梁實秋、徐志摩、顧頡剛、施蟄存、胡適、郭沫若、周揚……批評起來都是指名道姓的。周作人和陳西瀅等人也有過論戰，但他在出集子的時候，把這些論戰文章都去掉了，而魯迅是保留的。

至於胡適的批評國民政府，我在本書有關部分多次指出，這是體制內的操作，魯迅認為，這相當於焦大說：老爺，您的衣服髒了，您看人家多乾淨，應該洗洗了。在這一問題上，林非表達了他的觀點：李敖在貶抑魯迅的時候，舉出胡適做為痛斥國民黨政府一黨專政的英雄榜樣，這其實是混淆了兩種不同範型的實質。在對待國民黨政府一黨專政的問題上，胡適希望透過公開批評的管道，促使它能夠實行立憲和普選的民主政治。這在國民黨政府統治整個中國的二十二年之間，以及在敗逃到彈丸之地的臺灣以後，直至胡適逝世之前的這一段漫長的歲月中，都是還始終沒有實現的。

至於魯迅「臨死的時候還在拿國民黨政府的錢」，林非指出，他這所謂的「乾薪」，是蔡元培在主持大學院（國民黨政府教育部的前身）期間，聘請魯迅擔任特約著述員時，每月支付的薪水一事。魯迅長期以來除開從事創作之外，又堅持進行學術研究，他在二十世紀二

○年代初期出版的《中國小說史略》，就是一部很出色的學術著作，他還計畫繼續撰寫有關中國文學歷史的著作，這除了在精神方面需要進行艱鉅的準備之外，在物質方面也得做出相應的配合。「五四」新文化運動中最為傑出的元老蔡元培，歷來都很器重魯迅在這方面的才華，因而透過聘請的程序給予他經濟上的支援。魯迅也是歷來都尊重這位鄉梓的前輩，對於這位知音的一片好意，怎麼能夠加以拒絕呢？喜歡嘲罵各色人等，追求成為「典範」的李敖，不是也計較著自己擔任臺灣當局「立委」一職的薪金嗎？承擔了這樣的名位，收取一定的報酬，似乎也無可厚非，卻為何還要運用雙重標準去貶抑別人呢？這就似乎顯得很不厚道了。

四、胡適的「怕老婆論」

說起胡適的書生氣，還不得不說他的「怕老婆論」，這甚至可以理解為他對中國歷史的一個看法，即他的歷史觀。

從我掌握的資料看，胡適的「怕老婆論」是有其較長的歷史跨度的，即，他有相當長的時間堅持並鼓吹這一觀點。

舒展先生在其《調侃集》中有一篇《且說怕老婆》的短文，談到胡適當年擔任北大校長時，曾經對學生發表過一番「怕老婆」的「宏論」：「一個國家，怕老婆的故事多，則容易民主；反之則否。德國文學極少怕老婆的故事，故不易民主；中國怕老婆的故事特多，故將來必能民主。」當年這話在報端披露後，聶紺弩先生曾寫了一篇《論怕老婆》的文章，以為胡適此論雖然是一種玩笑，卻有「企圖以玩笑來消解學生們對嚴肅工作的情緒」。

一九五五年十一月，胡適為董顯光《日本的幽默》作序，其中談到，他於一九四二年就開始收集有關怕老婆的各國語文的故事、笑話和漫畫。他常常告訴朋友們說：「你在這個收藏裡面可以找到瞭解國際大問題的鑰匙，大到和戰問題也不會例外。你瞧吧：我這裡有幾百個中國的怕老婆故事，可是沒有一個從日本來的。美國、英國、斯干狄那維亞的這種故事也有幾百個，可是沒有一個從德國來的。倘然我們做一個結論說，人類中間這一種怕老婆的低級種子，只能在民主國家裡繁殖，不會產生在極權國家的土壤上，或者還不會錯吧？」到了一九四三年，胡適的收藏格外豐富了，他又向朋友們說道：「這裡又有很多義大利怕老婆的故事，這中間瑪姬亞維利 Machiavelli 寫的那一個可以算是我全部收藏裡面最好的一個。我真要相信，義大利既然編入了怕老婆國家的一欄裡，恐怕它擠在軸心國家邊上不會感覺到愉快的吧。」義大利就在這一年的九月八日投降了。

到了一九五八年十二月十七日，胡適出席「中央研究院」慶祝宴會時，再次談到了「怕

老婆」的故事，胡頌平先生在《胡適之先生晚年談話錄》中有記述，胡適開玩笑說：「我是肖兔的，內人肖虎，當然兔子見了老虎就要怕。」接著，胡適談了他的收藏，他一是收藏洋火盒，二是收藏榮譽學位，但他認為他真正的收藏是世界各國怕老婆的故事：「這個很有用，的確可以說是我極豐富的收藏。世界各種文字的怕老婆故事，我都收藏了。在這個收集裡，我有一個發現，在全世界國家裡，只有三個國家是沒有怕老婆的故事，一是德國，一是日本，一是俄國。當時俄國是我們的同盟國，所以沒有提起它，而義大利倒有很多的怕老婆故事，我預料義大利會跳出軸心國的，不到四個月，義大利真的跳出來了。現在我們從這個收藏裡可以得到一個結論——凡是有怕老婆故事的國家都是自由民主的國家；反之，凡是沒有怕老婆故事的國家，都是獨裁的或極權的國家。」

每適佳節，江冬秀都要按照家鄉的風俗來過節日。元宵節、端午節、中秋節，她都要做徽州菜，在這些節日，找些朋友歡敘一次，吃些家鄉菜，真是一件歡樂的事情。江氏還擅長做臘八粥，胡適則是最愛吃不過，有一次與程仰之打賭吃臘八粥，結果胡適賭輸了。歡聚之時，他是最高興不過的，還經常講一個怕老婆的玩笑，他說：「太太年輕時是活菩薩，怎好不怕！中年時是九子魔母，怎能不怕；老了是母夜叉，怎敢不怕！」說完後，自己都哈哈大笑起來。胡適開玩笑時絕不會想到，這些玩笑日後竟會一一應驗。

據胡頌平記載，胡適不僅把怕老婆當作他的一句口頭禪，而且還喜歡收集世界各國怕老婆的故事和有關證據。有一次，一位朋友從巴黎捎來十枚銅幣，上面鑄有「P·T·T」的字樣。這使他頓生靈感，說這三個字母不就是「怕太太」的諧音嗎？於是他將銅幣分送朋友，做為「怕太太會」的證章。後來臺灣某報刊把這件事當作趣聞披露，他看到後還很高興，當即給祕書講了個他收集到的義大利人怕老婆的故事。為了表明自己怕老婆怕得非常徹底吧，胡適還號召男人們要像舊時代女子那樣，恪守他所謂「三從四得（德）」。這「三從四得」是——

太太出門要跟從，太太命令要服從，太太說錯了要盲從；太太化妝要等得，太太生日要記得，太太打罵要忍得，太太花錢要捨得。

在很長的一段時間裡，胡適反反覆覆、絮絮叨叨地推銷他的「怕老婆論」，他到底要說明什麼呢？

當年的聶紺弩就看出，胡適的「怕老婆論」有玩笑的成份。但是，還是有不少人誤以為胡適是真的怕老婆。胡適到底怕不怕老婆？結合胡適與江冬秀的婚姻生活，臺灣報刊曾經有過不少議論。應該說，他是有怕老婆的時候的，比如，胡適曾經想離婚，江冬秀大鬧一場，他只好不了了之等。

儘管如此，瞭解胡適的人並沒有被其幽默所蒙蔽。一九六一年五月，臺灣一份報紙刊登一篇《胡適之偽裝懼內》的文章，其中有這樣的話：「留著冬秀（胡適的太太）做女皇，這是虛君，實權自在首相手中。」據說，胡適讀罷不禁哈哈大笑：「這個人好像知道我過去的事情，大體都不錯，但有些地方是胡鬧了。」他還說，所謂「胡鬧」，其實是指有些引證的資料與事實不符；至於「偽裝懼內」，他還是默認了。

關於胡適「怕老婆」的傳說，影響可謂不小，搞得胡適的公子胡祖望甚至要為乃父辯解。有一次，何炳棣與胡祖望聊天，也說到胡適的「怕老婆」問題，胡適認為，傳統中國婦女不但地位遠不如一般想像之低，而且沒有任何其他傳統文化產生過比中國還多的以怕老婆為主題的故事和小說。何炳棣認為，「這看法雖太偏頗，但用以矯正近代西方社會學家相反偏激的看法是幽默而又有效的」。胡祖望聽了之後，不由得指出世上確實有不少笨伯認為適之先生是終生懼內的。他向何炳棣提出：「炳棣兄，請問哪一個洋洋得意向全世界宣揚傳統中國文化是一個怕老婆文化的人，會是真正怕老婆的呢？那真怕老婆的人，極力隱藏還來不及，怎敢公開宣揚呢？」何炳棣認為，「知父莫若子，祖望的觀察是具有權威性的。」（何炳棣：《讀史閱世六十年》，廣西師範大學出版社二〇〇九年三月版）胡祖望生怕別人誤會，認為他爹也是一個怕老婆的人，所以，要為之辯護，無非是說明，他爹並不是真正的「怕老婆」。

其實，現實生活中胡適怕不怕老婆，無關大礙。胡適說怕老婆，是一種幽默的表達方式，「怕老婆」的故事是次要的，他旨在說明有這麼多「怕老婆」故事的國家，應該是一個什麼樣的國家。

據說，「怕老婆」與民主政治的相關性，是胡適的驚人發現。怕老婆的故事，與國家民主自由與否有一定的關係。胡適再三推廣其研究成果，可見頗為自得。儘管這並非他正規的學問，可也不是純粹的玩笑。事實上，他所謂「怕老婆」的民族容易實行民主的議論，看似生拉硬扯，卻也不無道理。胡適說過，「只有男女平等的國家，才會民主」，可知他的潛在思路是：只有男女平等的國家才會產生怕老婆的故事，而在社會關係上男女平等，則在政治關係上相應地趨向溫和民主；反之，假如在社會關係上男女不平等，則在政治關係上也相應地趨向粗暴專制。男人怕老婆了，說明男人的性情比較溫和了；老婆是弱者，男人怕老婆了，說明男人的文明程度提高了，懂得尊重女人，尊重弱者了；丈夫與妻子，一般說來男人處在支配地位，女人是被支配的，男人怕老婆了，男女之間的關係或許是多了一點平等？就是說，男人怕老婆了，這個國家人的素質似乎相對要高一些了。從這個意義上說，有了怕老婆的故事的國家，離民主和自由或許要近一些？胡適的意思，不過是希望國人應該多一點「人類的第三種本能——謙讓」，也就是他所說的容忍，而不要動不動就以舌頭加拳頭，甚至用機關槍

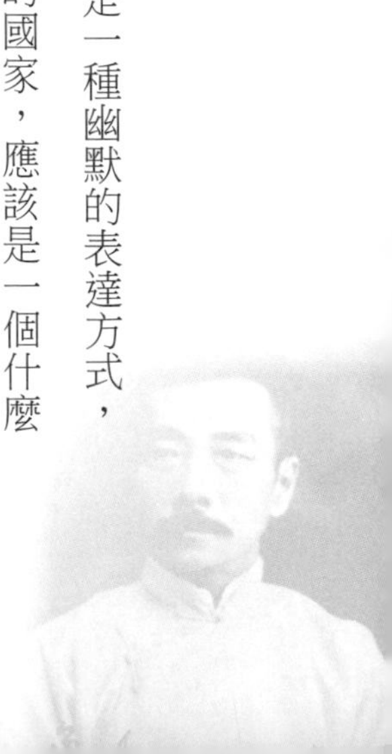

加坦克來解決問題。

我要指出的是，儘管「怕老婆論」有一定的合理性，也只是有點而已，從根本上講，這是搞笑和幽默，是一種多了一點內含的調侃，還是書生之見。從今天來看，德國和日本怕老婆的故事並沒有增加（關於德國沒有怕老婆的故事，我是有疑問的，德國的妻子很多是全職太太，她們能把家操持好，丈夫沒有幾分怕，似乎她們在家中待不下去。我沒有胡適一樣的嗜好，收藏這方面的故事，一時拿不出證據。待考），但「二戰」後在美國的改造之下，卻已經是一個民主自由的國家了。菲律賓有不少「怕老婆」的故事，馬科斯也怕他的老婆伊梅爾達，馬科斯統治下的菲律賓還是獨裁國家。朝鮮民族也有不少怕老婆的故事，在民主化的進程中，朝鮮還有很長的路要走哩。因此，胡適的怕老婆政治學至少要修正為：怕老婆與民主政治的相關性並非決定論性質，至多只是或然論性質，——也就是說，怕老婆的社會相對容易形成民主政治，而不怕老婆的社會則相對容易形成專制政治。

最難以讓我認同的是，胡適認為中國有很多「怕老婆」的故事，所以中國相對容易走上民主之路。這絕對是書生之見。《三國演義》中，獵戶劉安見劉備到，「欲尋野味供食，一時不能得，乃殺妻以食之」，劉備問他是什麼肉，劉安答曰：「乃狼肉也。」「玄德不疑，乃飽食了一頓，天晚就宿。至曉將去，往後院取馬，忽見一婦人殺於廚下，臂上肉已都割去。

玄德驚問，方知昨夜食者，乃其妻之肉也。玄德不勝傷感，灑淚上馬」。剛上路，碰到曹操，說了「劉安殺妻為食之事」，曹操立即「令孫干以金百兩往賜之」。劉安、劉備、曹操，哪一個是「怕老婆」的貨？鄭板橋在任山東濰縣縣令時，鄰近范縣災重，民易妻易子而食。他寫下「為賑飢民開廩倉，捐廉償借度糧荒。易妻而食何堪忍，夢裡竹聲訴哀腸」的詩句。遭遇天災人禍，而無以充飢之時，男人們首先想到的是顧全自己的生命。他們結成「生存聯盟」，將妻兒做為糧食互相交換食用，在這個時候，男人們眼裡的女人不過是填肚的食物。他們甚至將那些力圖保全自己妻室的人視為懦夫、無能。

中國固然有很多「怕老婆」的故事，但這些故事，極具單一色彩，並沒有普遍性的意義。有人確實怕老婆了，但這人是事實上的懦弱的男人；有人好像怕老婆了，但這只是一個假象，骨子裡並不怕……諸如此類。皇上是不怕老婆的，皇后見了，似乎也要下跪，皇后被打入冷宮的事也屢見不鮮。後宮佳麗三千，皇上不怕其中任何一個。皇上不怕老婆，比普通老公不怕老婆，其結果要嚴重得多。在中國，讓不讓民主，似乎還是皇上說了算。蔣介石好像是怕老婆的，他對宋美齡言聽計從，似乎可以在中國推行民主了，然而，他對他的前妻們並不怕，如果真怕了，他與宋美齡也成不了夫妻。終於還是獨裁。在流行「怕老婆」的故事的國家中，中國在抗戰時其實就不能算民主國家，到了上個世紀五、六〇年代，不論內地還是臺灣，更

都是民主的反面。我要說的是，中國就是出了三千個極為感人的「怕老婆」的故事，也還只能說是帶著偶然性。中國的男人從來就不怕老婆，這才是中國文化的本質。

相較之下，魯迅絕對不會發出這樣的高論，把「怕老婆」與民主進程畫等號，更不會與中國的民主進程畫等號。魯迅筆下的「老婆」——人母人妻——愛姑（《離婚》）、子君（《傷逝》）、單四嫂子（《明天》）、祥林嫂（《祝福》）等，都有著不幸的命運，她們的不幸命運雖然不全是丈夫的「不怕」造成的，卻是丈夫們主宰的極權社會造成的，是男權社會、專制社會的被損害與被凌辱的人，這反過來也可見中國的「老公」們從來就不怕老婆。魯迅還揭示了宗法社會的「吃人本質」，被吃的不僅是孩子，還有女人，女人們不僅被劉安當作招待劉備的狼，更多的時候是被「三從四德」之類的封建禮教、封建觀唸給「吃」了，祥林嫂雖然不是死於丈夫之手，但她是死於不怕老婆的維繫男權社會同時又是極權社會存在的封建觀念之手。

我們的社會是由男人和女人組成的。「怕老婆」推到極致，應該是「怕女人」。女人是弱者，一個社會如果真的「怕女人」、怕弱者，從而尊敬女人、尊敬弱者了，那麼，這個社會確實還是一個有希望的社會。

魯迅不愧是最知道中國的人之一，他看到的中國社會，是「吃人」社會，是「吃女人」

的社會，既是事實上的吃，更是觀念上的「吃」。胡適一生保持寬容的微笑，他看不到也不想看到中國歷史殘酷的一面。他高高在上，一生多與白領以上的人們打交道，即便是蔣介石，他看到的或許只是如何「怕」宋美齡，並在她的感化之下，皈依了基督教，他看得到守活寡的陳潔如暗夜的呻吟和將死時的孤苦伶仃嗎？

想到這，我看到魯迅冷酷的眼光下，蘊含著深廣的憂憤和更加深廣的大愛與大慈悲；同時，我似乎也看到了胡適「怕老婆」的幽默中，或有幾分的嬉皮笑臉？

五、包辦婚姻、婚禮與喪禮

1. 為包辦婚姻辯護

胡適的書生氣，還真可以說隨處可見。我們難以想像，像胡適這樣也算包辦婚姻的受害者，卻曾經是包辦婚姻的鼓吹者和辯護者。

我們知道，胡適的婚姻是由母親包辦的。他是包辦婚姻的受害者。照理說，他應該痛恨包辦婚姻才是，然而，查他早年的言論，可以看到，他曾書生氣十足地為「父母之命，媒妁之言」叫好。

當胡適置身上海這塊資本主義政治經濟文化滲透較深，又是二十世紀初得新社會思潮之先的大都市中幾年之後，稍諳世事，青春騷動之時，他便開始反思自己的婚事，同時也開始關注中國人的婚姻。他在中國公學辦的《競業旬報》第25期上寫有《婚姻篇》一文，曾主張兒女的婚姻大事應由父母做主，因為父母最疼愛孩子，最瞭解孩子。就在這時，他第三次讀《茶花女》。對該書，他基本上是持否定態度的。

二十世紀初，美國經濟騰飛、政治文化發達的內在機制是民主、科學、自由。飽受中國傳統文化薰陶的胡適來到一個新的世界，他的思想、觀念必然要因此而發生波動和變易。胡適到美國的最初四年，他因有前車之鑑——上海那段荒唐生活的隱痛，不曾入女生宿舍訪友，如苦行僧有意扼制情性，並在日記上引以為榮。他對美國式的自由戀愛、生活方式，在觀念上似乎是排斥、批判的。他在《我國女子地位高於西方女子》、《演說吾國婚制》中，為中國舊婚制辯護，抨擊西方的自由婚戀：

> 吾國顧全女子廉恥名節，不令以婚姻之事自累，皆由父母主之……女子無須以婚姻之故自獻其身於社會交際之中，僕僕焉自求其偶，所以重女子之人格也。西方則不然，女子長成即以求偶為事……其能取悅於男子，或能以術驅男子入其彀中者乃先得偶。其木強樸訥，或不甘自辱以媚人者，乃終其身不字為老女。是故，墮女子之人格，驅之使自獻其身

以的取男子之歡心者，西方婚姻自由之罪也。

這裡，胡適錯把父母包辦當成能尊重女子之人格。其實這種沒有戀愛和婚姻自由的包辦，哪裡談得上尊重女子人格呢？曹佩聲是被包辦了，她的人格被尊重了嗎？楊蔭榆也是被包辦了，她的人格被尊重了嗎？江冬秀還是被包辦了，胡適似乎是認為江冬秀的人格是被尊重了。更可笑的是，胡適說中國的舊式婚姻「往往能長成真實的愛情」：

> 中國婚姻之愛情是名份所造的（duty made）。訂婚之後，女子對未婚夫自有特殊柔情。故偶聞人提及其人姓名，伊必面赤害羞；聞人道其行事，伊必傾耳竊聽，聞其有不幸事，則伊必為之悲傷；聞其得意，則必為之稱喜。男子對未婚妻亦然。及結婚時，夫妻皆知其有相愛之義務，故往往能互相體恤，互相體貼，以求相愛。向之基於想像根於名份者，今為實際之需要，亦往往能長成為真實之愛情。

胡適與江冬秀有沒有愛情呢？這只有胡適自己知道了。如果真有，曹佩聲也沒有可乘之機了，也不需要鬧離婚了。在我看來，胡江之間最多只有親情。包辦婚姻的種種悲劇，胡適這個書呆子怎麼都視而不見呢？胡適發以上這些書生感慨之後，僅名人的包辦婚姻悲劇就接踵而至，比如楊蔭榆與她的傻爺的悲劇，徐志摩與他的原本原配夫人的悲劇，魯迅與朱安的

悲劇，還有胡適自己與江冬秀的種種不快等等。如果論及類如巴金的《家》中的凡人的悲劇，那就更是多如牛毛了。

我們在關於胡適的愛情章節中已經談到了韋蓮司、陳衡哲等。兩年的時間裡，胡適給韋蓮司寫了一百多封不無熱情的書信。這些信，不能說就是情書了，但如果沒有江冬秀，如果江冬秀不是「母親的禮物」，可以肯定地說，胡適是要一發而不可收拾的。既然包辦婚姻如書呆子所言，有那麼多的好處，那胡適應該安份守己與江冬秀好好過日子，何至於婚前婚後折騰出那麼多的愛情來！

可是，和魯迅一樣，胡適是寡母撫育大的，他與母親的感情，非正常家庭的母子關係所可比。胡適想想寡母獨處家中，經濟拮据，甚至「以首飾抵借過年」，不免感慨系之，思緒萬千，怎麼敢違拗母命！既然母命難違，他就為自己造出一套理論，成了自我逃避的場所？也未可知。

2. 婚禮改革

胡適終於走進了包辦婚姻的殿堂。

胡適是主張婚禮和喪禮改革的，我們不妨也看看他在這些具體問題上的態度，以及與魯迅的區別。

婚禮改革，他是從自己做起了。一九一六年初，胡適家中噩耗頻傳：他大哥、大姊及岳母相繼去世。岳母生前未見女兒與胡適完婚，胡適感到難辭其咎。一九一七年四月下旬，胡適完成了博士論文，準備於六月上旬啟程回國。家中希望他歸國後即與江冬秀完婚，胡適表示為難。他在同年四月十九日致母親的信中說：「婚事今夏絕不能辦……吾鄉婚禮，有許多迷信無道理的儀節，兒甚不願遵行。故擬於歸里時與里中人商議一種改良的婚禮，藉此也可開開風氣，惟此事非兒此時所能懸想，故當暫緩耳。」

胡適要求到冬天再辦婚事，原因就是要先和「里中人商議」，看看怎麼改良婚禮。此時的他，哪有一點新郎官的樣子，彷彿一個社會改革家了；似乎不是他結婚，而是別人結婚一樣，他要幫著設計婚禮方案哩。胡適要求婚禮改良的內容包括不行跪拜禮，不放鞭炮，不雇吹鼓手等。

一九一七年十二月三十日，亦即胡適二十六週歲的陰曆生日，他在安徽績溪老家與江冬秀舉行了婚禮。胡適要求不放鞭炮的改良首先沒有被接納，迎親的花轎是在震天響的爆竹聲中（這百子炮仗還是十年前兩位老親家一廂情願為兒女完婚買下來的），進了上莊村胡家通轉樓大門，過了天井，仰頭便見新房，新房貼了一副大紅門聯：「三十夜大月亮，廿七歲老

新郎」。這副喜聯是胡適自撰自書的。「三十」是指陽曆一九一七年十二月三十日，而這一天恰好是陰曆十一月十七日，正逢胡適二十七歲（二十六足歲）生日。主婚人是江冬秀的哥哥江耘圃。結婚時胡適穿的是黑呢西裝禮服，黑皮鞋，頭戴黑呢禮帽；江冬秀穿黑花緞棉襖，花緞裙子，繡花大紅花鞋。新人果然用鞠躬代替了跪拜禮。新郎和新娘在各自漂亮的儐相牽引下互換結婚戒指，並在結婚證書上蓋了各自的私章。他們沒有拜天地，只是向主婚人行了三鞠躬禮。證婚人胡宣鐸致賀詞後，新郎胡適致答詞。胡適在致詞中強調要破除舊式禮節。此種新式婚禮在封建堡壘的皖南山鄉是聞所未聞的。胡適除去一切繁文縟節，卻也迎來無數看熱鬧的鄉鄰。鄉親們議論紛紛，一時傳為美談。

胡適（已被任命為北京大學文科教授、哲學研究所主任）還帶來他的北大同事集體送的喜禮，計有「銀盃一對，銀箸兩雙，桌氈一條，手帕四條」，拜賀人為：沈尹默、劉文典、陳大齊、馬敘倫、夏元瑮、程振鈞、楊慶萌、馬裕藻、蔡元培、章士釗、朱家華、朱宗萊、陶履恭、王星拱、劉三、周作人、錢玄同、朱希望、劉復、陳獨秀。禮單是陳獨秀謄寫的，故他把自己的名字寫在最後。

然而，由於母親馮氏的堅持，胡適的改良又不能那麼徹底了。婚後第三天，他們到胡氏宗祠去，按照舊規矩，向祖先牌位行三鞠躬禮。

蜜月期間，胡適共寫了五首新詩，記閨房之情趣，合併成為一組《新婚雜詩》，發表在同年四月十五日的《新青年》第四卷第四號。其中兩首是這樣寫的：

十三年沒有見面的相思，
於今完結。
把一樁樁傷心舊事，
從頭細說。
妳莫說妳對不住我，
我也不說對不住妳——
且牢牢記取這十二月三十夜的中天明月！

記得那年，妳家辦了嫁妝，我家備了新房，只不曾提到我這個新郎！
這十年來，換了幾朝帝王，看了多少興亡。
鏽了妳家嫁奩的刀剪，改了妳多少嫁衣新樣。
更老了妳和我人兒一雙——
只有那十年陳的爆竹，越陳偏越響！

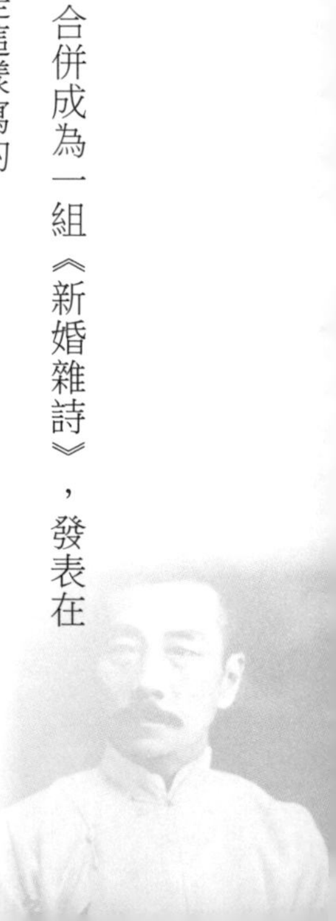

可見，他們或許有過一點誤會，但詩中表明，新婚蜜月還是相親相愛的。胡適的婚禮改良，雖然無法那麼徹底，畢竟還是被他得逞了。可以說是開了風氣之先，與此後宋美齡宣導的「新生活運動」，似乎有共同的價值取向。

說到婚禮，胡適的書呆之舉，還可再舉兩例。一九二〇年冬，陳獨秀結婚時，請胡適做證婚人。喜慶場合，喜慶之事，胡適卻書生氣大發，不管三七二十一，做了一幅對聯「未團圓先離別，出監獄入洞房」，這雖然是陳獨秀真實生活的寫照，但是在不恰當的時間和不恰當的地點說不恰當的話，也實在大煞風景。後來，章士釗勸他，「我們祝賀人家的新婚，同時隱射人生中一段挫折，怕的是出誤解」，也不知胡適是不是聽從了。胡適在證婚時是說陳獨秀「出監獄入研究室，出研究室入監獄」，這雖是陳獨秀生活的真實，但在婚禮場合聽這些高論，除了讓人看到滿是書生意氣的胡適的執著外，不也有點讓人啼笑皆非嗎？

陳衡哲是胡適心靈上的朋友，也可算是「紅顏知己」吧！在美國讀書時，他們有過一段柏拉圖似的精神戀愛。陳衡哲回國後，一九二〇年暑假中，胡適極力向北京大學校長蔡元培和史學系主任朱希祖推薦陳衡哲，終於講定聘陳衡哲為北大教授，講授「西洋近百年史」。暑假過後，陳衡哲與任叔永到北大任教。九月二十七日，他們結婚。蔡元培做證婚人，胡適是司儀。

任鴻雋、陳衡哲採用新式婚禮，儀式簡單，不講排場，是那時「海歸派」的做派。胡適在婚禮上推銷他的「無後主義」，書賀喜聯是：「無後為大，著書最佳」，希望新人重於事業，不要為生兒育女事耽誤著書授課。

一般說來，婚禮上人們總是說一些喜慶的話，諸如早生貴子之類，這些民俗不夠高雅，不說也吧。可是，人家結婚，你卻要新婚夫婦「無後為大」，不說煞風景，算不算呆氣大發呢？

人總是生活在生活中。婚後，這位原先抱定「獨身主義」的陳衡哲，北大第一位女教授，一反常態，懷孕生產，接連生了兩個女兒和一個兒子，養兒育女，使她中止了北大的教書事業，弄得胡適十分難堪，他在一九二一年九月十日的日記中記道：「……莎菲婚後不久即以孕輟學，確使許多人失望。」又說，「此後薦女子入大學教書，自更困難了。當時我也怕此一層，故我贈他們的賀聯為『無後為大，著書最佳』八個字。但此事自是天然的一種缺陷，愧悔是無益的」，他覺得羞愧，算是小有抱怨。

魯迅的婚禮，他沒有要改良的意思，即便想改良，母親也一切都安排好了，絕對無從下手。在魯迅眼裡，「母親願意有個人陪伴，也就隨她去了」。這時他的神經已經麻木，一切聽從別人的擺佈，按照紹興舊式結婚的儀式舉行了婚禮。結婚那天，周家新台門熱鬧非凡，親友和鄰居都來觀禮，新台門內外，張燈結綵，燈火通明，魯迅頭戴拿破崙式的禮帽，帽子下拖

著一條假辮子。身穿長袍馬褂，外面罩有紗套，腳穿靴子，和紹興習俗結婚的新郎一樣的打扮。朱安上穿紅紗單衫，下著黑綢裙子，乘著八人抬的花轎，前有兩面銅鑼開道，後有梅花喇叭吹鼓手擁簇，來到新台門門口，老嫚（紹興結婚職業拉牽陪床的老嫗）剛揭開轎簾，只見新娘的一隻繡花鞋從轎上落下，原來朱家知道魯迅曾提出要朱安放腳，為了討新郎的一時歡心，特地做了一雙比腳大了很多的繡花鞋，無奈腳小鞋大，新娘還來不及腳著地，不小心寬大的繡花鞋竟掉了下來。據說，這是不吉利的徵兆，魯迅母親知道後大不高興。新郎新娘拜完天地，再拜祖先，一切禮畢，新郎由本家族叔周冠五和子傳太太的兒子周明山拉著，新娘由老嫚陪伴，踏著地上鋪著的象徵傳宗接代的袋皮（麻袋）上了樓。當新郎上樓的時候，由於賓客擁擠，被人踏落了一隻靴子。魯迅後來回憶當時的情況時說：「那裡家裡人因為聽說我是新派人物，曾擔心我可能不拜祖先，反對舊式的婚禮。可我還是默默地按他們說的辦了。」（鹿地亙：《魯迅傳記》）

魯迅彷佛任人擺佈的木偶。尤其是居然安裝了一條假辮子，儼然「假洋鬼子」。魯迅的心思是，這是母親娶媳婦，只要母親高興就好。魯迅沒有什麼蜜月，沒有什麼閨中之愛。新婚之夜，揭開蓋頭後，發現朱安兩眼深陷，皮膚黝黑，長臉大面，尖下頦，薄薄的嘴唇使嘴顯得略大，寬寬的前額顯得微禿。魯迅對著新娘一言不語。第二天早晨，他母親和周圍的人發現，魯迅的眼睛是浮腫的，臉色是青的，枕巾是濕的——青年魯迅在新婚之夜以淚洗面。

第二天他搬到書房去睡，第四天就回日本去了。

胡適書生氣，然也有清風撲面；魯迅沉鬱，則有太多的風霜！胡適總體上是幸福的，至少要比魯迅幸福，所以他的文章似乎有點甜膩或是平淡，像飲料，像水；魯迅是痛苦的，所以他的文章比較蒼涼和苦澀，還不乏剛烈，像藥，像酒，像要焚燒一切的野火……

3. 喪禮改革

關於喪禮改革，一九一八年十一月二十七日胡適本來在北京有一場通俗演講。可是，他的母親突然於這年的十一月二十三日在家病故，胡適二十四日接到喪母的來電。胡適的母親十六、七歲嫁給胡適的父親，胡適的父親在胡適很小的時候就病逝了。胡母二十出頭就守寡。胡適父親前妻生的兒女，要比胡適的母親歲數大。孤兒寡母，在舊式大家庭中的境遇可想而知。可是，為了讓獨生子胡適有出息，胡適的母親在胡適十四、五歲時，就讓他到上海等地求學，後又飄洋過海。胡適是一個孝子，母親為他娶了小腳女人江冬秀，他和魯迅一樣，唯母命是從。自一九〇四年離開家鄉，到他母親去世，將近十五年的時間，這中間他和母親在一起生活只有四、五個月時間，胡母去世時只有四十六歲。生未能養，病未得侍，死時又不在身邊，臨終未得隻言片語，胡適何其哀痛！

然而，就是在母親的喪事上，他仍不忘他的喪禮改革。魯迅是自己肩住了黑暗的閘門，因襲著歷史的重擔，放他們到寬闊光明的地方去。就是說，魯迅的改革，是從自己身上開始的。胡適卻是從母親身上開始的。胡適說：我的講演還沒開講，就輪著我自己實行「喪禮改革」了！所以，他破除迷信，不用和尚、道士唸經等等。在辦喪事的那些日子裡，他穿著麻布孝服、草鞋，為母親守靈，以鞠躬代替叩頭，並親筆寫了「魂兮歸來」四個黑字掛在靈前。這一切，雖然簡略一些，也還說得過去。

就是在他最為悲傷的時候，胡適仍然不失書生本色。最為出新的是，出殯日，他一反鄉俗，開追悼會，在追悼會上對鄉親發表演說，他說：舊式的喪禮，有些是迷信的東西，需要棄掉，有些是寄託哀思，表達孝心的，應該保留……試想，在鄉下，在這樣一個場合，在很多鄉親面前，在母親的出殯日，胡適在不合時宜的時間和地點，發表這樣的言論，是不是讓哀傷變得有點學術化了？這個書呆子！

事實是，胡適對他的母親感情至深。沒講多一會兒，由於悲痛，他已經泣不成聲了，演講自然不了了之，追悼會也就匆匆結束。剩下的，還是按舊有程序，鄉村禮俗，應有盡有，終於了結。

還是與魯迅做一下對比。魯迅的自敘傳小說《孤獨者》——他曾對胡風說過，「那是寫我自己的」——寫了他祖母的死。小說的主人公魏連殳一直跟他的祖母生活在一起，這個祖母其實不是他的親祖母，是他父親的繼母。祖母死了，他從城裡趕來奔喪。他是有名的洋學堂裡出來的和胡適一樣的洋派人物，也可以說是異端人物，所以村裡的人都很緊張：他來了，能否按照我們的傳統規矩辦事？換言之，會不會像胡適那樣，實行喪禮改革？於是，大家提出三個條件：必須穿孝服，必須跪拜，必須請和尚、道士。魏連殳來了，大家沒想到，他毫不猶豫地很爽氣地答應了，而且他裝殮祖母的時候，非常耐心。總之，一切舊規矩，他都默認了，循規蹈矩，走完了程序。上面說了，魯迅與朱安的婚事，也是照母親的安排，照舊規矩該拜天地的拜天地，該叩頭的叩頭。這一切，與其說是魯迅的妥協或是不改革，不如說魯迅是為了不拂逆眾人尤其是母親的心意，寧可委屈自己，實乃緣於對親人的大愛。魯迅也不是不主張喪禮改革的，但他的原則是從我做起，在《且介亭雜文末篇》中那篇被看作是魯迅遺囑的《死》，魯迅就對自己的後事有所交代：「趕快收斂，埋掉，拉倒。」「不要做任何關於紀念的事情」。

說來說去，胡適終究是書生！

第三輯

為人處世篇

一、以京劇為鏡，照照魯迅和胡適的臉

中國京劇臉譜化，好人就是這樣，壞人就是那樣，至少外在形象變化不大。我們不少人對人物的評價，經常是臉譜化和標籤化，比如，魯迅是偏激的，胡適是寬容的。在這種觀念的支配下，魯迅真切的寬容可以視而不見，胡適實在的偏激亦可忽略不計。比如，魯迅說過，「我向來不憚以最壞的惡意來推測中國人」，似乎偏激了一些，為許多新老正人君子所詬病。可是，胡適還說過，「中國不亡，天理難容」，其偏激程度不是比魯迅有過之而無不及嗎？但是，在褒胡貶魯者眼裡，突出什麼，淡化什麼，都有固定的尺子。胡魯都有阿拉法特和金正日一樣的固定服飾，是絕對不可以胡冠魯戴的。

我是不喜歡京劇的。曾經因為「國劇」的威壓，為了不至於顯得沒有文化，像接受了任務一樣，很認真地看了幾齣京劇，如果要我說實話的話，我的印象是：有話不好好說，要弄古怪；有歌不好好唱，要耍花腔。就像文言文一樣，它的古奧之處，就在於你看得不很明白。在流行歌手在政協會上鼓吹京劇要進課堂的今天，我這樣說，或要被斥為民族虛無主義，可能還會被戴上無知的帽子。令我慶幸的是，魯迅和胡適都不喜歡京劇，我終於有了知音。

魯迅一生不喜歡京劇。在寫於一九二二年十月的帶有很大自敘傳色彩的散文化小說《社戲》中，說他在過去二十年間，只看過兩回京劇，「然而都沒有看出什麼來就走了」。那麼，這中途退場的京劇給他留下什麼印象呢？他是這樣描述的：京劇是「大敲，大叫，大跳，使看客頭昏腦眩」，「看一大班人亂打，看兩三個人互打」，「這臺上咚咚喤喤的敲打，紅紅綠綠的晃蕩」，「我耳朵只在咚咚喤喤的響」，簡直是「咚咚喤喤之災」，「我……在戲臺下不適於生存了」，「精神上早已一在天之南一在地之北了」。

假如說這是小說，不宜太過當真，那麼，在雜文中他也有過對京劇公然的不滿。比如，對京劇表演中的所謂象徵藝術，魯迅就很不以為然。他說：「臉譜和手勢，是代數，何嘗是象徵。它除了白鼻樑表丑角，花臉表強人，執鞭表騎馬，推手表開門之外，哪裡還有什麼說不出、做不出的深意義？」（《花邊文學・誰在沒落？》）至於用京劇表現現代生活，魯迅更是認為根本不可能。據魯迅好友郁達夫回憶：「在上海，我有一次談到了予倩、田漢諸君想改良京劇，來做宣傳的話，他（魯迅）根本就不贊成，並且很幽默地說，以京劇來宣傳救國，那就是『我們救國啊啊啊』了，這行嗎？」

魯迅對京劇的不滿，還具體表現在對梅蘭芳的不喜歡。魯迅不喜歡梅蘭芳什麼呢？一是他的男人扮女人，男不男，女不女，讓人噁心。這一點，也是魯迅一貫的看法，還不只侷限於京劇。早些年，魏建功他們當學生時，男女不能同臺演文明戲，所以只能男人演女人，魯迅看了就不爽。二是梅蘭芳演的林黛玉離林黛玉氣質太遠，用魯迅的話說，他在沒有看見「黛玉葬花」的照片的時候，是萬料不到黛玉的眼睛如此之凸，嘴唇如此之厚的。魯迅以為她該是一副瘦削的癆病臉，現在才知道她有些福相，也像一個麻姑……我以為，就事論事，魯迅是對的，我也看過梅蘭芳扮演的林黛玉劇照，那麼厚的嘴唇，身材還那麼肥大，無論如何與林黛玉的外在形象相去甚遠。如果一定要女扮男裝，梅蘭芳演《智取威虎山》中的小常寶，或許還說得過去，可惜，那時江青在演電影，還沒有心思抓樣板戲。關於魯迅論梅蘭芳，還有很多話題，比如惋惜梅蘭芳被士大夫「從俗眾中抬出，罩上玻璃罩」失去了從前的「潑剌」和「生氣」，脫離了群眾，一味高雅等等，這不是我們這裡要展開來說的。一句話，魯迅不喜歡京劇，也不喜歡梅蘭芳。

魯迅的不喜歡京劇和梅蘭芳，這本來是魯迅的自由，任何人都有不喜歡並表達不喜歡的權利。魯迅表達了，而且表達得並沒有錯。然而，卻遭到了不少責難，比如，有人說魯迅不喜歡梅蘭芳，是因為魯迅心胸窄小；有的人還不無譏諷道，魯迅喜歡過誰呢？更有人說魯迅是人身攻擊……這些文章大多不值一噓，基本上是出於對京劇和梅蘭芳的偏愛，對魯迅關於梅蘭芳的評論也未做研究，歸納起來是：你沒有喜歡我的喜歡，所以我不喜歡你；你罵了我

的寶貝，所以你不是好東西！寫到這，我想，我不喜歡足球，也不喜歡踢足球的人，大約，也許因為這不喜歡，我的心胸怕是也要窄小許多了！

對比胡適，是蠻有可玩味的地方。

胡適也是不喜歡京劇的，與一度鼓吹全盤西化一樣，一生不遺餘力地全盤否定京劇，認為應該由「舶來」的話劇取而代之。比魯迅還要激進，胡適曾對中國「舊戲」的表演形式嗤之以鼻。早在留美時期，胡適就提出過廢唱的想法。在看《哈姆雷特》的演出時，他聯想到「吾國之唱劇亦最無理，即如《空城計》，豈有兵臨城下尚緩步高唱之理？吾人習焉不察，又如《桃花扇》，使近人以說白改演之，當更動人，又如新劇中之《明末遺恨》，使多用唱本，則絕不如說白之逼真動人也。」並大膽預言：以適觀之，今日之唱體的戲劇有必廢之勢，京調高腔的戲劇，或無有升為第一流文學之望。他認為，不能廢唱的戲劇沒有進入今日世界第一流文學的可能，應該而且也能夠廢唱。他說：一種文學的進化，每經過一個時代，往往帶著前一個時代留下的許多無用的紀念品；這種紀念品在早先的幼稚時代本來是很有用的，後來漸漸的可以用不著它們了，但是因為人類守舊的惰性，故仍舊保存這些過去時代的紀念品。他的比喻很有趣，即把這種「紀念品」——京劇的一些藝術手法比作男人的乳房——「遺形物」：這是上一個時代留下的無用的紀念品，形式雖存，作用已失；本可廢去，總沒廢去。

他認為，現今新式舞臺上有了佈景，本可以免去種種開門、關門、跨門檻的做做了，但這種做作依然存在。在中國戲劇進化史上，樂曲一部分本可漸漸廢去，但它依然存留，遂成一種「遺形物」。此外如臉譜、嗓子、臺步、武把子等等，都是這一類的「遺形物」，早就可以不用了，但相沿下來至今不改。西洋的戲劇在古代也曾經過許多幼稚的階段，也有一些諸如此類的「遺形物」，在西洋久已成了歷史上的古蹟，漸漸的都淘汰完了。這些東西淘汰乾淨，方才有純粹戲劇出世。胡適認為，京劇的「這些『遺形物』是歷史經過的一種遺跡，是與戲劇的本身全不相關的東西，從而阻礙戲劇的進化，這種『遺形物』不掃除乾淨，中國戲劇永遠沒有完全革新的希望。」應該說，胡適的這一觀念對戲劇的改造有一定的積極作用，但是他的完全廢棄舊戲套路的主張，實在是一種民族虛無主義。京劇有唱段，西洋歌劇不也有嗎？

胡適對京劇的觀點和魯迅一樣，可以說是一生不變。一向斯文的他甚至狂放無羈，說京劇和律詩是「下流」的。據梁實秋說，當他在師大講演，口出此語時，「聽眾中喜愛律詩及平劇的人士大為驚愕，當時面面相覷，事後議論紛紛。」搞得梁實秋只得不斷解釋，「我告訴他們這是胡先生數十年一貫的看法」。梁實秋是不認同胡適的觀點的，「可驚的是他幾十年後一點也沒有改變。中國律詩的藝術之美，平劇的韻味，都與胡先生始終無緣。」（梁實秋：《胡適先生二三事》）

胡適對京劇的偏激要遠遠超過魯迅。魯迅還講一些道理，針對的是林黛玉的嘴巴等具體問題，胡適乾脆把這一劇種斥為「下流」。但是，在京劇問題上討伐胡適的卻大大少於討伐魯迅的——幾乎沒有看見這類文章。這也是一個怪現象。這是為什麼呢？我想，第一，這與中國人喜歡臉譜化地看人是有關係的——這是不是京劇普及之功？在國人心中，胡適已經有了溫文爾雅的固定不變的臉譜化形象。第二，我想，魯迅針對的是梅蘭芳，是由梅蘭芳而說開去，而及其他，所以梅蘭芳和他的粉絲們就要大為不滿了；胡適針對的是京劇這個劇種，這雖然也會讓那些喜歡京劇的人感到不是滋味，但對事不對人——事由人為，所謂對事不對人，只不過是一種委婉——很快就讓許多人欲言又罷了。第三，那就是胡適個人的修練了。這與胡適一貫的為人有關係？胡適呼朋喚友，在有的時候有的地方是比較世故圓通的。胡適不喜歡京劇，卻可以與京劇代表人物梅蘭芳打得火熱。

一九三〇年一月，梅蘭芳率領梅劇團受北平戲劇學院委託訪美演出。胡適不僅幫助梅蘭芳瞭解美國的風土人情、美國民眾的欣賞習慣、美國劇院的格局佈景，以及美國的戲劇特點等，還參與了演出籌備工作，對劇碼的選擇、說明書的撰寫也多有指點。梅蘭芳離滬時，曾有大規模的歡送會，胡適前往送行。七月十八日梅蘭芳載譽歸來，胡適又前往迎接。十九日上海各界人士在大華飯店為梅蘭芳訪美歸來舉行歡迎會，請帖的四十多位主人名單中，胡適名列其中。北京出版社一九九七年出版的《一代宗師梅蘭芳》大型畫傳中就收有當年這樣兩張圖片，一張是上海各界人士歡迎梅蘭芳歸來的合影照片，胡適手握菸斗出現在第二排；另一張請帖的照片，胡適的姓名清晰地印著。

胡適抨擊做為一個劇種的京劇時，用的是「下流」這樣非上流人士常用的字眼；但具體到京劇藝人時，他卻能不遺餘力地為京劇奔忙，往好了說，他這是希望經過他的努力，讓「下流」的京劇變成「上流」的藝術，是為京劇的革命化變革而努力。

梅蘭芳對魯迅多有不滿，袁良駿先生在《再談魯迅與梅蘭芳》一文的結尾「附帶」說了這樣一件「據王瑤先生生前提供」的事：「解放後梅蘭芳先生身為全國文聯副主席，但所有紀念魯迅生辰、忌辰之會他一概缺席或提前退席。」如此看來，梅蘭芳對魯迅是耿耿於懷的。

「我的朋友胡適之」——投桃報李，胡適卻成了梅蘭芳的朋友。一九三二年後，梅蘭芳旅居上海，其時胡適已復任北大教授。胡適每次到上海，梅蘭芳總要前往拜訪，或熱情宴請。一九三六年七月，胡適赴美國參加太平洋國際學會的年會，那天深夜兩點在上海頓船，梅蘭芳不在上海，但得訊後特地趕回上海來為胡適送行。這使胡適非常感動，他在日記裡寫道：「今晨兩點上船。送行者梅畹華特地趕來，最可感謝。」

魯迅命短，不知道再活五十年，能不能活出胡適這樣溫婉的境界?!不過，又一想，這個命

題是不成立的，這與命長命短無關，與生活閱歷深淺無關，而是關乎性情與德性。不是嗎？當年胡適高朋滿座，巧於周旋的時候，年齡就要比魯迅小很多。魯迅活三百歲還是魯迅，胡三十歲的時候就是胡適，這是與生俱來的。有什麼辦法呢？

京劇臉譜，太過概念化了，表達不出生活的豐富性。臉譜就是臉譜，如果臉譜化地論人，那看到的只是臉譜，而不是真人，離真人、真人的真性情和人性的豐富性——遠矣！

二、「魯有林風，胡乃釵副」

這裡的「魯」，是指魯迅；「胡」是胡適。讀胡適書以及其他有關胡適的書，如果以魯迅為參照，我的印象是，魯迅有的時候有的地方像林黛玉，胡適有的時候有的地方像薛寶釵。就像韓石山從「男不讀《水滸》，女不讀《紅樓》」套出「少不讀魯迅，老不讀胡適」一樣，這句話是從「晴有林風，襲乃釵副」套出來的——說的是晴雯的言行有一點林黛玉的風姿或風骨，襲人的舉止有時簡直像薛寶釵的翻版，或者說是身為奴婢的薛寶釵、薛寶釵第二。

魯迅是有那麼點林妹妹的。「魯有林風」，我至少可以舉出以下幾點：

第一，他們一樣是家道中落，早年失親，寄人籬下。

第二，他們一樣的多病，甚至患一樣的病。林黛玉患的是肺病，整天老是咳嗽；魯迅是因肺病而死的，晚年魯迅也常咳嗽。凌叔華一九八七年在臺灣曾說到魯迅與林黛玉：「魯迅有肺病，常咳嗽，脾氣大得很，是很難對付的人。他的太太許廣平……在天津女師時小我一班，那個時候我們倆的作文常被貼壁報上，兩人常去看壁報就談上話，後來熟了，雖離開天津還與我通信，通常向我吐苦水，說魯迅像林黛玉的身體可真弄慘她了……」（臺灣《聯合報》

一九八七年五月六日專訪《如夢如歌——英倫八訪文壇耆宿凌叔華》）雖然凌叔華這裡的回憶有不準確的地方，但關於魯迅的病和身體及「像林黛玉」，卻大體如此。

第三，他們一樣敏感多疑，尖酸刻薄。俗語說，斯人而有斯疾。不好說得肺病的人都比較「尖酸刻薄」，但僅就林黛玉和魯迅而言，他們確實要比薛寶釵、花襲人者流「尖酸刻薄」。

第四，他們面對的生存環境是一樣的。林黛玉在賈府雖然受到與賈寶玉一樣的「待遇」，當她一跨進榮國府的大門，立刻就被「脈脈溫情」包裹住了。賈母把她「摟入懷中，心肝兒肉的叫著哭起來」；王夫人吩咐人拿出緞子來為她裁衣裳；鳳姐也攜著她的手說：「要什麼吃的，什麼頑的，只管告訴我。丫頭老婆不好，也只管告訴我。」並且又立即差人趕緊去為她收拾住房……這個遠道而來的外孫女，不僅一登門檻就受到了盛情的接待，而且此後賈母對她的「萬般憐愛」，把迎春、探春、惜春三個孫女「倒且靠後」了，「飲食起居，一如寶玉」。然而，這個有著高度自尊心的少女，由於敏感以及由敏感而生的多疑，沒有給人多少好感，她很快就給榮國府的人們留下了「孤高自許、目無下塵」的印象。她生存的榮國府，人與人之間互相仇視、傾軋、爭奪、欺詐等等，每天都在林黛玉的身邊發生著，連那個還不十分懂事的丫環佳蕙都發出這樣的概嘆：「這地方本也難站！」在那許多勢利的眼光下，一身之外無長物的林黛玉如何安下心來?不僅如此，即使是這個家庭裡的正式成員，又何嘗能夠安下心來呢？小姐探春說得好：「咱們倒是一家子親骨肉呢，一個個都像烏眼雞似的，恨不得你吃了我，我吃了你。」這種感受，在林黛玉這個外來人的身上自然就更要加深一層了。可以說，寄居者的林黛玉在精神上是「賈府公敵」。這一點，她和她的知己賈寶玉是一致的，賈寶玉只能逃到寺廟，而更為孤苦無靠的她，只能「質本潔來還潔去」，進了墳墓方是了結。

至於魯迅，雖然被捧為「旗手」、「主將」、「領袖」、「思想界的先驅」等等，像林黛玉在賈府一樣，彷彿受盡優寵。可是，這一切都是表面的現象。在我看來，魯迅是這邊也不歡迎、那邊也不接受，「荷戟獨徬徨」、四面楚歌的「國民公敵」。周揚們把他當作旗幟飛來舞去是不錯的，蔣介石也不是不想利用他，只不過沒有利用成而已。周揚們什麼時候把魯迅真當回事了？魯迅對「奴隸總管」們的痛恨和蔑視，甚至超過了他一生中最為討厭的陳西瀅和梁實秋。我最認同的魯迅意向是「孤島過客」、「荒原野狼」等。魯迅是一個絕對的孤獨者，是一個近於絕望的孤島過客，這種情結貫穿於他的一生。魯迅想逃脫，但無從逃脫，他是荷戟獨徬徨的獨行者，是在無物之陣中為千夫所指的「國民公敵」。

總之，林黛玉和魯迅一樣大家多不接受，幾近孤家寡人。此外，還可以歸納出幾點，比如，林黛玉與魯迅有共同的精神資源——莊子與魏晉，他們一樣不願曲世媚俗，曲意奉迎，一樣絕望、虛無，而又傾力反抗絕望，一樣屬於早死一類，同是憂憤而死等等。

與林黛玉對比，薛寶釵是圓通的，八面逢源的。寶釵剛到榮國府時，留給人的印象是：「品格端方，容貌豐美」，「行為豁達，隨分從時，不比黛玉孤高自許，目下無塵，故比黛玉大得人心。便是那些小丫頭們，亦多喜與寶釵開玩笑。」薛寶釵可謂溫柔大方，和藹可親，大有人緣，在賈府有口皆碑。

寶釵人見人愛，人人喜歡。胡適也差不多，也是人緣極好之人，「我的朋友胡適之」是當年場面上的人物不時掛在嘴上的話。有人說，胡氏生前真可說是交遊遍及海內外，上至總統、主席，下至司廚、販夫、走卒、擔菜、賣漿……行列之中都有胡適之的「朋友」！胡適與伙夫和小販都能成為朋友，所以，「我的朋友胡適之」遍佈天下，也就不足為奇了。

薛寶釵是不喜歡林妹妹的，林妹妹是她傍上賈寶玉這個大款的競爭對手。為了擊敗林黛玉，據馬瑞芳歸納，她頗費心機，組織了一個「神聖同盟」，第一步是討好賈母、王夫人；第二步是關懷寶玉；第三步是拉攏襲人。此外，薛寶釵撲蝶，陷害林黛玉又是一例。薛寶釵在「危急」關頭，如馬瑞芳所言，她如果想找一個代罪羔羊清洗自己，完全可以喊「寶玉」，喊「二丫頭」、「探丫頭」、「四丫頭」，可是她連想都沒想，就選擇了林黛玉。這也可謂潛意識使然。

可是，薛寶釵的造詣高就在於，她對自己不喜歡的人、搞不到一起的人也可以表現得十分喜歡的樣子。薛寶釵先是在精神上「關愛」林妹妹，指出她一個貴族女孩，看《牡丹亭》、《西廂記》這樣的禁書是不好的。她怎麼知道林黛玉看了？因為林黛玉在酒席上隨口說出了「良辰美景奈何天」這樣的句子。可是，她薛寶釵不看，又怎麼知道這句子出自「淫書」呢？

在生活上，薛對林也是極盡關愛，黛玉經常生病，薛專門來看她，給她分析病情，還從自己家裡拿來上等燕窩叫人給黛玉熬粥喝。如此，搞得一無城府的林妹妹滿含深情地說了一大段話：「妳素日待人，固然是極好的，然我最是個多心的人，只當妳心裡藏奸。從前日妳說看雜書不好，又勸我那些好話，竟大感激妳。往日竟是我錯了，實在誤到如今。細細算來，我母親去世得早，又無姊妹兄弟，我長了今年十五歲，竟沒一個人像妳前日的話教導我。怨不得雲丫頭說妳好。我往日見她贊妳，我還不受用，昨日我親自經過，才知道了。比如若是妳說了那個，我再不輕放過妳的，妳竟不介意，反勸我那些話，可知我竟自誤了。」心門洞開，有感激，有至情，有悔過。寶釵連自己不喜歡的人都能如此擺平，可見她圓通到幾近成精的程度。

胡適呼朋喚友，在有的時候有的地方是比較世故圓通的。說兩條吧，前一條來自中國友誼出版公司一九九三年九月出版的胡頌平編寫的《胡適之先生晚年談話錄》；後一條來自廣西師範大學出版社二〇〇九年三月出版的何炳棣著的《讀史閱世六十年》。

胡頌平是胡適「使用」起來很順手的一個祕書。胡適晚年一些無關大礙的信，比如，不能替某某人證婚之類，是由胡頌平代筆的，胡適只管簽名。有一回，胡適在胡頌平擬的信的最後一句「謝謝你們的好意」之下添了「並預致賀意」五個字。胡頌平說：「如果收信人認得出這五個字是先生的親筆，這封信也有被人家保存起來的可能。」胡適說：「你近來的字漸漸跟我的相像起來，我以後可以賴掉了。」江青在延安時當毛澤東的祕書，模仿毛書，幾可亂真。胡頌平之於胡適，大約也是如此吧！另有一回，胡適在「中央研究院」的鄰居某君送來一張立軸，他要遷居，請胡適題字。胡適叫胡頌平代寫。胡頌平說：「我的字寫得不好。」胡適說：「你的字比我高明的多。你是練過字的，寫了一生的毛筆字，還是你代我寫吧！他們又認不得我的字，寫了蓋一個我的圖章就是了，他們只看圖章的。」於是胡頌平代寫了「鄰居之光」四個字。此時的胡適是不是特別像一個領導了，一切由祕書代理？如果是一個純粹的書生，不寫則吧，要寫大約便不會作假吧？魯迅不僅不會做這樣酷似領導的事，他也沒有條件做這樣的事。

有一陣子，何炳棣住在胡適南港的家中。某日上午九時左右，何剛要進城時，見廚子向胡遞上一張名片。胡適相當生氣地流露出對此人品格及動機的不滿，但想了一想，還是決定接見。當何炳棣走出門時，正聽見胡適大聲地招呼他：「這好幾個月都沒有聽到你的動靜，你是不是又在搞什麼新把戲？」緊隨著就是雙方帶說帶笑的聲音。自己討厭或至少不喜歡的人，胡適也能應付得有聲有色，一點不怕委屈自己，頗有寶釵遺風。何炳棣極為敬服胡適，對這一細節也多有玩味，說：「可以想見，這才是胡先生不可及之處之一：對人懷疑要留餘步；盡量不給人看一張生氣的臉。這正是我所做不到的。」正是如此，薛寶釵在人前總是可人的，不像林黛玉，動輒生氣，不討人喜歡。魯迅見了自己不喜歡的人，比如在廈門大學時，見那個一會兒刁難魯迅，一會兒又笑嘻嘻地自稱自己是魯迅的學生的黃堅，魯迅只會直斥之，絕對不會像胡適這樣心裡厭惡，臉上哈哈大笑，面子上還維持得過去。

胡適的這些雕蟲小技，在為人處世的方式上是不是與薛寶釵有些相通之處呢？在精神氣質上是不是相對的遠林而近釵呢？

薛寶釵的「冷」是有名的。她吃的是「冷香丸」。王夫人因為金釧兒的死，愧悔交加，這個吃齋唸佛的人是相信陰司報應的。金釧兒投井死後，薛寶釵為了給王夫人開脫，認為金釧並不是賭氣投井，多半是在井邊玩，失足落水的，而且說：「縱然有這樣大氣，也不過是個糊塗人，也不為可惜。」一個奴才豈有這樣大的氣？這好像冷颼颼撲面而來的風，吹得人毛骨悚然。當此之際，任何話都比不上寶釵的話更能使王夫人心安理得。果然，王夫人的犯罪感大大減少。薛寶釵為了討好王夫人，竟喪失了最起碼的同情心，為迫人致死的兇手開脫

辯護！

薛寶釵的作為，讓我想起了胡適的兩件事。一是「四一二政變」，國民黨用武力解決曾經是「同一戰壕裡的戰友」的共產黨問題，還慘殺許多無辜民眾。是時，胡適正在返國途中。他聽從了學生的勸告，暫待日本避禍。本來，受過美式教育的胡適，對於暴力解決黨爭問題，應該不難得出自己的結論。可是，為了自保，也為了給「王夫人」開脫等，他很薛寶釵地說了大意這樣的話：蔡元培、吳稚暉等人支持的事，應該是站得住腳的。「寧可錯殺三千，絕不放走一個」，這與他的美式價值觀是一致的嗎？胡適隻字不提，不予譴責，只端出了蔡元培和吳稚暉為蔣介石開脫，為國民黨一黨獨裁粉飾，不久，他果然很安全地回到了國內。

再一件事是楊杏佛之死。楊杏佛是胡適在中國新公學時代的學生，兩人的私誼曾是不錯的。楊因為參加「中國民權保障同盟」的活動，被特務在上海暗殺。在楊杏佛死的當天，胡適在日記中寫道：「我常說杏佛一生吃虧在他的麻子上，養成了一種『麻子心理』，多疑而好炫，睚眥必報，以摧殘別人為快意，以出風頭為做事，必至於無一個朋友而終不自覺悟。我早料他必至於遭禍，但不料他死的如此之早而慘。他近兩年來稍有進步，然終不夠免禍！」楊杏佛可以說是政治上的反對派。對國內反對派採取暗殺行動，一般說來，也不符合美式規範。受過美式教育的自由主義者胡適，本應該對當局提出抗議。楊杏佛死了，寫的還是沒有公開發表的日記，對西方政治文明頂禮膜拜的胡適，幾無譴責殺人者，卻怪死者「結怨甚多」、「招搖過甚」，有所謂「痲子心理」，「以出風頭為做事」……這是不是有點像薛寶釵責怪金釧呢？薛寶釵為王夫人開脫，胡適要為誰開脫呢？當然，胡適沒有薛寶釵那麼惡，他寫的只是日記，並不對「王夫人」說什麼，似乎沒有什麼開脫不開脫的問題。

事有湊巧，正是在楊杏佛遇刺的那一天，胡適受國民黨當局的指派，由上海頓輪赴美洲出席將在加拿大召開的第五次泛太平洋學術會議。胡適對昔日的學生和朋友的遇害始終未置一詞。

我的「魯有林風，胡乃釵副」這一說法不無牽強，聊供看客一哂。

《三借廬筆談》中曾說過一個例子，作者鄒弢和友人許伯謙討論《紅樓夢》，許尊薛而抑林，鄒尊林而抑薛：「己卯春，余與伯謙論此書，一言不合，遂相齟齬，幾揮老拳，而毓仙排解之，於是兩人誓不共談《紅樓》。」我想，幾十年來，大陸從尊魯抑胡，到尊胡抑魯，也許就像紅學界尊林與尊薛的糾纏一樣，還要繼續糾纏、紛爭下去。

三、張愛玲眼裡的胡適

張愛玲有一篇回憶胡適的文章叫《憶胡適之》，所寫都是二十世紀五〇年代以後的事。從文章看，他們在一九四九年前似乎並無往來。一九五四年的秋天，張愛玲在香港給胡適寄了本她的小說《秧歌》，胡適是大好人，據說，凡有人給他寄書，他必定仔細閱讀，認真回信——插一句題外話，所有的信都看，都回，精神可嘉，這也是他成為「半部書先生」的一個旁證，天天忙於應酬、社交，他如何將學問進行到底呢——胡適在一九五五年一月二十五日致張愛玲的信中說，她這本書他還「仔細看了兩遍」，從他所提的意見的具體程度上看，此言不虛。在信的結尾，胡適說：「妳在這本小說之前，還寫了些什麼書？如方便時，我很想看看。」也不知道胡適是不是裝蒜，在張愛玲寫信給他之前，他彷彿不知道有一個作家張愛玲的存在。這一點，我不大相信，好歹，張愛玲這名字也是如雷貫耳的。如果胡適真不知道張愛玲，如果僅僅把她看作一個文學青年，而能認認真真寫此回信，他還真是一個樂於助人的君子。倘若胡適已經知道了張愛玲的大名，卻故意問她還有別的什麼書，似有一點薛寶釵一眼猜中了元春的謎底，卻假裝不懂一樣的作派。

《秧歌》是張愛玲到香港後以 Eileen chang 為筆名發表的，最初是寫給英語圈的讀者看的，後來翻譯成中文。

《秧歌》寫的是土改後的江南農村社會，時間在一九五〇年到一九五二年之間，故事發生在一個典型的上海周邊村落，有水道和鐵路連接著上海，與繁華的上海灘相比，這裡簡直就是人間地獄，一腳踏進小鎮就聞到露天茅廁散發的臭氣，「走過這一排茅廁，就是店鋪」，兩者相連著，不分彼此，街市肅殺之餘，連髒水也似乎要「潑出天涯海角，世界的盡頭」，「每一爿店裡都有一個殺氣騰騰的老闆娘坐鎮著……使過往行人看了很感到不安」，還有「李麗華、周曼華、周璿，一個個都對著那空空的街道倩笑著。……更增加了那荒涼之感。」「太陽像一隻黃狗攔街躺著。太陽在這裡老了」。小說敘事就在這樣一種末日般哀頹、淒傷場景中上演了，氣氛極具陰魅感。

故事描繪了農民金根一家在新年前的一兩個月的生活。金根是一個二十多歲的農民，剛剛分到了土地，不久前還被評為勞動模範。在上海做女傭已經三年的妻子月香為此回到了家鄉，卻發現豐收的糧食都繳了公糧，農村家家戶戶都吃不飽。年底到了，上級要求農民每家每戶都要給志願軍軍屬「自動」送豬肉和年糕。自家都沒有吃的金根不滿這種強派，與幹部王同志爭論起來。結果飢餓的農民在糧倉前與上級發生衝突，慘遭鎮壓。絕望的月香放火燒

掉了糧倉，自己也死於大火。新年到了，飢腸轆轆的農民被組織起來，唱著秧歌給軍屬送糧。「嗆嗆砌嗆砌！嗆嗆砌嗆砌！」秧歌聲聲，「在那龐大的天空下，那鑼聲就像是用布蒙著似的，聲音發不出來，聽上去異常微弱。」「秧歌」的喜慶喧囂，成為一種張愛玲式的冷冷嘲笑；這種鄉村集會的民間舞蹈，被賦予深刻的隱喻和無奈的暗諷。書中有幾個非常具有啟發性的句子，「共產黨雖然是唯物主義者，但是一談到職工的待遇方面，馬上變成百分之百的唯心主義者，相信精神可以戰勝物質」；「從分田到互助組，是要把農民剛得到的土地又從他手裡奪過來，這是個非常痛苦的過程」。

胡適在致張愛玲的信中說，這部小說「有一點接近平淡而近自然的境界」，張愛玲「在這個方面已做到了很成功的地步！」「這本小說，從頭到尾，寫的是『飢餓』，——也許妳曾想到用《餓》做書名，寫得真好，真有『平淡而近自然』的細緻功夫。」在當天的日記裡，胡適真誠地寫道：「我讀了這本小說，覺得很好。後來又讀了一遍，更覺得作者確已能做到『平淡而近自然』的境界。近年所出中國小說，這本小說可算是最好的了。」

張愛玲的文章中談了她一次拜訪胡適的經歷。張愛玲在胡適面前像小姑娘一樣，或許有些拘謹，比較少言。夏志清說，她「不善辭令，為人木訥，談話並不投機」（《五〇年代的胡適》）。胡適擅長揣測人的心思，總能找到談話對手感興趣的話題，哪怕這個話題是自己不感興趣的。面對張愛玲，也許是《秧歌》的啟發，他先是從當年的大陸談起，認為「純粹是軍事征服」。胡適以為這會引起張愛玲的興趣，雖然張愛玲與胡適的觀點相近，她從「一九三幾年起看書，就感到左派的壓力，雖然本能的起反感，而且像一切潮流一樣，我永遠是在外面的，但我知道它的影響不止於像西方的左派只限於一九三〇年代」。但是，張愛玲「頓了頓沒有回答」。估計換了別人，話匣子立刻打開，順著胡博士的話題，滔滔不絕，亂扯一通了。張愛玲卻讓胡適不尷不尬，「我一默然，適之先生立刻把臉一沉」，畢竟是談話高手，很快「換了個話題」。胡適說：「妳要看書可以到哥倫比亞圖書館去，那兒書很多。」張愛玲實在「太不會說話」，「那時候我雖然經常的到市立圖書館借書，還沒到大圖書館查書的習慣，更不必說觀光」。因此，「我不由得笑了」。她只是笑。胡適出手，張愛玲接不到球，讓胡適多少感到掃興吧！胡適畢竟是一個交際能手，「適之先生一看，馬上就又說到別處去了」。這一回，他說了什麼呢？他講他父親認識張愛玲的祖父，「似乎是我祖父幫過他父親一個小忙」（寫到這，雖然不能以此做為確證，但我更相信上面說的胡適不知道張愛玲其人其作，有一點匪夷所思）。還說，「不久前在書攤上看到我祖父的全集」等等。可是，當張愛玲寫這篇文章時，「連這段小故事都不記得，彷彿太荒唐」。原來，張愛玲家裡從來不提她祖父，她對祖父幾乎「毫無印象」。

張愛玲的這段回憶，給我的感覺是，胡適為人稍感圓滑，投人所好；甚至不無巴結地沒話找話，希望能與之談得投契。我想，胡適這樣殷勤，累不累啊？可是，因為張愛玲的性情等原因，有點雞同鴨講，有點熱臉來貼冷屁股。除了拘謹，顯然，這裡張愛玲不由自主地有了一點貴族的優越感，她並沒有因為將成為胡適的朋友，而津津樂道「我的朋友胡適之」，她沉默著，淡淡地微笑著。

從張愛玲的見胡適，我對張愛玲有了一定的好感。她還相當純粹，沒有薛寶釵那樣的修練。否則，接上胡博士的話題是輕而易舉的，至少可以來一番「今天天氣哈哈哈」，何至於如此尷尬。

張愛玲的這篇文章，關於胡適的內容不是很多，後來扯開去了，大談《海上花》考證和翻譯等，雖然文章結束時，強轉回來，其實與胡適的關係不是很大，我也不多說什麼了。

讀張愛玲回憶胡適的文章，正如夏志清所言，「兩人關係，見面後反而疏遠了」。這讓我想起了蕭紅的《回憶魯迅先生》，蕭紅在文章的開首就寫道：「魯迅先生的笑是明朗的，是從心裡的歡喜。若有人說了什麼可笑的話，魯迅先生笑得連菸捲都拿不住了，常常是笑得咳嗽起來。」一下子，不僅蕭紅和魯迅的距離是那麼近，讀者和魯迅的距離也是那麼近！為什麼會這樣呢？蕭紅在另一篇關於魯迅的文章《「萬年輕」》中說，「我第一次看到魯迅的時候，好像看到了家鄉的山水，又好像看到了兒時的保姆，因為是他一個讀者的緣故，反而忘了他是一個作家」。魯迅就是這樣一個充滿親和力的人，雖然他有林黛玉一樣的壞脾氣，但他讓人近；不像胡適，「他不特『出門如見大賓』，就是閉戶靜坐，也是衣履整齊，威儀整飾，從沒有蓬頭跣足的習慣和箕踞偃仰的姿態」（沈剛伯：《我所認識的胡適之先生》），雖有薛寶釵一樣熱情的儀表，但學者當得太像學者了，對人熱情熱情到了不熱情也要熱情的程度，終還是讓人覺得遠了，遠了……

雖然，「我的朋友胡適之」幾成附庸風雅者的口頭語，胡適的「朋友」也確實遍天下，胡適晚年還是多次感嘆，老鼠和狐狸都是成群結隊的，而獅子和老虎則獨來獨往。其實，又有多少人知道做為「獅子和老虎」的胡適內心深處的落寞呢？誰知道呢？

四、胡適與《魯迅全集》

還值得一提的是胡適與《魯迅全集》問題。

李敖攻擊魯迅時，為了證明胡適的有度量，曾提到復社一九三八年出版的《魯迅全集》，但他只是道聽塗說，一知半解，對基本的史實都沒有弄清楚。李敖說：「大家知道嗎？《魯迅全集》，不是今天的版本，最早期的版本推出的時候，大家絕對想不到是一個人在幫忙，那個人是誰啊？就是一直被魯迅挖苦的胡適，在魯迅死後胡適有這個度量來幫助魯迅。可是魯迅有沒有這個度量呢？一個整天橫眉冷對千夫指的人，他的心胸有的時候放不開，不是他不對，而是他放不開。」

高信先生在二〇〇七年二月七日的《文匯報》發表《胡適與〈魯迅全集〉》一文，對這一歷史往事說得很明白：

從書攤上買到一本雜誌，其中有位王先生在文中說：「我忽然想起了白話文與新詩的宣導者胡適，魯迅生前可沒少寫文章『罵』他，而胡適呢，卻在魯迅過世後第一個站出來自己掏腰包為魯迅出全集，且將魯『罵』他的全部文章悉數收入，這器量可就大了去了。」

王先生顯然對胡適崇仰備至，但崇仰歸崇仰，史實歸史實，萬萬不能為了崇仰而信口開河。不虞之譽是智者所不受的。胡適先生是何等人？他泉下有知，恐怕也要搖頭三嘆的吧！

胡適與一九三八年版《魯迅全集》有無關係？答曰：既有關亦無關。先說「有關」：一九三六年十月十九日魯迅先生逝世之後，同年十一月初成立了由蔡元培、許壽裳、台靜農、馬裕藻、沈兼士、周作人、茅盾等七人組成的魯迅全集編輯委員會。但這委員會只是虛設，真正為全集出版而奔走的僅許廣平一人。開初，打算不靠任何書局而自行印製，後來考慮到耗資巨大發行不暢，許廣平與委員會同人反覆磋商，還是希望商務印書館出版，因為商務畢竟歷史悠久，資金雄厚，印刷精良，發行通暢。那時辦事，也還要靠私人關係。誰與商務淵源深，影響力大且能從中疏通呢？自然非胡適先生莫屬。而誰找到胡適委託其為《魯迅全集》出版說項？是許壽裳拜託馬裕藻（即馬幼漁）出馬的。胡適很乾脆地表示：願意幫忙。所以一九三七年三月三十日許壽裳致許廣平信中就說道：「與商務館商印全集事，馬幼漁兄已與胡適之面洽，胡適表示願意幫忙。唯問及其中有無版權曾經售出事，馬一時不便做肯定語，裳告馬絕無此事，想馬已轉告胡矣。商務回音，俟後再告。」看來，胡適之表示願意幫忙，確非虛與委蛇，更非礙於請託者的面子隨便允諾。從問及「有無版權曾經出售事」，可見他是很認真的。許壽裳又於五月三日致信許廣平，建議魯迅先生紀

念委員會增補胡適為委員：「昨與幼漁兄談及，渠謂大先生與胡適並無惡感，胡此番表示極願幫忙，似可請其為委員，未知弟意以為如何？希示及。」四天後的五月七日，許廣平即覆信許壽裳，同意許、馬二位的建議，請他們先徵詢胡適的意見。這次，胡適同樣乾脆，也是立即同意。五月十七日許壽裳趕緊復許廣平信：「胡適之為委員事已得其同意。擬請弟直接致胡一函（其地址為北平後門內米糧庫四號），說明得馬幼漁、許季茀信，知先生已允為『魯迅先生紀念委員會』委員，表示謝意，並請其鼎力幫忙，全集事與商務館接洽事經過如何？亦可提到。」五月二十一日，許廣平即致函胡適，信中按許壽裳的建議，先說：「昨奉馬幼漁、許季茀兩先生函，知先生已允為『魯迅紀念委員會』委員，將來會務進行，得先生領導指引，俾收良效，盍勝感幸。」再說：「環顧國內，以紹介全國文化最早，能力最大的商務印書館，最為適當。聞馬、許兩先生，曾請先生鼎力設法，已蒙先生慨予俯允，如能有成，受賜者當非一人」，最後又有一請求：「伏乞便中草下數行，示以商務接洽情況，以慰翹盼，無任感荷之至！」信發出第二日，許廣平即致函許壽裳，告知致胡適信已發出，一切皆按許先生上次信中所示進行。次月七日，許壽裳函許廣平，並附來胡適按許廣平要求而寫致商務印書館經理王雲五的介紹信一通。許壽裳函云：「胡適之來紹介函，特奉上，請閱畢轉至王雲五，或先送蔡先生（指蔡元培先生——筆者注），請其亦做一函紹介。雙管齊下，較為有力，未知尊意如何？胡君並允直接另致雲五一信，日內即可寄出雲。」如果說，許壽裳致許廣平信中所附胡適給王雲五的信是應許廣平之請託而寫，胡另寫一信直寄王雲五，就是胡適主動為之了，其熱誠周到令人動容。三天之後，許廣平如約拜會王雲五，談得頗為順利，許廣平並有備忘錄一紙留存下來，開頭特別記下「六月九日收到許先生信，附適之先生致王雲五函」云云。談判圓滿結束，目的已達，許廣平即把洽談情況函告胡適：「六月九日奉到馬、許兩位先生轉來先生親筆致王雲五先生函，當於十一日到商務印書館拜謁，王先生捧誦尊函後，即表示極願盡力……得先生鼎力促成，將使全集能得早日呈現於讀者之前，嘉惠士林，裨益文化，真所謂功德無量。唯先生實利賴之。豈徒私人歌頌銘佩而已。」

胡適與魯迅早年為戰友，後來成陌路，如此種種，胡適當然不健忘，不糊塗。但他沒有還之以牙眼，特別是魯迅已成故人，他大可藉機洗刷一番之時，胡適更沒有，他依然如在魯迅生前一樣，一無辯白。讓幫忙，則傾心幫忙；讓當委員，則絕不推辭，只要《魯迅全集》順利出版，胡適先生樂於無私奉獻自己之所能，可以說是有求必應。據以上所述，我才說《魯迅全集》的出版與胡適大為「有關」。

但《魯迅全集》的出版又與胡適無關：正當《魯迅全集》事與商務印書館反覆磋商交

涉具體事宜之際，「七七」事變爆發，三個月後的十一月十二日上海淪陷。而在此之前，胡適先生遠赴美國，商務印書館內遷。《魯迅全集》出版一事偏離正常運作軌道。直到一九三八年初，在上海的魯迅先生紀念委員會委員，決定自印。其時，上海的一部分進步文化人，在胡愈之的倡議下，由鄭振鐸、許廣平、周建人、張宗麟、馮賓符、胡仲持等，組織了一個出版機構復社。……也是適逢其會，復社剛剛出版的《西行漫記》大為暢銷，資金多少有了點積累，再加上發行方面設法辦理全集出版預約，胡愈之、茅盾、邵力子、沈鈞儒、巴金等人奔走號召，中共和有關辦事機構又支持協助，使出版經費問題得以緩解。三個多月以後，六百餘萬字，皇皇二十巨冊的第一部《魯迅全集》以三種裝幀版本形式一次推出。在這一實質性的運作階段，遠在美國的胡適先生自然無力幫忙，也沒有人向他提出幫忙的要求。所以，說胡適先生「器量」大與不大是一回事，但他與《魯迅全集》的實際編輯工作卻確實沒有關係。

順便說一句，當年給他的那個魯迅先生紀念委員會委員的虛銜，其實不過是說說而已，說完也就拉倒了。但似乎胡適也沒介意，從中也彷彿可見胡適的真器量。

李敖是不是看了這個「王先生」的文章，所以有這樣的見解，我們不得而知；但我想，他如果看了高信先生的文章，出言應該會謹慎一些。不過，李敖舉胡適幫助出版《魯迅全集》

的事，胡適只是一個幫襯，目的是為了證明魯迅的「度量」不行，為了證明魯迅的「放不開」。

既然談到《魯迅全集》，我要補充一些另外的史實。散木先生在《於無聲處聽驚雷——魯迅與文網》（百花洲文藝出版社二〇〇二年十二月版）一書中有專門一節《〈魯迅全集〉出版前後》，比高信文章更為詳盡地介紹了一九三八年版《魯迅全集》的出版經過。其中，散木談到，在胡適介入之前，許廣平透過蔡元培等與商務印書館有所接洽，雖然商務老闆王雲五平時對蔡元培的推薦並非十分在意，甚至可以說不買蔡元培的帳。因為王雲五認為，「蔡先生畢生度著學者的生活，同時富於中國的人情味，多年以來對於推介之請求既然是來者不拒，一旦予人峻拒，定然使受者萬分難堪」，蔡元培是老好人，人家有求他，他都會說明人的。就是說，哪怕是蔡元培的推薦，王雲五也經常置之不理。但是，魯迅畢竟不一樣，雖然王雲五與魯迅不是同道之人，雖然魯迅生前與商務也小有不快，但在是否出版《魯迅全集》上，王雲五是頗費躊躇的。散木認為，「做為一個傑出的出版家，他不會不知道以及預測到魯迅著作的巨大和潛在的市場份額，所以可以肯定：在蔡元培來信、來人之後，盤旋在他腦子裡的就是出版《魯迅全集》」。史實顯示，王雲五也做了若干前期工作。可以說，胡適的來信，錦上添花，促進了此事的進展。

高信的文章認為，是「七七事變」爆發，商務內遷，致使商務版的《魯迅全集》擱淺，

這有一定的道理，但似乎不能理解為唯一的原因，商務印書館與《魯迅全集》失之交臂，還因為北新書局的李小峰拒絕出讓出版權等等作梗，致使許廣平們的熱望、胡適的美意以及王雲五的承諾都落空了。這無關本書，略去不表了。

在評論胡適與《魯迅全集》的一事時，散木說：「胡適的讓人尊敬是他保有自由主義文人的風度（紳士派頭），在魯迅活的時候胡適是『惹不起躲得起』，在魯迅不在的時候他更不參加『鞭屍』。魯迅與胡適的分歧是巨大的也是不可彌合的。……但是胡適能堂堂正正、地地道道、真正自由主義地捍衛『我不同意你的觀點，但我誓死你說話的權利』這一自由主義題中之義的信條和理念。關於《魯迅全集》的出版，就是一個例子。」

五、魯迅去世後，胡適對魯迅的評價

魯迅逝世後，胡適多次談到魯迅。這些評論，不可避免地帶上了某種政治偏見，即便這樣，也還有一些客觀的內容。胡適的政治觀點與魯迅有所不同，但對魯迅文學成就的肯定一生不變。

一九三六年十月十九日魯迅去世，與萬民同悼相對立，蘇雪林一反常態，不擇手段地發起對魯迅的攻擊。這主要表現在她十一月十二日寫的那封《與蔡孑民先生論魯迅書》的公開信。信中稱，「魯迅病態心理將於青年心靈發生不良之影響也」，「魯迅矛盾之人格不足為國人法也」，「左派利用魯迅為偶像，恣意宣傳，將為黨國之大患也」……同時，她還致函胡適，談了與「公開信」相似的內容。針對「新文化產業，被左派巧取豪奪」，「今日之域中，已成為『普羅文化』之天下」的情況，也針對「魯迅死後，左派利用之為偶像，極力宣傳，準備將這個左翼巨頭的印象，深深打入青年腦筋，刺激國人對共產主義之注意，以為醞釀反動勢力之地」的情況，請求蔡元培、胡適站出來做所謂「取締『魯迅宗教』」的工作。

蘇雪林對魯迅進行人身攻擊、誹謗和謾罵，罵魯迅「褊狹陰險，多疑善妒」，「假左派」，

「是一個刻毒殘酷的刀筆吏，陰險無比，人格卑污又無恥的小人」，「睚眥必報，不近人情」，「色厲內荏，無廉無恥」，「好諂成癖」，「劣跡多端」……誣衊魯迅是「玷辱士林之衣冠敗類，二十四史儒林傳所無之奸惡小人」。她攻擊魯迅的雜文「文筆尖酸刻薄，無以倫比」，「含血噴人，無所不用其極」。更有甚者，蘇雪林無中生有地誣衊魯迅「表面上敞衣破履，充份平民化」，其實「腰纏萬貫」，家私累累。（《胡適來往書信選》中冊）

此外，在《〈理水〉與〈出關〉》一文中，蘇雪林對當時全國悼念魯迅表示了她的不滿。她說：「上月文壇巨匠魯迅先生死了，全國報章雜誌，這裡也在悼魯迅，那裡也在悼魯迅，拉拉雜雜，如火如荼，似乎比什麼綏遠戰訊、華北危急，還來得熱鬧而緊張。不但害得一般前進的崇拜魯迅而其實未讀魯迅一行之書的青年，痛哭流涕，如喪考妣；便是我這樣落伍的中年，也給鬧得中心搖搖，不可終日……」（原載一九三七年三月一日南京《文藝月刊》第十卷第十三期）

胡適畢竟是「好好先生」，接信後回答蘇雪林說：「我很同情於妳的憤慨，但我以為不必攻擊其私人行為。魯迅狺狺攻擊我們，其實何損於我們一絲一毫？他已死了，我們盡可以撇開一切小節不談，專討論他的思想究竟有些什麼，究竟經過幾度變遷，究竟他信仰的是什麼，否定的是什麼，有些什麼是有價值的，有些什麼是無價值的。如此批評，一定可以發生效果。」（《胡適來往書信選》中冊）這裡，胡適用「狺狺攻擊我們」來形容魯迅，首先是把魯迅當作對立面的；其次，即使針對魯迅這樣的對立面，他也認為應該不糾纏小節，要大處著眼，具體問題具體對待。在同一封信中，胡適又說：「凡論一人，總須持平。愛而知其惡，惡而知其美，方是持平。魯迅自有他的長處。如他早年的文學作品，如他的小說史研究，皆是上等工作……說魯迅抄鹽谷溫，真是萬分的冤枉。鹽谷一案，我們應該為魯迅洗刷明白……如此立論，然後能使敵黨俯首心服。」胡適的目的，是為了「使敵黨俯首心服」，但他事實上否認了蘇雪林那種粗暴卑劣的做法，在反魯迅的勢力甚囂塵上的情況下，客觀上一定程度地維護了魯迅。畢竟與魯迅有過「五四」時期共同戰鬥的經歷，胡適對魯迅的意義與價值要比蘇雪林理解得更為深刻。

一九五八年五月，胡適在臺北中國文藝協會做了一次題為《中國文藝復興運動》（《胡適哲學思想資料選【上】》，華東師範大學出版社）的演講。他仍然肯定魯迅在「新青年」時代「是個健將，是個大將」，他還認為魯迅、周作人翻譯的《域外小說集》，「翻得實在比林琴南的小說集翻得好，是古文翻小說中最了不得的好。」不過，他鋪墊一番以後，接著罵了魯迅：「但是，魯迅先生不到晚年——魯迅先生的毛病喜歡人家捧他，我們這般『新青年』沒有了，不行了；他要去趕熱鬧，慢慢走上變質的路子。」什麼叫做「變質」呢？就是和共

產黨搞在一起，參加了「左聯」。胡適認為，魯迅加入了「左聯」，也是不自由的。他說：「那時共產黨盡量歡迎這批作家進去，但是共產黨又不放心，因為共產黨不許文藝作家有創作自由。所以那時候監視他們的人──左翼作家的監視者，就是周起應，現在叫周揚，他就是在上海監視魯迅這批作家的。」很明顯，站在臺灣島上，是很難對魯迅有公正的評價的。在同一演講中，胡適還談了所謂蕭軍加入共產黨的事，他說：

到抗戰時期前幾年，所謂左翼作家同盟組織起來了，那時共產黨盡量歡迎這批作家進去，但是共產黨又不放心，因為共產黨不許文藝作家有創作自由。所以那時候監視他們的人──左翼作家的監視者，就是周起應，現在叫周揚，他就是在上海監視魯迅這批作家的。諸位如果有機會，我希望有一本書在自由中國可以得到，是值得看看的。這本書在抗戰初期出版，是魯迅死後，他的太太把魯迅寫給各朋友的信搜集起來，叫《魯迅書簡集》；這本書裡面有幾封信值得看看，特別是他寫給胡風的四封信，其中有一封就是魯迅死之前不到一年寫的，是一九三五年（他是一九三六年死的），這封信胡風問他三郎（不知是誰，大概是蕭軍）應該不應該加入黨（共產黨）？他說：「這個問題我可以毫不遲疑地答覆你，不要加入！現在在文藝作家當中，凡是在黨外的都還有一點自由，都還有點創作來，一到了黨裡去就『醬』在種種小問題爭論裡面，永遠不能創做了，就『醬』死了！」「醬」

在裡面去，這個字用得好極了。底下更值得讀了，他說：「至於我呢，說來話長，不必說了吧！」他說：「我總感覺得我鎖在一條鍊子上，鎖在一條鐵鍊上，背後有一個人拿著皮鞭打我，我的工作越努力打得越厲害。」這一段話裡，打他的就是現在在大陸搞文藝的周揚——那個時候的周起應。

魯迅會勸蕭軍不要加入共產黨？我查了一下一九三五年九月十二日致胡風的信，魯迅的原話是這樣的：

> 三郎（按：即蕭軍）的事情，我幾乎可以無須思索，說出我的意見來，是：現在不必進去（按：這不等於說，以後也不要進去）。最初的事，說起來話長了，不論它；就是近幾年，我覺得還是在周邊的人們裡，出幾個新作家，有一些新鮮的成績，一到裡面去，即醬在無聊的糾紛中，無聲無息。以我自己而論，總覺得縛了一條鐵索，有一個工頭在背後用鞭子打我，無論我怎樣起勁的做，也是打，而我回頭去問自己的錯處時，他卻拱手客氣的說，我做得好極了，他和我感情好極了，今天天氣哈哈哈……真常常令我手足無措，我不敢對別人說關於我們的話，對於外國人，我避而不談，不得已時，就撒謊。你看這是怎樣的苦境？

通觀全信，我們可以看到，這裡談的是蕭軍是否加入「左聯」而不是共產黨的事。胡適一向治學嚴謹的，他的這一回談魯迅，與其說是用學術的觀點看問題，不如說是用政治的觀點看問題。政治的偏見，使胡適這樣的大學者也鬧了一個不大不小的笑話。這說明，一個人倘若戴上了有色眼鏡，就難免會出現甚至是常識性的偏差——嚴肅、謹慎如胡適者，尚且不能例外，更遑論其他？

胡適一直把魯迅看成自己營壘中人。胡適的辦法是，盡量地把魯迅變成他和他們所能接受的人，比如，他對周策縱說：「魯迅是我們的人，魯迅基本上是自由主義者。」（周策縱《五四思潮得失論》，臺北《中國時報》一九八七年五月四日）「五四」時期，無論在學術上還是關於國民性的思索上，兩人擁有著相近的話語。在他看來，魯迅後來的左轉，實是憾事，那大概是環境險惡所造成的。所以每每談及陳獨秀、魯迅的激進變化，他未將責任歸於二人，而是看成社會環境逼迫所致。一九五九年，在給吳相湘的信函中，他嘆道：

我因此又想起，陳獨秀若不脫離北大，若不因偶然的事永離北京，他後來的思想可能不會走上共產黨的路上去，而中國思想與政治的演變也可能完全大不相同。

魯迅也是如此。他若不離開北京，可能不會演變到後來那樣子，我看他一九三五年給胡風的信，很感覺他晚年很痛苦，但已無法子解放自己了。（《胡適書信集［下］1379頁，

北京大學出版社一九九六年版）

將事物簡單化，是胡適對社會問題判斷過程中慣有的思路。這可看出他天真和單純的一面。實際上，陳獨秀也好，魯迅也好，向左轉，成為共產主義文化思潮中的人物，非小的環境可以決定，是有著深切的文化因素和個體因素在內的。胡適對魯迅的把握，失之簡單是，並未看見其個性深處的獨異性，和思想的不同凡俗性。不過，他看到了魯迅晚年的寂寞，以及與共產主義文人間的衝突，這是準確的。他暗自地想，魯迅畢竟不是共產黨人，魯迅和「左聯」的矛盾，顯示了共產主義文化與個性主義文人間的不可相容性，這使他多少有些慶幸，他相信，天才的魯迅，在某種意義上講，和自己一樣。

這種判斷，並非空想，越到晚年，他越堅信自己的看法是正確的。五〇年代，大陸批胡適，批胡風，一些文人紛紛落馬，淪為罪人。這使胡適聯想起史達林的文化專制。一九五六年四月一日，在致雷震的信中，他說：

例如胡風一案，我搜了許多資料，才明白這個我從來沒有見過的湖北鄉下人，原來是這個文藝復興運動的一個忠實信徒，他打的仗可以說是為這個運動的文學方面出死力打的仗。所以胡風夾在「清算胡適」的大舉裡，做了個殉道者，不是偶然的。你們在臺北若找

得到《魯迅書簡》，可以看看魯迅給胡風的第四封信（一九三五年九月十二日，946—948頁）就可以知道魯迅若不死，也會斫頭的！（《胡適書信集［下］》1262頁，北京大學出版社一九九六年版）

假如魯迅活著，魯迅會被「斫頭」，這是胡適的見解。這樣的見解也沒有什麼新鮮的。毛澤東一九五七年在上海與羅稷南的談話，說魯迅要是還活著的話，「要嘛是繼續在監獄裡寫作，要嘛是識大體不作聲」。我想，毛澤東的話也許更接近真實吧！「斫頭」是沒有必要的，「新中國」成立後，知識分子遭受種種困厄，這是掩蓋不了的歷史事實，但真被「斫頭」的，似乎也屈指可數。所以曹聚仁說，魯迅要是活到了一九四九年以後，在學問方面會大有豐收。誠如毛澤東所言，魯迅被關進了監獄，但可以讀書寫作——這是胡適夢想要進的那種監獄——抨擊當局的文章是沒法做了，但魯迅曾經想寫的《中國文學史》和歷史小說《楊貴妃》等，應該倒能因禍得福，得以完成。章士釗不是好鳥，與官方話語也有極大距離，但「文革」期間研究柳宗元，也有了大收穫。周作人是漢奸，不是也被供在那裡搞翻譯嗎？何況魯迅乎?!

六、「主將」與「楷模」

晚年對胡適打擊最大的是震撼臺灣島的「雷震案」。雷震是胡適的好朋友，兩人曾共同創辦了《自由中國》雜誌。由於《自由中國》雜誌屢次冒犯最高當局的統治，引起了蔣介石的忌恨。一九六〇年九月四日，臺灣警備總司令部以「叛亂」罪名逮捕了雷震和《自由中國》部分工作人員，對他們嚴刑逼供，《自由中國》也被迫停刊。不久，臺灣軍事法庭又判處雷震十年徒刑。胡適又震驚又氣憤，他找蔣介石求情，蔣介石王顧左右，不予理睬。胡適無可奈何，連呼：「大失望，大失望。」胡適本來就有嚴重的心臟病，「雷震案」的刺激使他舊病復發，被急送醫院打針、輸氧，總算死裡逃生，但他的身體卻大不如前，一下子竟好像老了二十歲。

胡適樹大招風，舉手投足都引人注目，再加上他心裡有話憋不住，講話常常偏激，就給反對他的人以口實。一九六〇年十一月六日，美國國際開發總署主辦的「亞東區科學教育會議」在臺北召開，胡適推辭不過，帶病做了二十五分鐘的演講。他又重彈老調，貶低中國古文明，力主向西方現代文明看齊。遭到攻訐與圍剿，徐復觀甚至指責胡適「是一個做自瀆行為的最下賤的中國人」，對胡適進行人身攻擊和謾罵。胡適已是古稀之年的老人了，如何承

受得住這種波折，他又病倒了。不得不住院治療，連他七十一歲的生日，也是在病床上度過的。

一九六二年六月二十四日，剛出院不久的胡適在蔡元培館主持了「中央研究院」第五次院士會議，選出七位新院士。胡適這天頗為高興，這次到會的院士較多，許多是特意從國外趕回來的，一方面參加會議，另一方面也為了看看他。另外，新老院士中也有不少是他昔日的學生。中午胡適與院士們共進午餐，回到寓所時，已是兩點半鐘。他給自己把了下脈，一分鐘八十下，一切正常，便上床休息，準備參加下午五時歡迎院士的酒會。本來，這天會前醫院出於對胡適身體狀況考量，曾打算派醫護人員陪同左右，但胡適不同意，說：「今天的會是喜事，他們一來，像是要辦喪事。」不幸這話竟被胡適言中了。

四點剛過，胡適就待不住了，他催促祕書說：「今天我是主人，我們應該早點上山去。」到了山上的蔡元培館，已有一百多位來賓聚集在那裡，大家發現胡適來了，都熱情地鼓掌致意，幾位活躍的新聞記者，還拉著胡適合影留念。下午五時，酒會開始。胡適興致勃勃地走到麥克風前，致開幕詞。他幽默而風趣地說：自己對物理學一竅不通，但卻有幾位世界聞名的物理學家是他的學生，至於楊振寧、李政道等人，則是他學生的學生了，真是桃李滿天下啊，這是他平生最得意，最自豪的事。

過了一會兒，胡適想起臨行前太太反覆叮囑他少講話，忙說：「今天因為太太沒有來，我多說了幾句話，下面，請李濟講話。」李濟是位考古學家，在胡適來臺灣前曾主持過「中央研究院」工作。他的講話有些悲觀，他說臺灣的科學設備都是進口的，有成績的學生最後都要出國，我們自己有什麼拿得出手的東西呢？他還提到了胡適因為那次演講而遭受圍攻的事，感慨臺灣缺乏科學研究的環境。

舊事重提，勾起了胡適的痛楚。剛才還談笑風生的他，臉色一下子陰鬱下來，一時似乎喘不過氣來。祕書見狀不妙，忙示意他不必介意。胡適擺擺手，衝著話筒生氣地說：「我去年講了二十五分鐘的話，引起『圍剿』，不要去管它，那是小事體，小事體。我挨了四十年的罵，從來不生氣，並且歡迎之至……」胡適講到這裡，聲調很激動，他忽然感到心臟不適，急忙煞住話頭：「好了，好了，今天我們就說到這裡，大家再喝點酒，再吃點點心吧，謝謝大家。」

這時正是六點半，賓客們陸續開始散去。胡適還站在剛才講話的地方，含著笑容和客人們握手告別。只見他正要轉身和誰說話，突然臉色蒼白，身體晃了一晃，仰面向後倒下，旁邊的人趕緊伸手攙扶，已經晚了。他先是腦袋磕到桌沿上，又重重地摔在水磨石地上。人們趕忙就地急救，給他做人工呼吸，打強心針，可是他的心臟已停止了跳動。一代哲人就這樣溘然長逝了，在場者無不悲慟落淚。

胡適去世後，人們整理遺物發現，除了書籍、手稿外，餘款只有一百五十三美元。在眾多的輓胡適聯中，有一副道出了胡適一生的尷尬：

孟真死於鬧，今公死於噪，

行在縱多才，何堪如此？

共黨既罵之，國人又罵之，

容身無片土，天乎痛哉！

共產黨罵胡適「賣身投靠」國民黨，胡適不懂「中國特色」，卻以美國的標準去向國民黨要民主要自由，結果是挨罵半個世紀，栖栖惶惶，如喪家之犬。胡適是彼也不容，此也不容。

在這裡，我想介紹一下魯迅的葬禮，是為了與胡適做一比較。魯迅逝世時，遺體著白色紡綢衫褲，咖啡色薄棉袍襖，白襪黑鞋，外裹咖啡色之棉衾，上覆緋色面子湖色夾裡之彩繡棉被。棺為宋慶齡贈，深紅色，楠木，西式，四周有銅環，上加內蓋，半為玻璃，露出頭部，任人瞻仰。四天中，瞻仰遺容者絡繹不絕，簽名的有：個人九千四百七十人；團體一百五十六個。未簽名者不計其數。扶柩上車的有巴金、歐陽山、張天翼等十幾位青年作家，執紼者六千餘人，送葬者數萬人。半路上，自發加入送殯群眾無以計數，隊伍足足有兩里多長！

到達墓地後，由蔡元培、沈鈞儒、宋慶齡、內山完造等人做了安葬演說。由上海民眾代表獻「民族魂」白地黑字旗一面，覆於棺上，抬棺徐徐入穴。

魯迅去世後，毛澤東給予了極高的評價，認為「魯迅是中國文化革命的主將，他不但是偉大的文學家，而且是偉大的思想家和偉大的革命家。魯迅的骨頭是最硬的，他沒有絲毫的奴顏和媚骨，這是殖民地半殖民地人民最可寶貴的性格」（《新民主主義論》）。

胡適的葬禮也熱鬧非凡。

胡適遺體著藍色長袍和黑馬褂，腳著布壽鞋。棺木上，覆蓋的是北大校旗。據說，他出喪那天，有一百餘個團體參加公祭，自發送殯者多達三十萬人。不少商店停業，工廠停工，學校停課；從離墓地兩公里外開始，沿途居民家家燃香，戶戶路祭。自一九三六年魯迅去世之後，沒有其他文化人享受過這種殊榮。蔣介石的《輓胡適與胡適墓園題辭》是：

新文化舊道德的楷模，

舊倫理新思想的師表。

德學俱隆

後記

河北人民出版社出版過若干魯迅與文化名人的圖書，已經產生較大的影響。我建議他們做一些拓展的工作，形成系列，這對文化建設應該有所助益。他們接受了我的建議。我曾經寫過五十萬字的《魯迅與他的論敵》，其中的胡適和梁實秋，算是書中的所謂「重頭文章」，各有兩萬字左右，仍有意猶未盡之感。對我來說，我所做的也是拓展性的工作，在原來一篇文章的基礎上，拓展成了一本書。

先寫這本《魯迅與胡適》，完全是出於一時的衝動。關於兩位先哲的文章叫《「主將」與「楷模」》，此文被多個選本和多家網站轉載，憑此，我頭腦發熱，彷彿自己已經具備做這一選題的學養了。不過，老實說，主要還是現實刺激著我。那一陣子，我不時讀到一些文章，多是捧胡貶魯的，有的文章甚至把魯迅和胡適看作是對立面，是不相容的；有的則是徹底地否認魯迅。捧胡無可非議，胡適是現代中國最優秀的知識分子之一，如果說五四新文化運動以後產生了文化巨人的話，我以為，魯迅、胡適、陳獨秀、蔡元培是現代文化史上的四巨人。其實，我也是一個「捧胡派」。可是，捧胡為什麼一定要貶魯呢?這讓我不開心，乃至有時很生氣。

當然，往開了想，這也沒有什麼可值得大驚小怪的，在大陸，由於政治宣傳的需要，在一個相當長的時期，捧魯迅若神明，貶胡適如狗屎。矯枉過正，乃是不可避免的趨勢，就像鐘擺，擺到極左，必然回到極右，人類就是在如此非理性中打發著時光。搖擺是不正確的，可是歲月就是在搖擺中向前，有什麼辦法呢？如果一律正人君子一般，永遠公正地停在中間，公正固然公正了，一切也就停滯了——時間停滯了，歷史停滯了。

本來，我與「河北人民」談選題構想的時候，是想先做一本《魯迅與梁實秋》，正是由於一些捧胡貶魯文章的刺激，我臨時變卦，請求他們讓我先做《魯迅與胡適》。我覺得，寫這樣一本書，肯定比寫《魯迅與梁實秋》要更有激情。感謝「河北人民」的寬容，他們也接受了我的提議。於是，我就開始了在那篇《「主將」與「楷模」》基礎上的拓展工作。

在魯迅世界摸爬滾打十多年，雖然與專業的魯迅研究專家對比我還屬於一知半解，但我對魯迅的瞭解大大超過對胡適的瞭解。可是，一進入胡適世界，還不是陌生所能言，我簡直有被吸入黑洞之感。別的先不說，他的文字量就是那麼大，黑壓壓的擺在那裡，一排又一排，僅《胡適日記全編》就比八塊磚頭還厚。我手上用的是光明日報出版社出版的《胡適精品集》，說是「精品」了，也有十六本之巨！我想，要在這麼短的時間內寫出這樣一本書，實在有千

難萬難啊！事實也是這樣，在這一年多的時間裡，與其說我在拼命寫書，不如說我是在拼命地讀胡適。現在呈現在讀者面前的，與其說是一本完整的書稿，不如說是我關於魯迅與胡適的讀書筆記和心得。這絕對不是虛偽的客氣話，我為自己沒有能力做好這本書而深感愧疚！我想，魯迅與胡適，這是一份需要我做一輩子卻未必做得好的工作。

寫完這本書，我的心情是愉快的，因為我在魯迅世界之外看到了胡適世界。此前，雖然到過胡適世界旅遊，那也是到此一遊的性質，這回重遊，真有發現了新大陸的驚喜，在研讀的過程中，我充份感受到了閱讀胡適的愉悅，我為自己的心靈在魯迅之外有了相映襯、相比照的胡適而欣慰。這剛剛是開始，我以為，做完這本書，我領到了一張通往胡適世界的門票，只有魯迅而沒有胡適的精神世界是不完整的。如果從個人才情來說，魯迅是天上的鬼的精靈，胡適是人間的建築師；魯迅是天上永遠燦爛的星星，胡適則是造物主恩賜的人間的錦繡山水。「天上人間」，我想，我的精神世界有魯迅與胡適相伴，此生足矣！

現在先交差了，這是一份我自己也不滿意的考卷。此後，我將不斷地研讀胡適，希望若干年以後此書有修訂並再版的機會，到那時，我一定要「重新裝修」一遍，一定努力把對這一問題的研究結果相對完美地呈現在讀者面前。

交稿時間一推再推，我為自己的言而無信而深感愧疚，影響了出版社的出書計畫，在此深表歉意。

在一般圖書很難銷售的今天，「河北人民」居然能接受我自己都不相信會被接受的建議，讓我切實感受到了他們對文化事業的執著——我一直以為，出版的本質是文化積累——我因此對「河北人民」懷有敬意。二〇〇八年十二月初，王蘇鳳同志專程到福州與我商討這一書系的拓展事宜，並再三寬容我的言而無信，在此，我對「河北人民」，對王蘇鳳同志和責編王軼同志表示我真誠的感謝。謝謝！

作者

二〇一〇年五月三十一日於釣雪齋

主要參考文獻：

《胡適自傳》，黃山書社一九八六年十一月版。

唐德剛編譯：《胡適的自傳》，華東師範大學出版社，一九八一年二月版。

唐德剛：《胡適雜憶》，華文出版社一九九〇年二月版。
石原皋：《閒話胡適》，安徽人民出版社一九九〇年四月版。
李敖：《胡適研究》，中國友誼出版公司二〇〇六年八月版。
白吉庵：《胡適傳》，人民出版社一九九三年二月版。
沈衛威：《胡適圖傳》，廣東教育出版社二〇〇四年八月版。
沈衛威：《胡適周圍》。中國工人出版社二〇〇三年一月版。
胡明：《關於胡適中西文化觀的評價》，《文學評論》一九八八年第六期。
陳占彪：《胡適的叫局與吃花酒》，《中華讀書報》二〇〇九年二月四日。
楊天石：《哲人與文士·胡適與楊杏佛》，中國人民大學出版社二〇〇七年七月版。
陳漱渝：《胡適心頭的人影》，中國文史出版社二〇〇九年八月版。
聞畦之：《無聊無恥無行——胡適的人際世界揭祕》，中國友誼出版公司，二〇〇五年一月版。
朱文楚：《胡適家事與情事》，團結出版社二〇〇七年十二月版。
朱洪：《胡適與韋蓮司》，湖北人民出版社二〇〇三年九月版。

國家圖書館出版品預行編目 (CIP) 資料

魯迅與胡適：立人與立憲 / 房向東著 .
-- 第一版 . -- 臺北市：樂果文化事業有限公司出版：
紅螞蟻圖書有限公司發行, 2022.04
面； 公分 . --（樂生活；51）
ISBN 978-957-9036-38-2(平裝)

1.CST: 周樹人 2.CST: 傳記 3.CST: 文集

782.884 111000789

樂生活 51
魯迅與胡適：立人與立憲

作者 ／ 房向東
總編輯 ／ 何南輝
行銷企劃 ／ 黃文秀
封面設計 ／ 引子設計
內頁設計 ／ 沙海潛行

出版 ／ 樂果文化事業有限公司
讀者服務專線 ／（02）2795-3656
劃撥帳號 ／ 50118837 號 樂果文化事業有限公司
印刷廠 ／ 卡樂彩色製版印刷有限公司
總經銷 ／ 紅螞蟻圖書有限公司
地址 ／ 台北市內湖區舊宗路二段 121 巷 19 號（紅螞蟻資訊大樓）
電話：（02）2795-3656
傳真：（02）2795-4100

2022 年 4 月第一版 定價／ 400 元 ISBN 978-957-9036-38-2